本书得到以下单位资助出版：
☆内蒙古财经大学
☆中蒙俄经贸合作与草原丝绸之路经济带
　构建研究协同创新中心

内蒙古自治区
社会经济发展
蓝皮书

总主编／杜金柱　侯淑霞

内蒙古自治区
金融发展报告
（2016）

主　编＼金　桩
副主编＼严存宝　张启智

THE FINANCIAL DEVELOPMENT REPORT
ON INNER MONGOLIA （2016）

经济管理出版社
ECONOMY & MANAGEMENT PUBLISHING HOUSE

图书在版编目（CIP）数据

内蒙古自治区金融发展报告(2016)/金桩主编 . —北京：经济管理出版社，2017.1
ISBN 978 - 7 - 5096 - 4140 - 8

Ⅰ.①内⋯　Ⅱ.①金⋯　Ⅲ.①地方金融事业—经济发展—研究报告—内蒙古—2016
Ⅳ.①F832.726

中国版本图书馆 CIP 数据核字(2015)第 302760 号

组稿编辑：王光艳
责任编辑：王光艳
责任印制：黄章平
责任校对：王　淼

出版发行：经济管理出版社
　　　　　（北京市海淀区北蜂窝 8 号中雅大厦 A 座 11 层　100038）
网　　　址：www. E - mp. com. cn
电　　　话：(010) 51915602
印　　　刷：北京九州迅驰传媒文化有限公司
经　　　销：新华书店
开　　　本：720mm×1000mm/16
印　　　张：19.25
字　　　数：359 千字
版　　　次：2017 年 1 月第 1 版　　2017 年 1 月第 1 次印刷
书　　　号：ISBN 978 - 7 - 5096 - 4140 - 8
定　　　价：98.00 元

内蒙古自治区社会经济发展蓝皮书
编 委 会

总　序

2015 年，面对错综复杂的国际形势和艰巨繁重的国内改革发展稳定任务，内蒙古自治区各族人民在自治区党委、政府的正确领导下，深入学习贯彻党的十八大，十八届三中、四中、五中全会及习近平总书记系列重要讲话精神，按照"五位一体"总体布局和"四个全面"战略布局的总要求，牢固树立和贯彻落实创新、协调、绿色、开放、共享的发展理念，主动适应经济发展新常态。

《内蒙古自治区 2015 年国民经济和社会发展统计公报》显示，2015 年末全区常住人口为 2511.04 万人，比 2014 年增加 6.23 万人。人口自然增长率为 2.4‰。城镇化率达到 60.3%，比 2014 年提高 0.8 个百分点。全区实现地区生产总值 18032.8 亿元，按可比价格计算，比 2014 年增长 7.7%。全年居民消费价格总水平比 2014 年上涨 1.1%。年末全区城镇单位就业人员为 292.6 万人。年末城镇登记失业率为 3.65%。全年实现失业人员再就业人数为 6.1 万人。全年完成一般公共预算收入 1964.4 亿元，一般公共预算支出 4290.1 亿元，分别比 2014 年增长 6.5% 和 10.6%。财政收入在增收困难较大的情况下，顺利完成了全年增长目标。全年农作物总播种面积 756.8 万公顷，比 2014 年增长 2.9%。年末全区农牧业机械总动力为 3805.1 万千瓦，比 2014 年增长 4.8%；综合机械化水平达到 81.4%。全年全部工业增加值为 7939.2 亿元，比 2014 年增长 8.2%。全区规模以上工业企业实现主营业务收入 18522.7 亿元，比 2014 年下降 0.3%；实现利润 940.5 亿元，比 2014 年下降 23.8%。全年规模以上工业企业产品销售率为 96.6%，产成品库存额为 643.2 亿元，比 2014 年增长 0.7%。全年建筑业增加值为 1263.2 亿元，比 2014 年增长 6.7%。全年全社会固定资产投资总额为 13824.8 亿元，比 2014 年增长 14.5%。其中，500 万元以上项目完成固定资产投资 13651.7 亿元，比 2014 年增长 14.5%。新开工项目 12695 个，比 2014 年增长 2.4%；在建项目投资总规模 35672 亿元，比 2014 年下降 0.1%。全年社会消费品零售总额为 6107.7 亿元，比 2014 年增长 8.0%。全年海关进出口总额为 790.4

亿元，比 2014 年下降 11.6%。全年实际使用外商直接投资额 33.7 亿美元，比 2014 年下降 15.4%。全年完成货物运输总量 20.9 亿吨，比 2014 年增长 2.1%。全年完成旅客运输总量 19820 万人，比 2014 年增长 0.2%。年末全区民用汽车保有量为 400.1 万辆，比 2014 年增长 7.6%；全年邮电业务总量（2010 年不变价）为 400.3 亿元，比 2014 年增长 19.1%。全年实现旅游总收入 2257.1 亿元，比 2014 年增长 25.0%。接待入境旅游人数 160.8 万人次，比 2014 年下降 3.8%；旅游外汇收入 9.6 亿美元，比 2014 年下降 4.0%。国内旅游人数为 8351.8 万人次，比 2014 年增长 12.6%；国内旅游收入为 2193.8 亿元，比 2014 年增长 25.7%。年末全区金融机构人民币存款余额为 18077.6 亿元，全年新增存款 1641.3 亿元，比 2014 年增长 11.0%。全年全体居民人均可支配收入为 22310 元，比 2014 年增长 8.5%。数据显示，2015 年内蒙古自治区社会经济总体发展实现了稳中有进、稳中有好、进中有创、创中提质的良好态势，结构调整出现积极变化，改革开放不断深化，民生事业持续进步，经济社会发展迈上新台阶，实现了"十二五"圆满收官，为"十三五"经济社会发展、决胜全面建成小康社会奠定了坚实基础。

为真实反映内蒙古自治区社会经济发展全景，为内蒙古自治区社会经济发展提供更多的智力支持和决策信息服务，2013 年，由内蒙古财经大学组织校内学者编写了《内蒙古自治区社会经济发展研究报告丛书》，丛书自出版以来，受到社会各界的广泛关注，亦成为社会各界深入了解内蒙古自治区的一个重要窗口。2016 年，面对新的社会经济发展形势，内蒙古财经大学的专家学者们再接再厉，推出全新的《内蒙古自治区社会经济发展蓝皮书》，丛书的质量和数量均有较大提升，力图准确诠释 2015 年内蒙古自治区社会经济发展的诸多细节，书目包括《内蒙古自治区区域经济综合竞争力发展报告（2016）》《内蒙古自治区文化产业发展报告（2016）》《内蒙古自治区旅游业发展报告（2016）》《内蒙古自治区社会保障发展报告（2016）》《内蒙古自治区财政发展报告（2016）》《内蒙古自治区能源发展报告（2016）》《内蒙古自治区金融发展报告（2016）》《内蒙古自治区投资发展报告（2016）》《内蒙古自治区对外经济贸易发展报告（2016）》《内蒙古自治区中小企业发展报告（2016）》《内蒙古自治区区域经济发展报告（2016）》《内蒙古自治区工业发展报告（2016）》《蒙古国经济发展现状与展望（2016）》《内蒙古自治区商标品牌发展（2016）》《内蒙古自治区惠农惠牧政策促进农牧民增收发展报告（2016）》《内蒙古自治区物流业发展报告（2016）》。

一个社会的存续与发展，有其特定的社会和经济形态，同时也离不开独有的思想意识、价值观念和技术手段。秉承社会主义核心价值观、使命意识和学术的职业要求是当代中国学者应有的担当，正是基于这样的基本态度，我们编撰了本套丛书，丛书崇尚学术精神，观点坚持学术视角，客观务实，兼容并畜；内容上专业深入，丰富实用；兼具科学研究性、实际应用性、参考指导性，希望能给读者以启发和帮助。

丛书的研究成果或结论属个人或研究团队观点，不代表单位或官方结论。由于研究者水平有限，特别是当前复杂的世界政治经济形势下的社会演进节奏日新月异，对社会科学研究和发展走向的预测难度可想而知，因此书中结论难免存在不足之处，恳请读者指正。

编委会

2016. 8

本 书 编 委 会

主　　编：金　桩

副 主 编：严存宝　张启智

参编人员：（按姓氏笔划排序）

王　妍　　王妍妍　　王永成　　石全虎　　刘美荣

吴晓成　　初海英　　李丽莉　　李志军　　李　杰

李晓红　　杨高春　　张永军　　张海庆　　张燕冰

范淑芳　　哈斯其其格　　赵　璐　　徐慧贤

萨如拉　　斯琴塔娜　　蒙　蒙　　薛　强

前　言

　　经过半个多世纪的发展，内蒙古自治区金融业初步形成了多元化、多层次、广覆盖的金融组织体系，全区金融业呈现出金融市场不断规范、金融产品不断涌现、业务规模日益扩大、资产质量持续好转、经营效益不断提高、体制机制改革逐步深入、金融服务水平不断提升、信用体系建设全面推进、金融生态环境明显改善、金融影响力显著提升的良好发展态势。特别是，经过"十二五"前三年的发展，全区金融业走过了经济带动金融发展阶段，逐渐形成了经济和金融良性互动发展模式，金融发展对实体经济的推动作用不断增强，已成为自治区重要的新兴产业。

　　站在新的历史起点上，总结过去，分析得失，理清思路，谋划未来，使内蒙古自治区金融业可持续发展，为实体经济提供强有力的金融服务支持，具有重要的意义。

　　内蒙古财经大学金融学院以建设"国家级特色专业"和"自治区重点培育学科"为契机，组织校内外专家学者编写了《内蒙古自治区金融发展报告（2016）》，旨在为梳理内蒙古自治区金融业发展的基本情况、基本特点和长期趋势，总结规律，提出对策，为内蒙古自治区金融业的持续健康发展献计献策。

　　《内蒙古自治区金融发展报告（2016）》分为综合报告、行业报告和专题报告三个板块，共15章。综合报告包括"内蒙古自治区金融形势分析报告"，全面系统地分析了内蒙古金融业总体发展现状，分析了金融业中存在的问题，提出了下一步发展的思路及对策建议。行业报告包括"内蒙古自治区银行业总体发展报告""内蒙古自治区国有商业银行发展报告""内蒙古自治区股份制商业银行发展报告""内蒙古自治区城市商业银行发展报告""内蒙古自治区农村信用社发展报告""国家开发银行内蒙古分行发展报告"，分别从国有商业银行、股份制商业银行、城市商业银行以及政策性银行等几个方面分析了内蒙古自治区银行业的发展状况，并提出了进一步发展的对策思路。"内蒙古自治区证券、期货业发展报告""内蒙古自治区保险业发展报告""内蒙古自治区信托公司发展报告"
"内蒙古自治区新型金融机构发展报告"等，分别分析和探讨了证券、期货、保险以及贷款公司、村镇银行、资金互助社等新型机构的发展现状及对策建议。专题报告包括"内蒙古自治区固定资产投资分析报告""内蒙古自治区农村金融发展报告""内蒙古自治区农牧区微型金融发展战略研究报告"和"鄂尔多斯市民间金融利率影响因素及运行机制分析"，分别对内蒙古自治区金融发展中关注度比较高的几个领域进行了调查和分析，提出了作者的对策和建议。

　　《内蒙古自治区金融发展报告（2016）》由主编拟定提纲、各参编人员共同撰写完成，各章节具体编写者如下：第一章由金桩、萨如拉、蒙蒙编写；第二章由范淑芳编写；第三章由王永成编写；第四章由赵璐编写；第五章由李晓红编写；第六章由薛强编写；第七章由严存宝、李志军编写；第八章由初海英、王妍、刘美荣编写；第九章由哈斯其其格编写；第十章由严存宝、张燕冰编写；第十一章由斯琴塔娜、李丽莉、杨高春编写；第十二章由张永军、付冬梅编写；第十三章由石全虎、王妍妍编写；第十四章由李杰编写；第十五章由徐慧贤编写；最后由赵璐、吴晓成、张海庆校稿；金桩、严存宝、张启智统稿。在《内蒙古自治区金融发展报告（2016）》在撰写过程中，得到了内蒙古自治区金融工作办公室、人民银行呼和浩特中心支行、内蒙古自治区银监局、内蒙古自治区证监局、内蒙古自治区保监局、内蒙古自治区产权交易中心、内蒙古自治区发展研究中心以及各家金融机构的鼎力支持，在此深表感谢。同时，在本书的编写过程中参阅了大量前人的研究成果和各兄弟省、市、区金融发展战略规划，借鉴了他们的研究结论，使得我们的研究成果更加科学和系统，更具前沿和权威性，对实际工作更有指导意义。最后，本书能够付梓出版，与学校重点学科建设项目的支持是分不开的，在此一并表示感谢。

　　由于时间紧、任务重、涉及面广，尽管我们做了努力，不足和错误在所难免，敬请各位同行、专家、学者以及广大读者给予批评指正。

编者
2015 年 12 月 6 日

目　录

下篇　专题报告

上篇　综合报告

第 一 章

内蒙古自治区金融形势分析报告

　　经过"十一五"的发展，内蒙古自治区如今迎来了经济与金融互动发展的良好局面，金融业成为其重要的新兴行业，为实体经济的发展发挥着越来越重要的作用。本书首先阐述了内蒙古自治区现阶段金融业的发展情况，对其中出现的问题进行分析，进而基于"十二五"阶段内蒙古自治区的金融发展规划，提出相应的对策建议以促进内蒙古自治区金融业的深入发展。

一、内蒙古自治区金融业发展状况

内蒙古自治区自"十一五"以来,将国家针对金融业改革、发展所出台的一系列方针政策认真予以贯彻执行,牢牢把握自治区经济持续快速发展以及国家深化金融改革的契机,推行稳健的货币政策,大力开展金融改革与创新工作,不断改善金融服务,使金融风险及时得到化解与防范,覆盖面广、多层次、多元化的金融组织体系如今已初步形成,内蒙古自治区金融业发展态势良好,不断创新金融产品,规范金融市场,深入改革金融体制,大力建设信用体系,逐渐扩大业务规模,提高经营效益,资产质量明显好转,极大地改善了金融生态环境,金融影响力提升显著。

(一) 日益健全的金融组织体系

通过内部培育和外部引进工作的大力开展,如表 1-1 所示,截止到 2013 年底,一个庞大的金融机构体系已在内蒙古自治区形成,其中拥有各类机构共 977 家,包含了国有商业银行、政策性银行、城市商业银行、股份制商业银行、新型农村金融机构以及农村合作金融机构等。具体来讲,包括 784 家本地法人金融机构,小额贷款公司、信用担保公司、旗县统一法人社、新型农村金融机构、农村合作银行、城市商业银行、农村商业银行、证券公司、期货公司以及信托公司分别为 473 家、211 家、81 家、64 家、7 家、4 家、3 家、2 家、1 家和 2 家,一个现代金融组织体系已初步形成,具有合理的结构和完备的功能。

表 1-1　2013 年内蒙古自治区各类金融机构数

金融机构	自治区数量（家）
国有商业银行和政策性银行	7
股份制商业银行	8
外资银行	2
城市商业银行	4
新型农村金融机构	64
农村商业银行	3
农村合作银行	7
旗县统一法人社	81
信托公司	2
小额贷款公司	473

金融机构	自治区数量（家）
资产管理公司	3
银联卡服务机构	2
人寿保险公司	16
财产保险公司	21
证券公司	2
证券营业部	61
期货公司	1
期货营业部	9
中小企业信用担保公司	211
合计	977

（二）经营规模增长显著

内蒙古自治区金融业经营规模自"十一五"以来增长迅速。如图1-1、图1-2所示，截止到2013年底，内蒙古自治区金融机构人民币各项存款余额达15205.69亿元，与2012年相比提高了11.7个百分点，同期全国平均增速仅为3.6%，4.6倍于2005年的数据，实现了22.7%的年均增长速度；各项贷款余额达到12944.17亿元，与2012年相比提高了14.71个百分点，增速在全国排在第三位，同期全国平均增速仅为7.3%，不仅如此，也比全区9%的经济增速更高，5倍于2005年的数据，实现了达到22.8%的年均增长速度。

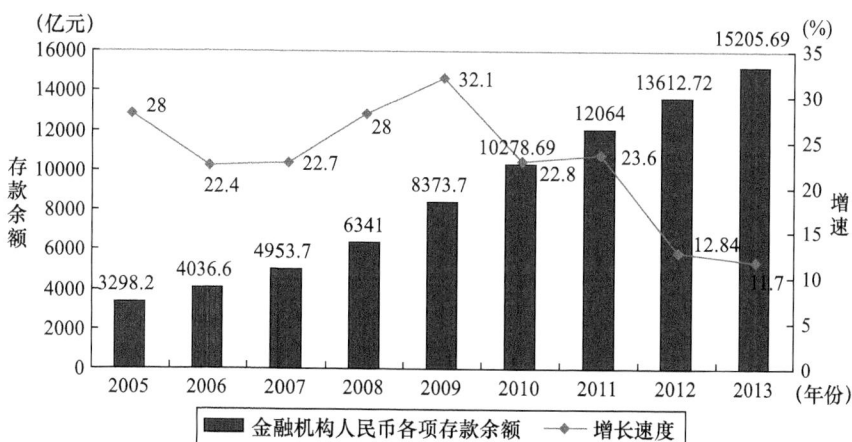

图1-1 2005～2013年内蒙古自治区金融机构人民币存款余额及增速

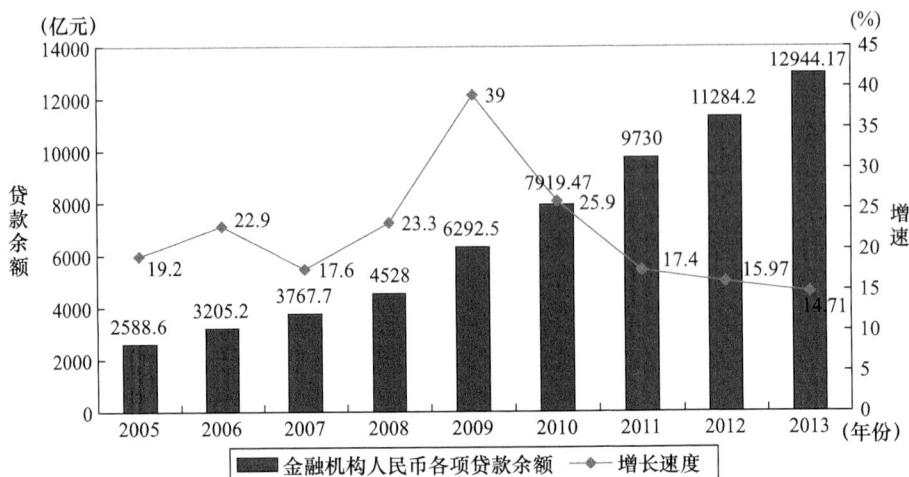

图1-2 2005～2013年内蒙古自治区金融机构人民币贷款余额及增速

内蒙古自治区保险业自"十一五"以来发展迅速，相关机构保险业务经营效益提升显著，不断加强服务，优化险种结构。全区截止到2013年底共有37家省级保险机构，有2025家保险分支机构，有9.14万人从事保险行业。

如图1-3所示，保费收入在2013年底达到274.69亿元，与2012年相比提高了10.88个百分点，同期全国增长率仅为5%，4.5倍于2005年的数据，实现了20.14%的年均增长速度；如图1-4所示，赔付支出达到100.56亿元，与2012年相比提高了17.8个百分点，7倍于2005年的数据，实现了30.63%的年均增长速度；如图1-5所示，2005～2013年，保险深度和保险密度分别由1.4%和256元/人提高至1.6%和1100元/人。

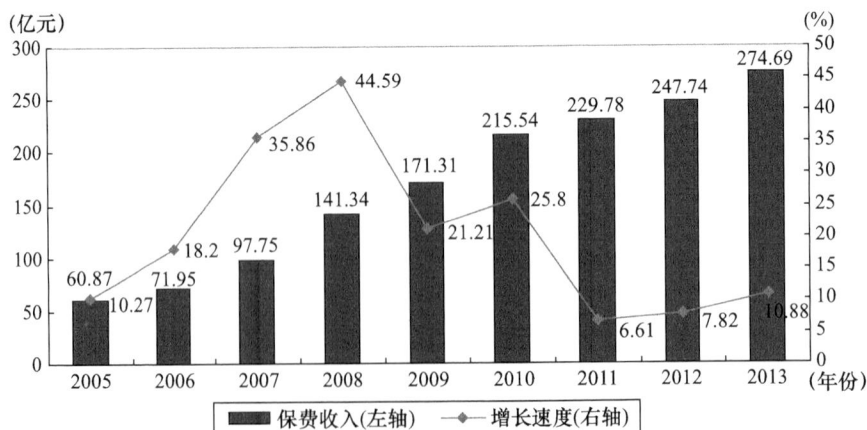

图1-3 2005～2013年内蒙古自治区保费收入变化情况

资料来源：根据内蒙古保监局各年统计数据公报整理。

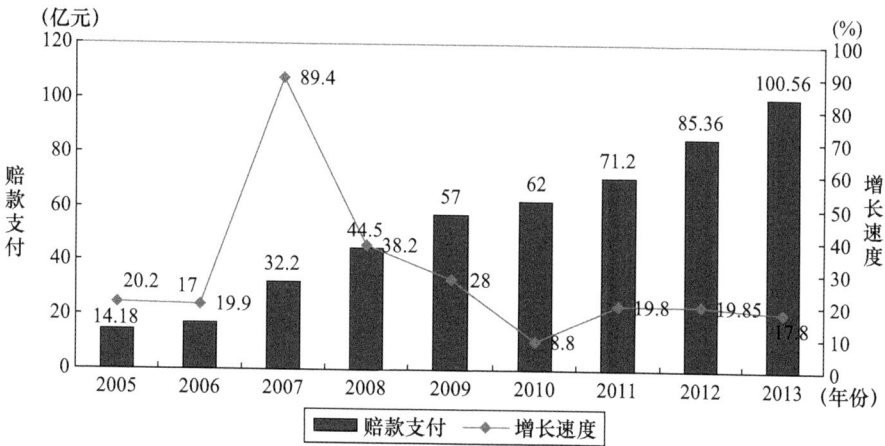

图1－4 2005～2013年内蒙古自治区保险赔付变化情况
资料来源：根据内蒙古保监局各年统计数据公报整理。

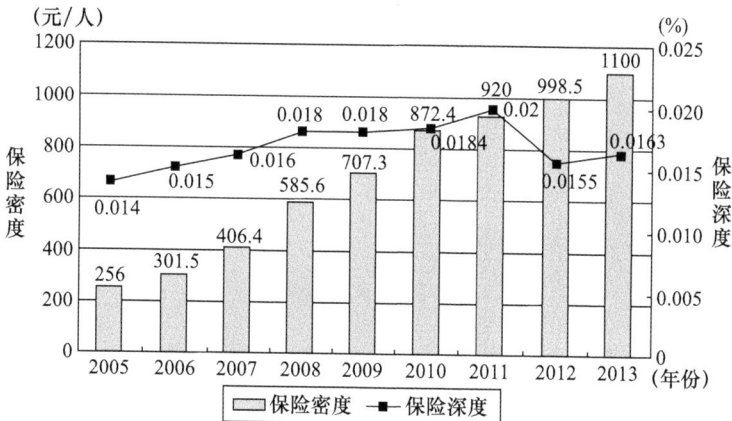

图1－5 2005～2013年内蒙古自治区保险深度、保险密度变化情况
资料来源：根据内蒙古保监局各年统计数据公报整理。

内蒙古自治区保险行业在全国保险行业经营业绩2013年呈现出整体下滑趋势的情况下，结构、规模、效益仍然不断优化、扩大和提高。财产险公司效益提升，实现了12%的承保利润率，与上年相比增加了4.6%，实际获利达到上年的110%。多种财产险均提高明显，其中车险保费收入提高了21.1%，非车险保费收入提高了21.9%，此外，商业险、交强险增长速度也比较稳定；农业险保费收入17亿元，在全国居第2位，而且发挥出越来越强的惠农、支农作用，共承担226.2亿元风险责任，有268.7万农户受益。合理调整了人身险的业务结构，完善其缴费结构,优化渠道结构,增加个人代理渠道所占的比例,新单期银邮渠道实现了28.1%的缴费率。全区产险、寿险业务之间保持了比较合理的结构,具体比例为52:48。

进入"十二五"以来,内蒙古自治区证券业出现可喜的发展,上市公司数量增加,整体效益不断提高。截至2013年末,25家境内上市公司经营持续向好,总市值达到3037.88亿元,增长2.3%。上市公司后备资源培育工作取得新进展,1家企业已报送首发上市申请材料,6家企业进入上市辅导期,为"十二五"时期培育上市公司工作奠定了较好的基础。

直接融资进步显著。通过实施走出去、引进来,多板块上市、多层次资本市场,使增量扩大、将存量激活等一系列措施,使得全区在境内外上市的企业达到33家,在债券市场以发行中期票据、可转债、企业债券以及短期融资券等进行融资的企业达到35家。2005~2013年,全区累计实现资本市场融资2044.5亿元,见表1-2、图1-6。

表1-2 2003~2013年内蒙古自治区资本市场融资额变化情况

单位:亿元

年份	资本市场融资额
2003	0
2004	49.35
2005	14.68
2006	40
2007	130.60
2008	145.01
2009	99.09
2010	169.50
2011	228.60
2012	605
2013	562.67

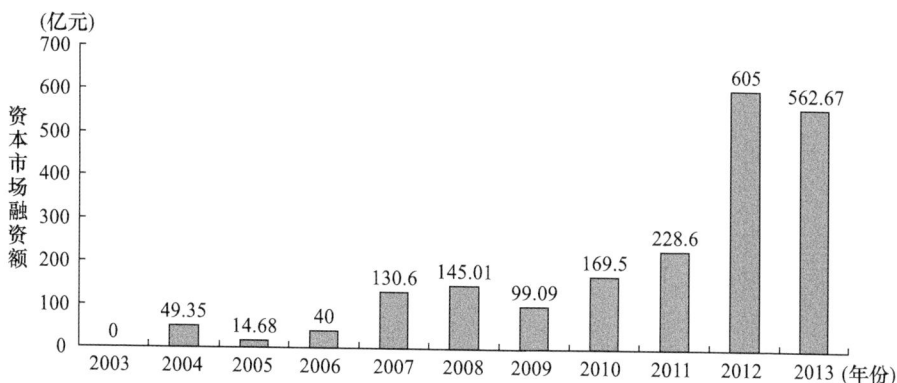

图1-6　2003～2013年内蒙古自治区资本市场融资额变化情况

（三）经营质量和盈利能力双双提升显著

在政府财力增强、经济持续向好、企业和居民收入持续提高的背景下，除了提供金融服务以外，银行业本身的资本质量也逐步好转，并促使其经营效益稳步提高。

1. 不良贷款所占的比率逐步降低

2005～2013年，内蒙古自治区的不良贷款率和不良贷款余额分别降低了11.37%和34.3%，而且这种"双降"局面在2013年后继续保持，不良贷款率和不良贷款余额分别降至1.9%和184.01亿元。

2. 经营效益再创新高

2013年全区银行业实现税后利润362.52亿元，"十二五"期间实现了59%的年均增长率。内蒙古自治区银行业利润增幅显著的局面2011年来继续维持，创造出265.34亿元的总利润，与2012年相比提高了36.6个百分点，在全区各服务业中，银行业实现了最快的发展速度，获得了最好的效益，同时也较多地吸纳了就业人员。

（四）对经济增长的贡献度越来越高

进入"十二五"以来，内蒙古自治区金融业保持快速发展的态势。2013年末全区银行业金融资产达到18813万亿元，3.7倍于2005年的数据，银行业资产规模进入2011年以后快速增长的态势得以维持，年平均增长率达到26.9%，而同期全国增速仅为6.6%。

"十二五"以来，全区金融业增加值达到563亿元，占服务业增加值的10%，见表1-3，比2005年提高6.3%，"十二五"期间年均增长19.3%，如

图 1 - 7 所示，比全区内生产总值的增速还高，而且这种增长势头进入 2013 年后仍然得以维持，达到 447.46 亿元，使地方经济社会发展和金融业之间良性互动的局面得以形成，自治区经济社会发展的重要支撑力量之一就是金融业。

表 1 - 3　2003 ~ 2013 年内蒙古自治区金融业增加值、
增长速度及占第三产业比重变化情况　　　单位：亿元、%

年份	金融业增加值	增长速度	占第三产业比重
2003	27.80	2.10	3.70
2004	55.90	5.60	4.40
2005	67.50	17.20	4.40
2006	105.30	26.50	5.70
2007	137.80	26.60	6.30
2008	219.10	20.20	6.80
2009	291.10	34.20	7.90
2010	346.44	10.80	8.20
2011	447.46	29.20	8.90
2012	502.01	18.30	8.90
2013	563.00	10.30	10.00

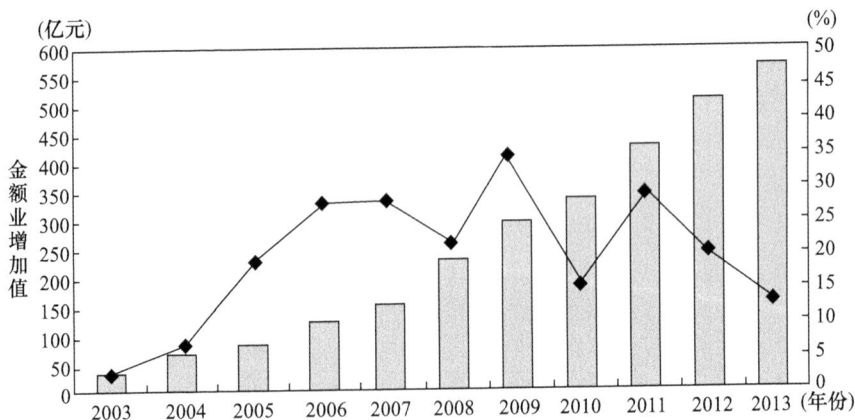

图 1 - 7　2003 ~ 2013 年内蒙古自治区金融业增加值及增长速度变化情况

全区银行业信贷结构自"十一五"以来不断优化，对"三农"以及中小企业的支持力度越来越大。更加重视"三农"以及中小企业的发展，努力改善信贷环境，银行业的各项机制也逐步完善起来，创新贷款管理制度，不断开拓各种新的金融业务。

（五）加强中小企业融资体系建设，增加中小微企业信贷投放

内蒙古自治区小额信贷试点走在全国前列，成为中小企业金融服务的新生力量。到 2014 年末，全区小额贷款公司开业户数达到 473 家，实收资本 343.64 亿元，覆盖全区 95% 的旗、县、区，2014 年全年累计发放贷款 511 亿元，2014 年 12 月末贷款余额 55.22 亿元，已经相当于全区农村信用社系统贷款余额的三分之一，成为全国小额贷款公司数量最多、规模最大的省区，支持了 4 万多户小企业、个体工商户和农牧民的融资需求。

全区中小企业信用担保体系不断转变担保运作模式、业务种类以及筹资方式等，使得覆盖整个内蒙古自治区的网状的、围绕一个核心、拥有三级层次的担保、再担保体系逐渐形成。到 2015 年第二季度末，全区备案的各类融资性担保机构共有 200 家，累计为 4.9 万户中小企业融资担保 1721 亿元，在保责任余额 337.17 亿元。

金融机构贷款进入 2014 年以来，仍旧倾斜向中小微企业，从金融方面大力扶持它们。在全年新增的企业贷款总额中，中小企业贷款占比达 60.7%，达到 978.5 亿元；中小微企业至 2014 年底的贷款余额达 4180.6 亿元，在所有企业贷款余额总量中占比达 49.7%，相比 2013 年提高了 29.2 个百分点，而同期全国贷款增长率和全部贷款增长率仅为 13.6% 和 15.7%，极大地提高了中小企业贷款满足率。

（六）进一步扩大农村牧区普惠金融服务的覆盖面，使城乡发展更加协调

内蒙古自治区金融机构按照自治区"8337"的发展思路，积极盘活存量、用好增量，信贷资源努力向重点领域倾斜，支持经济结构调整和转型升级，较好地满足了实体经济发展的合理资金需求。一是信贷资源继续向"三农三牧"、非公经济和重点建设等领域倾斜，涉农贷款、私营控股企业贷款、重大项目贷款增速分别高于各项贷款增速 8.3、5.5 和 220.3 个百分点。二是积极支持包头市北梁棚户区改造，扎实开展民生金融安居工作，2013 年底该项目已达成初步融资协议 244 亿元，有效满足了项目建设的资金需求。三是加快促进经济结构转型升级步伐，加大对高新技术产业和现代服务业的信贷支持力度，贷款增速分别为 78.6% 和 24.6%。

政策性农业保险在 2013 年全年提供风险保障 27.4 亿元，涉及农牧户 294.4 万户、农作物 10365 万亩、牲畜 20 万头，与 2012 年相比提高了 13.4 个百分点，共支出 17.8 亿元用于赔付，同比增长 37.1%。近年来，自治区政策性种植业保险的金额和承保面积等在全国均排在首位，逐步扩大了保险的覆盖面积，发挥越来越强的支农、惠农作用。

各金融机构进入 2013 年以来，深入建设农村牧区金融服务体系，在农村牧区开拓多种金融服务，包括保险、信贷、结算等，新型农村金融机构稳步发展，从而使农村牧区金融服务水平逐步提升。自治区至 2013 年底共发展了 64 家新型农村金融机构，如村镇银行等。共有 502 家小额贷款公司，共发放 408.6 亿元贷款，贷款余额为 355.22 亿元，为个体工商户、小微企业以及农牧民共 3.9 万户提供了支持。自治区县级及以下地区新开办了 6 家"流动银行"，分别新增 POS机、ATM1500 余台和 500 余台，进一步改善了农村牧区金融服务水平。

（七）有序开展金融改革，深入改革产权制度

通过开辟"绿色通道"获得政策支持，在"十一五"期间，对四家国有商业银行进行指导，完成股份制改革；邮储银行由邮政业务中成功分离出来，开始独立挂牌营业，20 余年来，邮储机构"只存不贷"的局面彻底打破。使城乡金融实现统筹发展，农村信用社逐步改革产权制度，成立农村商业银行 6 家、农村合作银行 3 家，显著提高了经营获利。借助中央银行专项票据兑付以及增资扩股等手段，快速提升资本充足率。自治区的银行金融机构通过改革，提高了自身的竞争力水平以及抗风险能力，为地方经济社会的发展发挥着越来越重要的作用。

（八）政府、银行、企业之间形成长效沟通机制，营造良性互动、互利合作局面

内蒙古自治区党委和政府自"十一五"以来对金融业发展越发重视，借助多种手段加大服务、协调、沟通的力度，将连接经济主体和金融部门之间的渠道打通。近年来，为使银企信息不对称的局面得到解决，借助召开联席会、签约会、银企对接会以及信贷投放调度会等方式，将各种优质的企业项目宣传、推荐给金融机构，使信贷投放过程中企业和银行所面临的问题得到解决，政府、银行以及企业这三者之间形成了一种新型关系，能够互相信任和支持，共谋发展，实现互惠双赢。

（九）稳步建设信用体系，不断优化金融生态环境

内蒙古自治区自"十一五"以来，对政策、法制、信用以及人才等金融发展所必不可少的环境因素进行优化，对应对金融突发事件的机制进行完善，下大力气预防和查处金融案件以及各种违法违规活动，使金融市场秩序得以维持，得以稳定发展。通过人民政府令的方式，颁布信用信息管理办法，这是全国首个地方性的信用信息规章。内蒙古自治区建立非信贷信用信息数据库，其中所包含的

主要是行政执法信息，与银监会的客户风险预警系统以及人民银行的个人/企业征信信息系统等共同构成统一的信用信息系统，并能做到联动和互相补充。内蒙古自治区还和东北三省进行合作，共建共享区域信用信息。

二、内蒙古自治区金融业发展中存在的问题

内蒙古自治区金融业自"十二五"以来发展迅速，不过在内蒙古自治区经济社会发展不断催生的各种金融需求以及国内金融业发展势头迅猛的大背景下来看，不足和差距仍然非常明显，具体表现如下：从总体角度来讲，金融业发展比较滞后，经济金融杠杆率和金融化程度都比较低，地方金融缺乏实力、金融产业规模不大，缺乏合理的融资结构，监管力度严重不足，民间借贷存在较高的风险等，在"十二五"时期希望能够解决上述这些问题，从而使金融业能够更好地促进经济社会的发展。

（一）金融业发展水平不能完全适应经济发展水平

内蒙古自治区经过21世纪以来的高速发展，其经济总量已排在全国中等位置，人均GDP水平排在全国前6名。在西部12省、市、自治区中，2014年底，内蒙古自治区人均GDP和GDP总量排名分别为第一和第二。然而，如表1-4、表1-5、图1-8、图1-9所示，内蒙古自治区的金融业发展水平却严重滞后于其经济发展水平，在西部地区中，无论是从结构还是总量的角度看，都只能算是中等水平，此外，在西部12省、市、自治区中，唯独内蒙古自治区的存款余额和贷款余额均比其GDP低，这意味着其金融相关率不高，金融发展与其经济发展水平相比，处于比较滞后的地位，拖了经济发展的后腿。这是因为在内蒙古自治区GDP构成中，占比过大的是投资，居民可支配收入在收入分配过程中占比过小，居民收入不高必然会使存贷受到影响。

（二）尚未形成完善的金融体系，欠缺本地金融机构

商业银行仍然占据着内蒙古自治区金融机构的主要位置，而缺乏其他类型的金融机构，如期货公司、证券公司等。急需更多本土金融机构，从全国来看，内蒙古自治区自身的金融机构只存在相当有限的影响力。如表1-6所示，本地法人的金融机构，如保险公司、消费公司、汽车金融公司等相当匮乏。多数金融机构为在自治区入驻的分支机构，而本地银行面临较大的金融机构改制的难度，缺乏完善的融资担保体系，地方法人金融机构势单力薄，很难提供很好的服务给中低端客户，也难以很好地支持县域经济的发展。

表 1－4　我国西部 12 省、市、自治区存款余额变化情况

单位：亿元

地区名称	2000年	位次	2006年	位次	2007年	位次	2008年	位次	2009年	位次	2010年	位次	2011年	位次	2012年	位次	2013年	位次
内蒙古自治区	1270	8	4037	7	4954	6	6341	6	8374	6	10279	6	12064	6	13673	6	15264	6
四川省	4513	1	11802	1	13980	1	18661	1	24976	1	30300	1	34735	1	41577	1	48122	1
陕西省	2663	2	7453	2	8501	2	10791	2	13860	2	16456	2	19227	2	22843	2	25737	2
云南省	2466	3	6131	3	7171	3	8419	3	11120	3	13414	3	15364	4	18062	4	20829	4
重庆市	1905	5	5520	4	6577	4	8022	4	10933	4	13455	4	15833	3	19424	3	22789	3
广西壮族自治区	2269	4	4972	5	5750	5	7024	5	9583	5	11747	5	13453	5	15967	5	18401	5
新疆维吾尔自治区	1864	6	4041	6	4615	7	5399	7	6850	7	8870	7	10387	7	12424	7	14248	7
甘肃省	1403	7	3317	8	3747	9	4729	9	5882	9	7115	9	8394	9	10130	9	12071	9
贵州省	1107	9	3300	9	3826	8	4737	8	5898	8	7364	8	8743	8	10568	8	13298	8
宁夏回族自治区	397	10	1131	10	1279	10	1591	10	2058	10	2574	10	2967	10	3507	11	3881	11
青海省	280	11	897	11	1093	11	1384	11	1786	11	2320	11	2826	11	3538.4	10	4111	10
西藏自治区	145	12	545	12	642	12	828	12	1027	12	1296	12	1661	12	2054	12	2501	12

表1-5　我国西部12省、市、自治区贷款余额变化情况

单位：亿元

地区名称	2000年	位次	2006年	位次	2007年	位次	2008年	位次	2009年	位次	2010年	位次	2011年	位次	2012年	位次	2013年	位次
内蒙古自治区	1341	7	3205	6	3768	6	4528	6	6293	6	7919	6	9730	6	11284	6	13057	6
四川省	4054	1	7833	1	9201	1	11163	1	15680	1	19130	1	22033	1	26163	1	30299	1
陕西省	2193	2	4463	3	5121	3	6057	4	8277	4	10033	4	11865	4	13870	3	16538	3
云南省	1988	3	4804	2	5672	2	6594	2	8780	2	10571	2	12130	3	13925	2	16129	4
重庆市	1881	4	4388	4	5132	4	6321	3	8766	3	10888	3	13001	2	13001	4	18006	2
广西壮族自治区	1613	5	3595	5	4288	5	5067	5	7268	5	8868	5	10409	5	12355	5	14081	5
新疆维吾尔自治区	1403	6	2413	8	2685	8	2827	8	3788	8	4973	8	6270	7	7962	8	10377	7
甘肃省	1171	8	2112	9	2404	9	2732	9	3650	9	4433	9	5469	9	7196	9	8822	9
贵州省	1065	9	2696	7	3129	7	3569	7	4656	7	5748	7	6842	7	8272	7	10157	8
宁夏回族自治区	383	10	983	10	1185	10	1403	10	1917	10	2399	10	2861	10	3339	10	3947	10
青海省	349	11	723	11	873	11	1026	11	1399	11	1823	11	2232	11	2792	11	3515	11
西藏自治区	81	12	204	12	224	12	219	12	248	12	301	12	409	12	664	12	1077	12

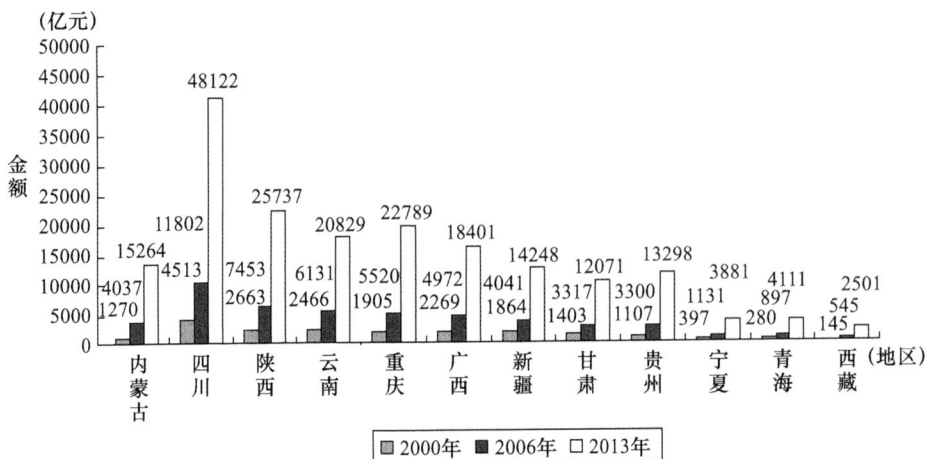

图 1 - 8　2000 年、2006 年和 2013 年西部 12 省、市、自治区存款余额变化比较

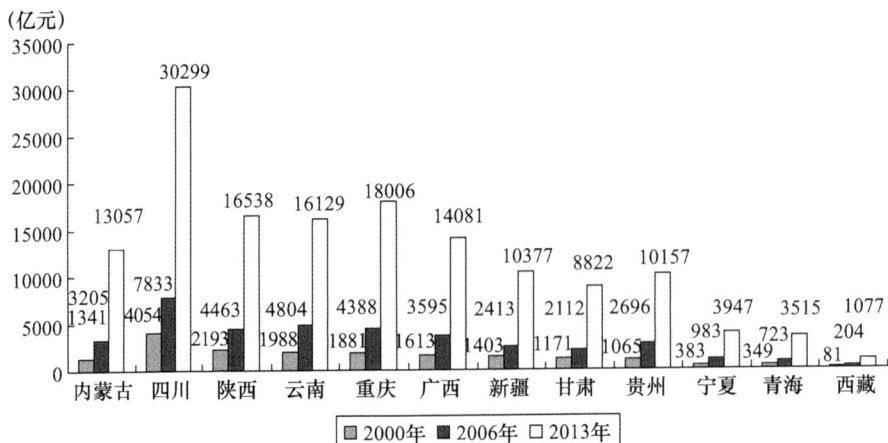

图 1 - 9　2000 年、2006 年和 2013 年西部 12 省、市、自治区贷款余额变化比较

表 1 - 6　2013 年末内蒙古自治区法人金融机构占全国比重

金融机构	全国数量（家）	自治区数量（家）	占比（%）
股份制商业银行	12	0	0
外资银行	40	0	0
城市商业银行	147	4	2.7

金融机构	全国数量（家）	自治区数量（家）	占比（%）
新型农村金融机构	395	64	0.16
农村商业银行	85	3	3.5
农村合作银行	223	7	3.1
旗县统一法人社	2646	81	3.1
信托公司	63	2	3.2
人寿保险公司	36	0	0
财产保险公司	38	0	0
证券公司	109	2	1.8
期货公司	163	1	0.6
证券投资基金管理公司	66	0	0

（三）金融业总量规模偏小，影响力有限

内蒙古自治区金融业营业规模有限，近年来虽有较快的发展，占全国的比重也有所提高，但所占比重小、影响力有限的总体形势仍然没有改变，见表1-8。内蒙古自治区存款余额不到全国1.5%，贷款余额仅为全国的1.8%，远低于内蒙古自治区GDP占全国的比重，见表1-7。内蒙古自治区证券业发展规模在全国靠后，不管上市公司数量还是首发融资额、再融资额等均不到全国的1%，上市公司数量在全国仅列第26位，在西部列第8位，总数是广东省的1/18，上市公司资源的偏少，影响了当地企业的发展壮大。

表1-7 2000~2013年内蒙古自治区存款、

贷款余额及分别占全国比重 单位：亿元、%

年份	存款余额		比重	贷款余额		比重
	全国	内蒙古		全国	内蒙古	
2000	123804.4	1270.1	1.03	99371.1	1340.7	1.35
2001	143617.2	1498.8	1.04	112314.7	1470.7	1.31
2002	170917.4	1735.3	1.02	131293.9	1649.8	1.26
2003	208055.6	2090.9	1	158996.2	1924.1	1.21

年份	存款余额		比重	贷款余额		比重
	全国	内蒙古		全国	内蒙古	
2004	241424. 3	2576. 4	1.07	178197. 8	2239. 8	1. 26
2005	287169. 5	3298. 2	1.15	194690. 4	2588. 6	1. 33
2006	335459. 8	4036. 6	1.2	225347. 2	3205. 2	1. 42
2007	389371. 2	4953. 7	1.27	261690. 9	3767. 7	1. 44
2008	466203	6341	1.36	303394. 6	4527. 9	1. 49
2009	597741	8373. 7	1.4	399684. 8	6292. 5	1. 57
2010	718233	10278. 7	1.43	479196	7919. 5	1. 65
2011	809369	12064	1.49	547945	9730	1. 78
2012	917554. 8	13612. 7	1.484	629909. 6	11284. 2	1. 79
2013	1043847	15205. 69	1.457	718961	12944. 2	1. 80

表 1 - 8   2013 年末内蒙古自治区金融业经营规模占全国的比重

项目	全国	内蒙古	占比（%）
人民币存款余额（亿元）	1043847	15205. 69	1.48
人民币贷款余额（亿元）	718961	12944. 2	1.80
银行业金融机构资产总额（万亿元）	113. 28	1. 63	1.44
银行业金融机构净利润（亿元）	10412	265. 34	2.54
2013 年末上市公司数（家）	2342	22	0.93
2013 年企业境内融资（亿元）	7942	31. 7	0.39
2013 年 IPO 企业数（家）	282	2	0.71
保费收入（亿元）	14339. 3	229. 8	1.60
赔付（亿元）	3929. 37	71. 2	1.81
保险密度（元/人）	1197. 2	952	—
保险深度（%）	3. 4	1. 8	—

（四）融资结构失衡

内蒙古自治区的综合实力和经济规模与其直接融资规模之间存在不对称的问题，尚未构建起多层次的资本市场。如表 1 - 9 所示，间接融资和直接融资之间的比例自"十五"以来，长期在9:1左右徘徊，信贷推动经济增长的特征非常明显。间接融资多为短期融资，而上市企业的数量以及股票融资所占的比例都偏少。各类中介服务机构未能发挥应有的作用，发展比较滞后，缺少具备证券业服务资质的本地评估机构、律师事务所、会计师事务所等，尚未形成多层次区域性的资本市场，如产权交易、股权交易平台等，银行信贷仍然是企业融资的一个主渠道，但未能真正拓展开来。

表1-9 2001~2013年内蒙古自治区非金融机构融资结构

年份	融资量（亿元）	比重（%）		
		贷款	债券（含可转债）	股票
2001	166.4	77.3	2.4	20.4
2002	200.1	91.0	0	9.0
2003	274.2	97.1	0	2.9
2004	389.5	86.2	9.3	4.6
2005	464.4	92.5	6.5	1.0
2006	664.8	94.0	6.0	0
2007	690.0	81.6	3.8	14.6
2008	1025.5	85.9	7.9	6.2
2009	1935.9	95.0	5.0	0
2010	1776.1	90.5	9.2	0.3
2011	2108.0	89.2	9.4	1.5
2012	2171.1	72.1	22.2	5.7
2013	2218.3	70.2	21.1	8.7

资料来源：根据中国人民银行呼和浩特中心支行公布数据整理。

（五）金融产品结构单一

内蒙古自治区银行业务高度依赖存贷款业务，贷款种类和品种偏少，缺乏针对当地产业特色的贷款品种，中间业务发展不足，利差收入依然是银行业金融机构的主要收入来源。

（六）地区发展水平不平衡

内蒙古自治区金融业存在地区之间发展不平衡，相对于西部地区而言，东中部地区金融发展水平和层次较低。以信贷投放为例，呼包鄂地区的各项贷款占了全区的 60.3%，而东部地区的兴安盟各项贷款仅占全区的 2.55%，经济发展不平衡导致金融发展不平衡，金融发展不平衡又反过来制约经济的发展，成为恶性循环，见表 1-10、图 1-10 和图 1-11。另外，内蒙古自治区中心城市和广大县域之间金融发展不平衡，出现了明显的金融城乡二元结构。

表 1-10 2013 年末内蒙古自治区各盟市存贷款余额比较

单位：亿元

地区	各项存款余额	新增额	各项贷款余额	新增额
呼和浩特市	3027.37	356.45	2147.47	437.6
包头市	2089.7	475.5	1397.1	375.3
乌海市	563.2	50.3	378.4	30.9
赤峰市	943.37	167.8	639.4	99.32
呼伦贝尔市	862.3	46.3	475.2	78.5
兴安盟	397.5	56	223.7	53.6
通辽市	549.3	97.1	492.1	64.6
锡林郭勒盟	395.6	61.9	376.1	56.8
乌兰察布市	501.3	100.1	372.9	60.2
巴彦淖尔市	499.7	63.2	364.9	30.1
鄂尔多斯市	2098.4	309.8	1739.5	457.3
阿拉善盟	198.5	30.1	157.8	27.43

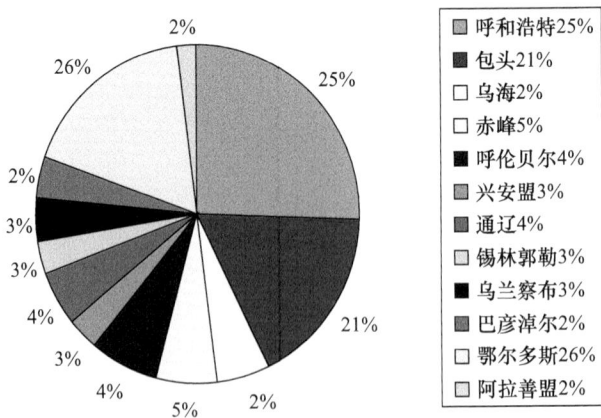

图 1-10 2013 年内蒙古自治区各盟市存款余额比重

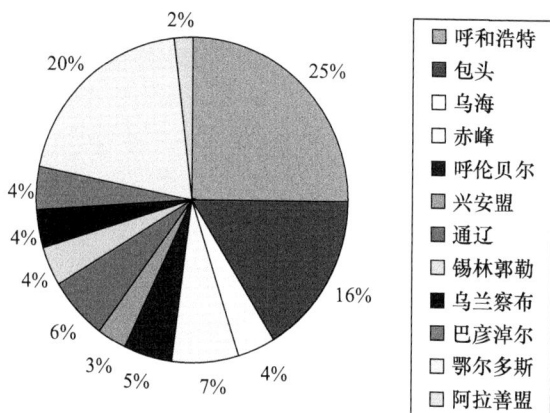

图 1-11 2013 年内蒙古自治区各盟市贷款余额比重

（七）金融创新步伐缓慢

内蒙古自治区由于本地金融机构偏少，全国性金融机构在内蒙古自治区设立的分支机构大多不具有设计开发金融产品的权限。全国性金融机构相对集中的业务管理体制、业绩考核机制又制约了基层单位、人员工作的积极性和创造性，使得基层金融机构在金融产品、授信服务、贷款担保等方面的创新动力不足、步伐较慢，现有金融产品不能满足客户尤其是中小企业、个体工商户和农牧户的金融服务需求。内蒙古自治区是全国四大牧区之一，但针对畜牧业特征开发的金融产品和服务非常少，影响了牧区经济的发展。

（八）金融业社会贡献度不高

内蒙古自治区金融业整体规模偏小，对经济的贡献度依然不高。截至 2013 年末，金融业增加值仅占全区 GDP 的 3.1%，占服务业增加值的 8.2%，远低于国内东部地区的平均水平，也低于西部地区的重庆、四川、陕西等兄弟省市。按目前的基础和发展速度，内蒙古自治区金融业增加值完成国家《金融业发展和改革"十二五"规划》所确立的金融业增加值占 GDP 的 5% 的目标难度不小。

（九）民间借贷有待规范

近年在内蒙古自治区个别地区民间借贷非常活跃，其中，鄂尔多斯地区尤为突出。据多个研究机构和部门调查测算，鄂尔多斯民间借贷规模超过了 2000 亿元，成为西北地区重要的民间借贷集散地。鄂尔多斯民间借贷出现的最大风险隐患在于贷款期限短、利率高，且大量贷款资金流向房地产行业，致使鄂尔多斯地区房价持续高涨，集聚了大量的价格风险。另外，在内蒙古自治区广大农村牧区普遍存在民间借贷现象，民间借贷虽然解决了农村牧区的资金需求，但也存在借贷行为不规范，利率过高，增加了贷款人的还款压力，个别地区引发了贷款纠纷产生的群体性事件，成为影响社会稳定的因素。

三、内蒙古自治区金融业发展的目标和对策建议

"十一五"以来，内蒙古自治区金融业尽管呈现出跨越式发展的局面，然而，仍然缺乏合理的结构，总量仍有很大的上升空间，所提供的金融服务仍无法很好地满足实体经济的发展需要。下面将依据《内蒙古自治区"十二五"金融业发展规划》（以下简称《规划》），结合内蒙古自治区金融发展过程中出现的各种问题，给出相应的对策建议，以期解决这些问题。

（一）金融业发展的目标

《规划》中明确要求，内蒙古自治区在"十二五"期间要对金融业进行大力发展，以此来转变经济发展方式，调整经济结构，使全面协调可持续发展的目标得以实现，对金融结构进行优化，改革和创新金融，做好布局和规划，使金融服务体系与机制不断完善起来，金融服务的水平以及供给能力稳步提高，使服务业中金融业所占的比重提升，金融业的发展能够形成充满活力、布局合理、优势互补的局面。

《规划》还给出了一系列自治区金融发展的具体目标，介绍如下：

1. 四个突破

具体来讲，就是至 2015 年，各项贷款余额、增加值、直接融资、保费收入分别达到 2 万亿元、1000 亿元、1999 亿元以及 600 亿元。

2. 三个提高

在第三产业中，金融业占比约为 12%，而在金融机构的全部资产中，地方性金融机构应占到约六成，使所有贷款余额的二分之一为中小企业贷款余额。

3. 两个体系

其一，将农村牧区金融普惠服务体系建立完善，全面覆盖农牧民基本的金融服务，使获得保险服务和贷款支持的农牧民超过九成；其二，将中小企业金融服务体系建立完善，使融资性担保机构以及小额贷款公司的实力不断壮大。

4. 一个中心

使"呼包鄂"经济金融一体化进程加快，迅速集聚金融产业，将该地区打造成为一个区域性的金融中心。

上述目标是从内蒙古自治区自身的发展情况，尤其是对金融业发展的需求出发，结合国内外金融发展的大趋势提出来的。然而，在欧债危机、美国次贷危机的双重影响以及国内劳动力成本提高、产能过剩的局势下，在资源、能源等需求方面，内蒙古自治区也呈现出下降的趋势，经济下行压力出现。而股票市场在这一时期也出现疲软现象，使直接融资受到了影响；对小额贷款公司、资金互助社以及村镇银行等的审批受到了国家的控制，内蒙古自治区金融业的发展也会受到上述这些因素的影响，更难实现"十二五"规划的目标。所以，内蒙古自治区在这种局势下应推出更多政策措施，为地方金融机构提供支持，为金融业的发展起到推动作用，使总体规划目标得以实现，并使金融业能够为地方经济发展贡献更多力量。

（二）金融业发展的对策建议

1. 努力争取"一行三会"支持内蒙古自治区

自治区金融办应以"国务院21号文件"精神为准，发动内蒙古自治区证监局、保监局、银监局以及人民银行呼和浩特中心支行，对发展金融产业需得到国家"一行三会"支持的具体内容进行研究，自治区政府相关领导可在此基础上对"一行三会"分别进行走访，在部分具体问题上争取达成共识，还要针对"国务院21号文件"的贯彻落实以及为发展内蒙古自治区金融业而提供支持形成相应的会谈纪要。

"一行三会"支持的内容如下：一是提请银监会允许在对口支援地区为北京银行和内蒙古银行开设分支机构，还可提请将代表处设置在发达省区，如上海市等，从而为自治区的金融产业发展起到促进作用。二是提请银监会为内蒙古自治区农村信用社改制提供支持，组建农村商业银行，从政策方面向农村资金互助组织和村镇银行倾斜，以此来大力扶持"三农三牧"。三是提请银监会以及人民银行对包商银行试点小微金融的项目予以批准，出台相应政策，以此来大力扶持自治区小微企业的发展。四是提请证监会和人民银行为内蒙古自治区企业将债券市场的融资规模扩大提供支持，为符合条件的企业提供支持，使其能够上市融资，支持将期货交易所在呼和浩特建立起来，在期货交易品种中，包含自治区的优势农牧业产品，从而为内蒙古自治区资本市场的发展起到推动作用。

2. 对内蒙古自治区的金融生态环境进行优化

金融运行离不开金融生态环境如经济、制度、信用、法制等环境，具体来讲，包括全局性的制度建设，这是从宏观角度出发，包括司法执法体系、法律法规、社会信用体系以及会计准则和信息披露制度等，此外，还要从微观角度出发，包括企业治理结构、市场约束机制、中介服务机构、银企关系、企业与个人的诚信意识等。在金融生态环境较好的情况下，向该地区流动的资金就会更多，"洼地效应"由此产生；相反，如果金融生态环境不好，那么资金就会向其他地方流动，使该地区的经济竞争力被削弱。实现经济可持续发展的目标，就要求内蒙古自治区将自己的金融体系不断完善，同时还要营造良好的金融生态环境。

要建设长效的金融生态工作机制，使人民银行以及各相关部门在内蒙古自治区政府的推动下共同参与进来，对公众的信用意识进行强化，从而使金融运行的外部环境，包括法制、经济等得到优化，使内蒙古自治区资金的创利能力以及吸引力大大提升，确保金融安全。首先，通过"建设诚信内蒙古"活动的开展，大力建设信用村镇、信用社区、信用旗县以及信用盟市，对奖惩严加落实，营造信用环境，切实做到失信受损、诚信受益。其次，各级政府要努力营造信用环境，结合"建设诚信内蒙古"活动的开展，在地方经济社会发展规划中增加建设金融生态方面的内容，并对金融生态环境评价体系进行探索。最后，针对信用体系建设、金融债权维护等领域出台相关的政策。

3. 将内蒙古自治区区域金融组织体系建立完善

内蒙古自治区的金融体系经过了多年发展已经初具规模，金融组织体系虽然涵盖内容较为全面，但占据主导位置的还是一些大银行，中小企业特别是创新能力强的一些中小企业的金融需求很难得到很好的满足。因此，内蒙古自治区的金融组织体系还有很大的改进空间，应使市场中各类企业都能享受到便捷、高效、优质的金融服务，通过改革使金融资源的配置效率得到提高。

在金融市场体系方面，各类金融市场已经在内蒙古自治区得到了建立和发展，不过各市场的发展不均衡，金融产品种类较少，市场发展受到的限制较多，造成资金在各市场间出现流通不畅的问题，使资金配置效率低下的情况出现。因此，要为金融市场制订长远的发展规划，对各类金融市场的相互关系进行仔细分析，使不同市场能够实现协调发展，包括本币产品市场和外汇产品市场、资本市场和货币市场、基础金融产品市场和衍生金融产品市场等。

包括银行、保险、证券、信托等在内的金融机构体系在内蒙古自治区已初步形成，不过各机构之间缺乏充分的竞争，使得资金配置无法发挥最佳效率，进而影响到经营效益。此外，内蒙古自治区的企业多采取的是间接融资方式，在金融机构体系中，银行地位突出，其他类型的机构的发展则比较滞后。所以，应使各类非银行机构，如保险、证券等，特别是一些地区性机构大力发展起来，使内蒙古自治区的金融机构体系更加协调和谐。此外，还要将地方性、区域性的银行机构大力发展起来，与同业之间加强竞争，使金融运行效率不断提升。

4. 加快对呼和浩特区域金融中心的规划与建设

作为全区的经济、政治、文化中心，呼和浩特市相比省内其他城市发展金融产业在很多方面的优势都非常明显。如意金融集聚区如今已初具规模，在以后的发展过程中，应努力将呼和浩特市打造成为区域金融中心，具体思路如下：首先，在考虑呼和浩特市城市发展特色的基础上，出台《呼和浩特区域金融中心发展规划》，科学合理地确定战略目标、定位、重点任务以及具体步骤等；其次，由市政府采取设立基金的方式，通过各种优惠政策，吸引各类金融机构，如股份制银行、证券公司、保险公司、信托投资公司以及基金管理公司等的总部或分支机构入驻呼和浩特市，还要吸引各类金融中介服务机构，包括信用评级机构、投资咨询公司以及律师事务所、会计师事务所等入驻呼和浩特市，使金融发展的凝聚效应尽快形成；再次，根据内蒙古自治区产业转型升级的具体需求，在呼和浩特市大力建设各类区域要素市场，对金融资产交易所、大宗农畜产品交易所以及矿产资源交易所等进行探索，并逐步建立起来，搭建保险交易以及场外交易平台，适时建设碳交易、矿权、林权、排污权、水权等领域的交易市场；最后，作为区域金融功能核心区，在呼和浩特市搭建创新金融服务平台，提供信用披露、信用担保、支付结算、信息服务、托管登记、市场监督以及风险管理等服务给中小企业，为中小企业开发一系列新的金融产品，包括中期票据、短期融资、产业链融资、集合债券等，使具有自治区特色的可交易产品和标准化服务逐渐形成。

5. 将"鄂尔多斯金融改革试验区"逐步打造成国家级金融综合改革试验区

国务院如今已批准浙江温州、福建泉州以及广东的"珠三角"地区建设国家级金融综合改革试验区，可享受一系列特殊政策，做到"先试先行"，探索发展新的金融服务模式，进而做到"以点带面"，促进金融全面改革。

鄂尔多斯市如今已获得内蒙古自治区的批准，成为省级"金融改革试验区"，可努力发挥这一优势，逐步向国家级金融综合改革试验区发展，尽快将"鄂尔多斯金融服务实体经济综合改革试验区总体方案"制订出来，并向国务院上报。可在以下方案中做出选择：第一，学习浙江省温州市的做法，由自治区政府主动请示国务院，使鄂尔多斯市升级为国家级金融综合改革试验区，从而对内蒙古自治区金融产业的发展起到很好的推动作用；第二，向广东的"珠三角"学习，打造一体化（呼和浩特、鄂尔多斯、包头）的金融综合改革试验区，因为"呼包鄂"城市群在国家级的主体功能区规划中也是作为重点开发区之一存在的。

在鄂尔多斯市创建金融综合改革试验区的过程中，可借鉴已获批试验区的成功经验，从以下几个方面入手：第一，将"鄂尔多斯民间融资管理办法"尽快制定出台，对民间金融进行规范，实施民间融资登记管理制度，将相应的咨询服务平台搭建起来，大力发展新型民间金融组织，支持民间资本在各类新型金融机构中参股，如农村资金互助社、贷款公司、村镇银行等，小额贷款公司符合条件的，允许它们向村镇银行改制。第二，将地方金融要素市场大力发展起来，搭建新型的要素市场体系，其中包括土地使用权、资源开发权、林权、知识产权、文化产权、技术产权、碳排放权等。第三，建立健全信用担保体系，使各类债券产品积极发展起来，支持小微企业在债券市场进行融资，并将小微企业再担保机制建立完善。第四，自治区在资源能源方面的优势充分发挥出来，改组鄂尔多斯银行，使之成为内蒙古能源开发银行，并由政府控股，使政府掌控能源资源以及金融资源的能力逐步提高。第五，推进地方性保险公司的建设工作，除了为中小企业以及农牧民提供服务以外，还要开发面向产业集群、专业市场的新型保险产品，在建设社会保障体系的过程中，也支持商业保险公司参与其中。第六，加快鄂尔多斯市小微企业信贷专营机构的筹建工作，在内蒙古自治区引进各类非银行金融机构，如金融消费公司、金融租赁公司等。第七，支持鄂尔多斯市非上市公司转让股份，推动中小企业直接融资。第八，筹建综合服务中心，为"三农"和小微企业提供服务，推出新型金融产品，为农村合作金融机构进行股份制改革提供支持。

6. 对内蒙古自治区金融后台产业基地进行规划和建设

金融后台服务，是指不同于以前金融机构需要参与直接的经营活动，建立专门提供技术支持和提供相关服务的专门部门，包括研发中心、银行卡中心、清算中心、数据中心、培训中心、呼叫中心以及灾备中心等。后台服务随现代信息技术的飞速发展而更加自由，空间更为广阔，可以使后台服务向金融要素和信息技术更加密集的区域融合，尤其是数据中心、清算中心等专门的业务部门，必须依托强大的计算机硬件才能够高效运转，因此，这一产业是依托于云计算产业发展的产业。呼和浩特市现在已经占据了区域金融中心的位置，云计算产业现阶段又具有很好的发展态势，发展金融后台服务产业已经在区域内具备了很好的发展基础。具体政策建议如下：

（1）坚持"金融高新技术"这一发展思路，把云计算作为发展的基础和重点，认真研究市场的需求动向，尽快出台《内蒙古自治区金融后台服务产业基地发展规划》。

（2）制定更加科学高效的相关政策，依靠自身的优势吸引金融机构的后台服务部门在区域内落户，同时国内外有实力的后台服务企业也是重点的关注目标，并为这些后台专业公司积极介绍相关的金融客户。

（3）把金融后台产业作为发展基础，努力在区域内引入各种理财助理机构、私人金融服务机构和投资管理机构，通过优质服务来吸引更多的高端金融客户，让本地区成为西部金融和理财的首选区域。

（4）不断优化区内的发展环境，让基地内的各种金融服务机构数量迅速提升，并提供高效、优质的服务。

（5）要积极促进生产性服务业在基地内规模的扩大，引导和促进产业、科研、生活相结合的金融后台产业基地在区域内尽快地发展和壮大。

7. 努力使包头稀土高新区发展成为国家科技金融创新中心

为了让科技与金融结合后发挥更加高效的作用，为我国建立新的科技金融创新体系提供示范和引领作用，为我国能够在世界上占据科技领先位置打下坚实基础，国家发展和改革委员会联合财政部、科技部、证监会、银监会、保监会、中国人民银行、外汇管理局以及税务总局等，于 2011 年起大力创建国家科技金融创新中心试点，我国的第一个试点是中关村，国家在政策、资金等方面向其倾斜，"先试先行"，创新体制机制，目标是使中关村在 2020 年发展成为国家科技金融创新中心，并在全世界都具有一定的影响力。

包头稀土高新区作为内蒙古自治区内唯一的国家级高新区，应建立其本身特有的优势，区内聚集了大量的高科技和金融产业，其优势项目已经开始在科技生产和产品研发层面展现出来，已经达到了国家关于科技金融创新中心（示范区）的申报相关条件。将包头稀土高新区逐步打造成"国家科技金融创新中心"，从而能够享受到相关政策优惠，与各类金融机构，包括银行、保险、金融等联合起来，创新综合性科技金融服务，努力探索新的科技金融投资模式，如股权投资、债权投资、产权交易、风险投资、科技资产交易等，使科技金融创新体系在内蒙古自治区搭建起来。

8. 对各类产业基金形成吸引力，鼓励它们来内蒙古自治区发展

一是政府出面提供部分资金，对内蒙古自治区内的金融机构和民间金融组织给予一定的引导，以发展基金的形式，努力完成内蒙古自治区内大型资源型企业的改制和重组以及并购工作。二是发挥区内实力型企业的主导作用，积极引导民间资本加入进来，设立"内蒙古风险投资基金"，重点对于那些处于起步阶段、发展行情好的企业和项目，推动区内的产业技术升级并加快产业结构的革新。三是政府在其中的组织协调能力要得到积极的发挥，以通过设立私募股权基金、担保基金、债券基金等不同形式基金的模式把民间资本吸收进来，组织和协调这些基金更加高效地参与到内蒙古自治区发展中来。

中篇 行业报告

第 二 章

内蒙古自治区银行业总体发展报告

在宏观经济增速放缓、利率市场化改革深化、资本管制日益严格的大背景下，我国银行业总体经营环境更加严峻。内蒙古自治区银行业继续认真贯彻落实稳健的货币政策，以政策性银行、大型国有商业银行、股份制商业银行、城市商业银行、农村金融机构和信托投资公司等为主的银行机构，在控制风险的前提下积极改善服务，大力支持地区实体经济的发展。

一、内蒙古自治区银行业发展状况分析

近三年在"稳增长、调结构"的背景下，内蒙古自治区银行业承受了巨大的压力，虽然政策性银行资产负债继续保持增长势头，但各商业性银行的资产负债增速进一步放缓，银行业总体发展呈现出放缓的态势。下面对内蒙古自治区银行业的发展状况进行分析。

（一）银行业机构和从业人员数量及结构情况

截至 2014 年末，内蒙古自治区银行业机构及营业网点数量 4683 个，较 2013 年微增 0.17%，其中法人金融机构 169 家，较 2013 年新增 5 家，渤海银行为 2014 年新入驻股份制商业银行。内蒙古自治区银行业从业人员 94259 人，较 2013 年增长 3.61%。随着新股份制机构的入驻和地方新法人机构的增加，基本扭转了 2013 年同期机构网点数和从业人员数下降 10.63% 和 4.19% 的局面。具体见表 2 - 1。

1. 银行业内部数量变化分析

从内蒙古自治区银行业机构数量来看，2014 年，随着内蒙古伊利财务有限公司和内蒙古鄂尔多斯集团财务有限公司获批开业，内蒙古自治区财务公司由原来的 2 家增长为 4 家，增长 100%，位居榜首；增幅较大的为还处在扩张期的股份制商业银行和城市商业银行，分别增长了 62.03% 和 24.92%；邮政储蓄银行在 2012 年改制为邮政储蓄银行股份有限公司后，根据其组织架构设置，在区分行以下精简分支机构，直接导致内蒙古分支机构由 2012 年末的 792 个迅速降为 2013 年末的 158 个，降幅为 80.05%，到 2014 年末又小幅回升 3.8%；近三年来政策性银行、外资银行和信托投资公司没有扩张网点；国有商业银行和农村金融机构经过前几年的快速扩张 2014 年首次出现了下滑，降幅分别为 2.02% 和 3.96%。总体来看，经过前几年经济高速增长下金融机构的快速扩张，随着经济下行及金融改革的不断深化，内蒙古自治区银行业机构数量的增长进入平稳期，具体见表 2 - 1。

从内蒙古自治区银行业从业人员数量来看，2014 年由于 2 家新机构的开业，财务公司从业人员增幅最大，增长了 107.69%；邮政储蓄银行经过 2013 年改制造成人员大幅下降后，2014 年又恢复性地增长了 49.12%；股份制商业银行和城市商业银行经过前几年的快速扩张增长有所回落，增幅分别为 19.62% 和 4.68%，较 2013 年 31.83% 和 12.15% 的增幅有较大的下滑；政策性银行、农村金融机构和国有商业银行扭转了 2013 年增幅下降 2.95%、2.56% 和 0.83% 的局面，较 2013 年同期小幅增长了 2.70%、1.89% 和 0.25%。具体见表 2-1。总体来看，在经济下行及互联网金融加速发展的背景下，内蒙古自治区银行业吸收社会就业的前景不容乐观。

表 2-1 2012~2014 年内蒙古自治区银行业
机构数和从业人员数情况   单位：个、%

机构类别	2012 年				2013 年				2014 年			
	机构数	增幅	人数	增幅	机构数	增幅	人数	增幅	机构数	增幅	人数	增幅
政策性银行	85	—	2136	—	85	0	2073	-2.95	85	0	2129	2.70
国有商业银行	1624	—	41178	—	1630	0.37	40835	-0.83	1597	-2.02	40939	0.25
股份制商业银行	56	—	2331	—	79	41.07	3073	31.83	128	62.03	3676	19.62
城市商业银行	278	—	10338	—	317	14.03	11594	12.15	396	24.92	12137	4.68
农村金融机构	2391	—	31057	—	2401	0.42	30263	-2.56	2306	-3.96	30835	1.89
外资金融机构	1	—	25	—	1	0	26	4.00	1	0	27	3.85
信托投资公司	2	—	288	—	2	0	346	20.14	2	0	364	5.20
邮政储蓄银行	792	—	7556	—	158	-80.05	2712	-64.11	164	3.80	4044	49.12
财务公司	2	—	41	—	2	0	52	26.83	4	100	108	107.69
合计	5231	—	94950	—	4675	-10.63	90974	-4.19	4683	0.17	94259	3.61

注：农村金融机构包括小型农村金融机构和新型农村金融机构。小型农村金融机构包括农村商业银行、农村合作银行和农村信用社；新型农村金融机构包括村镇银行、贷款公司和农村资金互助社。

资料来源：内蒙古银监局。

2. 银行业内部结构分析

从 2014 年末内蒙古自治区银行业内部机构数量结构看，近几年快速发展的农村金融机构成为内蒙古银行业的主力军，其机构数量为 2306 个，位居第一，占比为 49%；国有商业银行机构数 1597 个，位居第二，占比为 34%；紧随其后的是城市商业银行、股份制商业银行，占比分别为 8% 和 3%，政策性银行、信托投资公司等其他机构占比为 6%，具体见图 2-1。

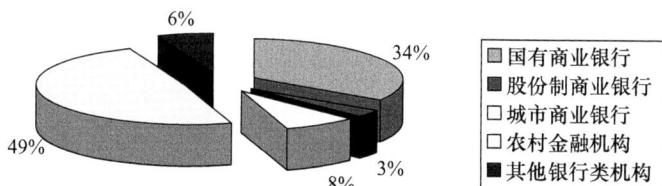

图 2-1 2014 年末内蒙古自治区银行业机构数量结构
资料来源：根据内蒙古银监局 2014 年统计数据公报整理。

从 2014 年末内蒙古自治区银行业内部人员构成情况看,国有商业银行是内蒙古银行业吸收就业的主要部门,吸收就业 40939 人,位居第一,占比为 43%;农村金融机构吸收就业 30835 人,退居第二,占比为 33%;紧随其后的是城市商业银行、股份制商业银行,占比分别为 13% 和 4%;政策性银行、信托投资公司等其他银行机构占比为 7%,具体见图 2-2。

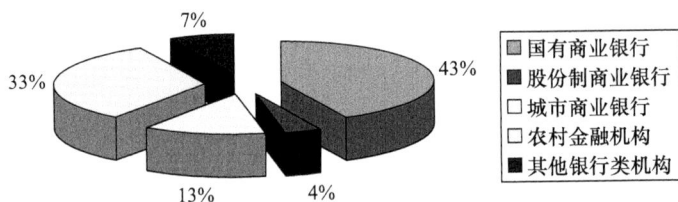

图 2-2   2014 年末内蒙古自治区银行业机构从业人数结构

资料来源:根据内蒙古银监局 2014 年统计数据公报整理。

(二)2012~2014 年内蒙古自治区银行业资产情况

2012 年以来,由于经济下滑导致企业盈利能力下降,银行在保证资金安全性的前提下"惜贷"现象比较严重,再加上产业结构调整导致信贷从一些高耗能、高污染的资源性产能过剩行业退出,内蒙古自治区银行业资产增速总体有所放缓。但在积极的财政政策和稳健的货币政策指导下,内蒙古自治区银行业稳步推进金融改革,根据国家产业政策导向优化信贷资产结构,有力地支持了地方经济的发展。

1. 资产总额逐年提高,同比增长率呈放缓趋势

2014 年末,内蒙古自治区银行业资产总额为 24018.80 亿元,高于 2013 年的 21332.10 亿元,增速为 12.60%,低于 2013 年 13.39% 的增速。其中,银行业内部 2014 年末,财务公司资产增速最快为 392.29%,主要原因是 2014 年新增了 2 家财务公司,直接导致其资产爆发式增长;邮政储蓄银行、城市商业银行和政策性银行增速较快,分别为 29.25%、26.25% 和 19.41%,比 2013 年同期提高了 30.15%、12.09% 和 2.52%;与 2013 年同期相比,资产下降幅度最大的是外资金融机构,渣打银行资产由 2013 年同期的增长 32.36% 到本年的下降 53.04%;与 2013 年同期相比,资产下降幅度比较大的有信托投资公司、股份制商业银行、国有商业银行和农村金融机构,分别比 2013 年的增速 46.15%、21.55%、9.80% 和 16.55% 下降了 42.36%、14.62%、6.47% 和 4.79%,为 3.79%、6.93%、3.33% 和 11.76%。资产总量的提高和增长率的减慢符合内蒙古自治区经济发展速度减慢的实际情况,具体见表 2-2。

表 2 - 2 2012～2014 年内蒙古自治区
银行业资产情况

单位：亿元、%

机构类别	2012 年		2013 年		2014 年	
	金额	增幅	金额	增幅	金额	增幅
政策性银行	2293.12	——	2680.38	16.89	3200.75	19.41
国有商业银行	7575.29	——	8317.35	9.80	8594.09	3.33
股份制商业银行	1880.78	——	2286.06	21.55	2444.56	6.93
城市商业银行	3191.90	——	3643.86	14.16	4600.30	26.25
农村金融机构	3165.27	——	3689.15	16.55	4123.00	11.76
外资金融机构	8.86	——	11.73	32.36	5.51	-53.04
信托投资公司	29.29	——	42.81	46.15	44.43	3.79
邮政储蓄银行	624.47	——	618.85	-0.90	799.83	29.25
财务公司	44.02	——	41.91	-4.78	206.33	392.29
合计	18813	——	21332.10	13.39	24018.80	12.60

资料来源：根据内蒙古自治区银监局统计数据公报整理。

从内蒙古自治区银行业内部资产结构来看，2014 年末，尽管国有商业银行资产增速仅 3.33%，但其 8594.09 亿元的资产总额，在银行业总资产中占有 38.40% 的比重，位居第一；农村金融机构资产 4123.00 亿元，占比 16.78%，位居第二；城市商业银行、政策性银行资产也在不断上升，占比都在 15% 以上；而财务公司等机构虽然增幅较大，但由于其体量小，份额也还是很有限，具体见图 2 - 3。

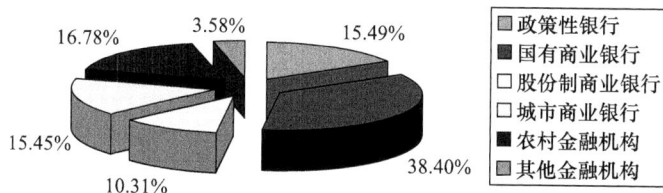

图 2 - 3 2014 年末内蒙古自治区资产结构

资料来源：根据内蒙古银监局 2014 年统计数据公报整理。

2. 贷款规模适度增长，信贷结构进一步优化

2014 年末，内蒙古自治区银行业机构各项贷款余额 15314.26 亿元，同比增长 15.61%，比 2013 年提高 0.67%。全年新增人民币贷款 2067.55 亿元，同比多

增 345.38 亿元。其中，2014 年银行业信贷增长速度较快的是外资金融机构、信托投资公司和邮政储蓄银行，与 2013 年同期相比幅度提高 35%~50%；政策性银行、股份制商业银行、城市商业银行信贷增速较为平缓，2014 年增速分别为 16.60%、13.99% 和 28.68%，与 2013 年同期相比分别提高了 0.79%、3.19% 和 4.52%；而国有商业银行和农村金融机构 2014 年增速明显放缓，分别比 2013 年的 11.00% 和 22.97% 下降了 0.83% 和 5.07%；财务公司信贷增速下降幅度最大，为 76.24%，比 2013 年的 169.07% 下降了 92.83%，具体见表 2-3。

表 2-3　2012~2014 年内蒙古自治区银行业贷款情况

单位：亿元、%

机构类别	2012 年		2013 年		2014 年	
	金额	增幅	金额	增幅	金额	增幅
政策性银行	2142.94	—	2481.72	15.81	2893.63	16.60
国有商业银行	5380.93	—	5972.96	11.00	6580.56	10.17
股份制商业银行	1285.85	—	1424.70	10.80	1624.07	13.99
城市商业银行	957.15	—	1188.40	24.16	1529.22	28.68
农村金融机构	1599.80	—	1967.31	22.97	2319.41	17.90
外资金融机构	7.04	—	3.86	-45.19	4.08	5.71
信托投资公司	1.47	—	1.93	31.29	3.22	66.84
邮政储蓄银行	139.75	—	179.97	28.78	314.50	74.75
财务公司	9.61	—	25.85	169.07	45.57	76.24
合计	11524.54	—	13246.70	14.94	15314.26	15.61

资料来源：根据内蒙古自治区银监局统计数据公报整理。

从贷款期限结构来看，2014 年全年新增中长期贷款 1110.30 亿元，同比多增 418.10 亿元。中长期贷款增长加快表明企业生产经营回暖，金融支持实体经济的政策效应逐步显现。

从信贷投放领域来看，内蒙古自治区银行业信贷结构进一步得到优化。一是信贷资源继续向小微企业倾斜，满足企业多元化资金需求。2014 年末，人民银行呼和浩特中心支行共向 8 家地方法人金融机构发放支小再贷款 33 亿元，为小微企业节约利息开支 3288 万元。内蒙古自治区小微企业贷款同比增长 14.00%，高于 2013 年同期 5.90 个百分点。二是"三农三牧"贷款保持平稳增长。2014 年，内蒙古自治区累计发放支农再贷款 200.60 亿元，同比增长 25.00%，高于同期贷款增速 9.50 个百分点。三是信贷资源向民生领域倾斜，努力实现普惠金融。

2014 年末，内蒙古自治区保障性住房建设项目贷款同比增长 118.6%，高于房地产贷款增速 99.30 个百分点。

（三）2012~2014 年内蒙古自治区银行业负债情况

2012 年以来，由于经济增速放缓，利率市场化的推进及互联网金融的快速扩张，内蒙古自治区银行业负债增速总体有所放缓，整个银行业面临着一定的资金压力。

1. 负债增速明显放缓，总体呈现下降趋势

2014 年，内蒙古自治区银行业负债总额高达 23017.47 亿元，同比增长 2645.25 亿元，增速为 12.98%，比 2013 年的增速 13.95% 下降了约 1 个百分点，呈现进一步回归常态的增长趋势。其中，银行业内部 2014 年末，负债增长速度最快的是财务公司，增长了 395.05%；邮政储蓄银行经过 2013 年股份制改革，增速加快为 30.14%；政策性银行和城市商业银行保持持续增长，增幅分别为 19.62% 和 27.04%；股份制商业银行、国有商业银行和农村金融机构存款增长明显放缓，比 2013 年的增速 21.24%、9.95% 和 15.89% 分别下降了 12.78%、5.85% 和 4.11%，为 8.46%、4.10% 和 11.78%。2014 年末，只有渣打银行一家外资金融机构负债呈下降趋势，下降幅度为 65.66%，具体如表 2-4 所示。

表 2-4　2012~2014 年内蒙古自治区银行业
负债情况　　　　　　　　单位：亿元、%

机构类别	2012 年		2013 年		2014 年	
	负债	增幅	负债	增幅	负债	增幅
政策性银行	2253.47	—	2638.25	17.08	3155.78	19.62
国有商业银行	7445.54	—	8186.16	9.95	8521.72	4.10
股份制商业银行	1833.51	—	2222.96	21.24	2410.97	8.46
城市商业银行	2889.29	—	3314.57	14.72	4210.74	27.04
农村金融机构	2891.72	—	3351.35	15.89	3746.03	11.78
外资金融机构	7.33	—	10.02	36.77	3.44	-65.66
信托投资公司	3.93	—	2.03	-48.42	2.08	2.50
邮政储蓄银行	620.09	—	612.67	-1.20	797.33	30.14
财务公司	37.07	—	34.21	-7.70	169.38	395.05
合计	17981.93	—	20372.22	13.95	23017.47	12.98

资料来源：根据内蒙古自治区银监局统计数据公报整理。

内蒙古自治区负债总体呈现下降趋势的原因主要有以下三个：一是经济增速减慢，经济发展下行压力较大；二是利率市场化改革和互联网金融的快速发展，使得银行资金成本上升，吸收存款的挑战加大；三是货币增速降低。历史数据显示，银行存款余额的增速与 M2 增速基本一致，近几年我国 M2 的增速逐年下降，相应地，银行负债业务增速也呈现下降趋势。

从内蒙古自治区银行业负债结构来看，截至 2014 年末，尽管国有商业银行负债增幅仅为 4.1%，但其 8521.72 亿元的负债总额，在银行业总负债中占比 41.41%，位居第一。城市商业银行和农村金融机构负债在总负债中所占比重不相上下，分别为 17.47% 和 17.48%，基本并列第二。股份制商业银行占比 10.23%，位居第三。财务公司等其他机构虽然增幅较快，但由于其体量小，占比也还是很有限，具体见图 2-4。

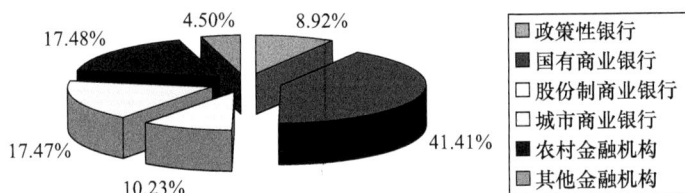

图 2-4 2014 年末内蒙古自治区银行业负债结构

资料来源：根据内蒙古自治区银监局 2014 年统计数据公报整理。

2. 存款增速在低位运行，分流现象明显

2014 年末，内蒙古自治区银行业机构人民币各项存款余额 16478.41 亿元，同比增长 7.61%，低于全国同期 2.5 个百分点，比 2013 年约下降 5.1 个百分点。全年新增存款 1164.66 亿元，同比少增 560.66 亿元。具体从银行业内部来看，存款增长速度最快的是财务公司，增长了 399.08%；政策性银行紧随其后，增速为 54.49%；股份制商业银行、农村金融机构、国有商业银行和城市商业银行增幅明显放缓，比 2013 年的增速 28.21%、16.46%、8.42% 和 14.13% 分别下降了 24.41%、6.16%、5.63% 和 1.18%，为 3.80%、10.30%、2.79% 和 12.95%；2014 年末只有渣打银行一家外资金融机构存款是下降的且降幅较大，与 2013 年同期相比下降了 65.97%。如表 2-5 所示。

人民币各项存款放缓的主要原因：一是理财产品和互联网金融对储蓄存款的分流明显，全年储蓄存款同比少增 294.6 亿元。二是集团客户资金归集对国有商业银行单位存款的影响较大，全年单位存款同比增长 3.80%，比 2013 年下降 6.30 个百分点。

表 2 - 5　2012～2014 年内蒙古自治区
银行业存款变化情况　　　　　　单位：亿元、%

机构类别	2012 年		2013 年		2014 年	
	存款	增幅	存款	增幅	存款	增幅
政策性银行	183.98	—	237.93	29.32	367.57	54.49
国有商业银行	7029.80	—	7622.03	8.42	7834.34	2.79
股份制商业银行	1223.77	—	1568.96	28.21	1628.64	3.80
城市商业银行	2085.82	—	2380.61	14.13	2688.78	12.95
农村金融机构	2458.09	—	2862.76	16.46	3157.60	10.30
外资金融机构	1.68	—	9.83	483.31	3.34	-65.97
信托投资公司	0	—	0	—	0	—
邮政储蓄银行	568.29	—	598.06	5.24	630.61	5.44
财务公司	36.99	—	33.57	-9.26	167.52	399.08
合计	13588.43	—	15313.75	12.70	16478.41	7.61

资料来源：根据内蒙古自治区银监局统计数据公报整理。

（四）表外融资明显下降，利率定价能力不断增强

2014 年，受中间业务监管加强的影响，内蒙古自治区商业银行一部分表外融资转到了表内。实体经济通过信托贷款、委托贷款、未贴现银行承兑汇票等表外业务方式从银行体系融资 245.1 亿元，同比少增 277.2 亿元，占社会融资规模比重为 8.8%，同比下降 10.3 个百分点，比全国低 8.8 个百分点。

2014 年，内蒙古自治区银行业机构人民币贷款加权平均利率 9.0%，比 2013 年降低 0.2 个百分点。银行业金融机构同业活期存款加权平均利率 1.9%，比 2013 年提高 0.6 个百分点，同业定期存款利率 5%，比 2013 年提高 0.5 个百分点。地方法人金融机构利率定价自律机制建设实现新突破。包商银行通过合格审慎评估，成为市场利率自律机制基础成员，成功发行内蒙古自治区首笔 17 亿元同业存单，迈出了内蒙古自治区利率市场化的关键一步。

（五）农村信用社改革稳步推进，跨境人民币业务快速发展

截至 2014 年末，内蒙古自治区已组建农村商业银行 19 家，农村合作银行 3 家，县（市）统一法人信用社 71 家。内蒙古自治区农村信用社资本充足率为 11.7%，全年新增贷款 290.0 亿元，其中涉农贷款新增 184.3 亿元，同比增长 15.9%。

2014 年，内蒙古自治区完成跨境人民币结算业务 422.3 亿元，同比增长

101.6%，高于全国同期41.9个百分点。全年进出口企业共与41个境外国家和地区进行跨境人民币结算，其中香港地区为最大跨境人民币结算地区，其结算量占全部结算量的51.2%。试点以来，内蒙古自治区已有1083家企业参与跨境人民币结算，17家银行业金融机构的141个分支行开办跨境人民币结算业务，开发、创新跨境人民币业务产品50余种，涵盖了从贸易结算到直接投资的多个领域，累计办理结算业务1003.0亿元。

二、内蒙古自治区银行业发展中存在的问题

2014年，在宏观经济增速放缓、利率市场化改革深化、资本管制日益严格的大背景下，银行业资产负债增速进一步放缓，不良贷款额和不良贷款率"双升"，营业收入和净利润增速下滑，内蒙古自治区银行业面临的经营环境更加严峻，风险日益上升。

（一）不良贷款出现"双升"局面，信用风险不容忽视

2012年以来，由于经济下行、产业结构调整导致企业总体盈利能力下降，内蒙古自治区银行业不良贷款额和不良贷款率出现"双升"局面。

1. 信贷资产质量下降，不良贷款出现"双升"局面

2012～2014年内蒙古自治区银行业贷款总额增加伴随着不良贷款额的增加和不良贷款率的上升，且不良贷款额和不良贷款率呈逐年上升趋势，虽然不良贷款率在警戒线以下，但受到经济下行压力增大的影响，以及宏观政策去产能、去库存、去杠杆力度不断加大，内蒙古自治区银行业发展普遍面临着不良贷款上升的趋势。具体分析如下：

2014年末，内蒙古自治区银行业金融机构资产质量普遍下降，不良贷款余额498.63亿元，比2013年增加203.52亿元，增幅为68.96%，高于2013年增幅60.83%近8个百分点，如表2-6所示。2014年末内蒙古自治区银行业金融机构不良贷款率平均为3.26%，同比上升1.03个百分点，不良贷款率增长速度不容忽视而且越来越接近警戒线，如表2-7所示。

从内蒙古自治区银行业内部来看，2014年除政策性银行不良贷款率由2013年的3.28%下降到2.64%外，国有商业银行、股份制商业银行、城市商业银行不良贷款率均有不同幅度的上升，且越来越接近5%的警戒线；农村金融机构则由2012年的3.28%上升到2014年的10.45%，近三年每年都高于行业平均值，且2013年以后远远超过了5%的警戒线，面临着较大的信用风险；外资银行等其他金融机构风险意识较强，不良贷款率控制在1%以下的较低水平，具体如表2-8所示。

表2-6 2012~2014年内蒙古自治区
银行业不良贷款额情况 单位：亿元、%

机构类别	2012年		2013年		2014年	
	金额	增幅	金额	增幅	金额	增幅
政策性银行	83.17	—	81.39	-2.15	76.44	-6.08
国有商业银行	31.75	—	43.56	37.19	118.97	173.14
股份制商业银行	4.48	—	11.29	152.21	36.13	219.92
城市商业银行	10.60	—	14.49	36.72	22.60	55.96
农村金融机构	52.51	—	142.69	171.75	242.38	69.86
外资金融机构	0	—	0	—	0	—
信托投资公司	0.02	—	0	-100.00	0	—
邮政储蓄银行	0.96	—	1.69	76.52	2.10	24.51
财务公司	0	—	0	—	0	—
合计	183.49	—	295.11	60.83	498.63	68.96

资料来源：根据内蒙古自治区银监局统计数据公报整理。

表2-7 2012~2014年内蒙古自治区银行业
总体不良贷款率情况 单位：亿元、%

年份	不良贷款额	比上年增长	贷款总额	比上年增长	不良贷款率	参考标准
2012	183.49	—	11524.53	—	1.59	
2013	295.11	111.62	13246.7	1722.17	2.23	≤5
2014	498.63	203.52	15314.25	2067.55	3.26	

资料来源：根据内蒙古自治区银监局统计数据公报整理。

表2-8 2012~2014年内蒙古自治区银行业内部不良贷款率情况

单位：%

机构类别	2012年	2013年	2014年
政策性银行	3.88	3.28	2.64
国有商业银行	0.59	0.73	1.81
股份制商业银行	0.35	0.79	2.22
城市商业银行	1.11	1.22	1.48
农村金融机构	3.28	7.25	10.45
外资金融机构	0	0	0
信托投资公司	1.36	0	0

机构类别	2012 年	2013 年	2014 年
邮政储蓄银行	0.68	0.94	0.67
财务公司	0	0	0
行业平均	1.59	2.23	3.26

资料来源：根据内蒙古自治区银监局统计数据公报整理。

2. 拨备覆盖率下行明显，信用风险凸显

2012～2014 年，随着内蒙古自治区银行业不良贷款的大幅上升，银行业整体拨备覆盖率有大幅下行的趋势，由 2012 年的 177.08% 下降到 2014 年的 103.30%。其中国有商业银行和股份制商业银行拨备覆盖率下降趋势较为明显，国有商业银行拨备覆盖率从 2012 年的 277.78% 下降到 2014 年的 123.60%，股份制商业银行拨备覆盖率从 2012 年的 443.03% 下降到 2014 年的 132.86%，如表 2-9 所示。在经济下行的过程中银行信用风险显现上升势头，需要内蒙古自治区银行业引起足够的重视。

表 2-9 2012～2014 年内蒙古自治区银行业拨备覆盖率情况

单位:%

机构类别	2012 拨备覆盖率	2012 增幅	2013 拨备覆盖率	2013 增幅	2014 拨备覆盖率	2014 增幅
政策性银行	46.40	—	55.15	8.75	73.41	18.26
国有商业银行	277.78	—	220.13	-57.65	123.60	-96.53
股份制商业银行	443.03	—	215.76	-227.27	132.86	-82.90
城市商业银行	295.38	—	267.63	-27.75	219.07	-48.56
农村金融机构	134.60	—	68.48	-66.12	60.31	-8.17
外资金融机构	—	—	—	—	—	—
信托投资公司	100.00	—	—	—	—	—
邮政储蓄银行	296.57	—	0.00	-296.57	320.41	320.41
财务公司	—	—	—	—	—	—
行业总体	177.08	—	91.90	-85.18	103.30	11.40

资料来源：根据内蒙古自治区银监局统计数据公报整理。

（二）收入成本比上升，盈利能力面临持续挑战

1. 营业收入增幅下降明显，收入成本比逐年上升

一方面，内蒙古自治区银行业营业收入增幅下降明显。2012～2014 年，内蒙古自治区银行业营业收入总量虽逐年递增，但增幅下降较为明显，由 2013 年的 10.44% 下降到 2014 年的 6.23%，可见在外部环境总体欠佳的情况下银行业营业收入增长面临较大的下行压力。

但从内蒙古自治区银行业内部来看，除政策性银行、城市商业银行、邮政储蓄银行等营业收入增长继续外，国有商业银行、股份制商业银行和农村金融机构增幅下降普遍比较明显，面临着较大的盈利压力。具体如表 2-10 所示。

表 2-10　2012～2014 年内蒙古自治区
银行业营业收入变化情况
单位：亿元、%

机构类别	2012 年		2013 年		2014 年	
	营业收入	增幅	营业收入	增幅	营业收入	增幅
政策性银行	64.12	—	71.63	11.71	82.46	15.12
国有商业银行	308.29	—	335.42	8.80	339.48	1.21
股份制商业银行	70.05	—	87.11	24.34	91.50	5.05
城市商业银行	122.99	—	127.17	3.40	143.39	12.75
农村金融机构	205.17	—	228.91	11.57	239.42	4.59
外资金融机构	0.43	—	0.29	-31.36	0.25	-16.41
信托投资公司	8.10	—	8.96	10.61	8.91	-0.61
邮政储蓄银行	17.43	—	20.07	15.15	24.12	20.17
财务公司	1.28	—	1.61	25.24	6.53	306.48
合计	797.88	—	881.18	10.44	936.07	6.23

资料来源：根据内蒙古自治区银监局统计数据公报整理。

另一方面，内蒙古自治区银行业收入成本比逐年上升。2012～2014 年，内蒙古银行业营业收入增幅下降，且随着经济下行，内蒙古自治区银行业经营环境趋于恶化，经营成本不断上升，成本收入比呈现逐年上升的态势，这说明内蒙古自治区银行业的盈利能力有待提升，成本管控力度还需加强。2014 年末，内蒙古自治区银行业成本收入比 34.30%，较 2013 年小幅上升了 0.70%。从行业内部来看，2014 年末除政策性银行、邮政储蓄银行和财务公司成本收入比下降外，其他商业银行类机构普遍上升，上升幅度比较大的有信托投资公司、股份制商业

银行和农村金融机构，国有商业银行该比率在 35% 左右，变化不太明显。成本控制比较好的有政策性银行、股份制商业银行和财务公司，其成本收入远低于行业平均值，具体如表 2－11 所示。

表 2－11　2012～2014 年内蒙古自治区银行业成本收入比情况

机构类别	2012 年		2013 年		2014 年	
	成本收入比（%）	增幅（%）	成本收入比（%）	增幅（%）	成本收入比（%）	增幅（%）
政策性银行	9.33	—	9.06	－0.26	8.73	－0.33
国有商业银行	34.26	—	35.13	0.87	35.54	0.42
股份制商业银行	23.74	—	24.73	0.99	28.39	3.67
城市商业银行	35.45	—	37.72	2.27	40.40	2.68
农村金融机构	46.63	—	47.21	0.58	48.10	0.89
外资金融机构	22.76	—	32.18	9.42	35.02	2.84
信托投资公司	35.01	—	30.73	－4.28	38.84	8.11
邮政储蓄银行	78.56	—	75.90	－2.66	68.92	－6.98
财务公司	12.75	—	10.09	－2.67	4.81	－5.28
行业平均	33.16	—	33.60	0.44	34.30	0.70

资料来源：根据内蒙古自治区银监局统计数据公报整理。

2. 净利润首现负增长，盈利能力面临持续挑战

2014 年内蒙古自治区银行业利润总额为 275.08 亿元，较 2013 年净利润总额 362.52 亿元减少了 87.44 亿元，2014 年增幅为 －24.12%，首现负增长，国有商业银行、股份制商业银行、邮政储蓄银行和农村金融机构降幅较大，具体如表 2－12 所示。

表 2－12　2012～2014 年内蒙古自治区
银行业净利润情况　　　　　　　　单位：亿元、%

机构类别	2012 年		2013 年		2014 年	
	净利润	增幅	净利润	增幅	净利润	增幅
政策性银行	41.43	—	48.55	17.17	52.91	8.99
国有商业银行	149.25	—	155.93	4.47	103.20	－33.82
股份制商业银行	38.10	—	49.27	29.29	20.58	－58.22
城市商业银行	44.28	—	45.97	3.82	43.89	－4.52

续表

机构类别	2012 年		2013 年		2014 年	
	净利润	增幅	净利润	增幅	净利润	增幅
农村金融机构	55.19	—	55.70	0.93	42.37	-23.93
外资金融机构	0.29	—	0.17	-41.44	0.14	-15.89
信托投资公司	3.67	—	3.20	-12.84	3.22	0.75
邮政储蓄银行	1.58	—	2.62	65.98	4.15	58.74
财务公司	0.84	—	1.11	32.89	4.60	312.96
合计	334.64	—	362.52	8.33	275.08	-24.12

资料来源：根据内蒙古自治区银监局统计数据公报整理。

由于净利润的增幅下降，导致内蒙古自治区银行业资产收益率也随之下降，2014 年末，内蒙古自治区银行业资产收益率由 2012 年的 2.99% 下降到 2014 年的 2.03%，行业内仅有外资金融机构和邮政储蓄银行小幅增长，其余都有所下降，见表 2 - 13。

表 2 - 13　2012 ~ 2014 年内蒙古自治区银行业资产收益率情况

机构类别	2012 年		2013 年		2014 年	
	资产收益率（%）	增幅（%）	资产收益率（%）	增幅（%）	资产收益率（%）	增幅（%）
政策性银行	1.81	—	1.81	0.44	1.65	-0.16
国有商业银行	1.97	—	1.87	-9.55	1.20	-0.67
股份制商业银行	2.03	—	2.16	12.91	0.84	-1.31
城市商业银行	1.39	—	1.26	-12.57	0.95	-0.31
农村金融机构	1.74	—	1.51	-23.37	1.03	-0.48
外资金融机构	3.32	—	1.47	-184.85	2.63	1.16
信托投资公司	12.53	—	7.47	-505.65	7.25	-0.22
邮政储蓄银行	0.25	—	0.42	17.04	0.52	0.10
财务公司	1.91	—	2.66	75.39	2.23	-0.43
行业平均	2.99	—	2.29	-0.7	2.03	-0.26

资料来源：根据内蒙古自治区银监局统计数据公报整理。

内蒙古自治区银行业净利润下降过快的原因：一方面主要是受到存贷比的限制，续贷能力堪忧，在我国进一步利率市场化的过程中，信贷结构的调整和吸存压力的增大，成为 2014 年内蒙古自治区银行业发展的主要问题。2014 年我国继续实施积极的财政政策和稳健的货币政策，全年两次定向降准和一次降息，2014 年 11 月 22 日下调金融机构人民币贷款和存款基准利率。金融机构一年期贷款基准利率下调 0.4 个百分点至 5.6%；一年期存款基准利率下调 0.25 个百分点至 2.75%，同时结合推进利率市场化改革，将金融机构存款利率浮动区间的上限由存款基准利率的 1.1 倍调整为 1.2 倍；其他各档次贷款和存款基准利率相应调整，并对基准利率期限档次作适当简并。从此轮的非对称降息来看，存款利率浮动区间的扩大将使存款的稳定性大幅下降、流动性风险增加，等于静态压缩了银行业 0.2% 的息差，直接导致银行业的利润下降。从内蒙古自治区银行业自身角度来说，制定明确的利率风险偏好和政策已是当务之急。另一方面是在经济下行周期中各家银行都根据谨慎性原则针对快速上升的不良贷款计提了较充足的贷款损失准备金，提升也是导致利润下行的原因之一。

（三）存贷比例不达标，比例监管面临挑战

尽管近年来内蒙古自治区商业银行存贷款总额不断上升，但增幅均有所放缓，且 2009 年以后存款的增幅远远落后于贷款的增幅，存贷款增长率由 2007 年的 22.72% 和 14.71% 到 2009 年上升为近年最高，分别为 32.06% 和 38.97%，此后存贷款增幅逐年下降，到 2014 年分别为 7.6% 和 15.61%。具体见图 2 - 5。

在利率市场化环境下，银行存款面临着非银行机构和银行中间业务的分流，导致内蒙古自治区银行业存贷款比例逐年上升，远高于监管要求的 75%。由 2006 年的 79.4% 下降到 2008 年的 71.41%，2009 年逐步回升到 75.12%，到 2011 年上升到 80.64%，2012 年以后都在 90% 以上，《商业银行法》规定的存贷比小于 75% 的警戒线受到挑战。具体见图 2 - 6。

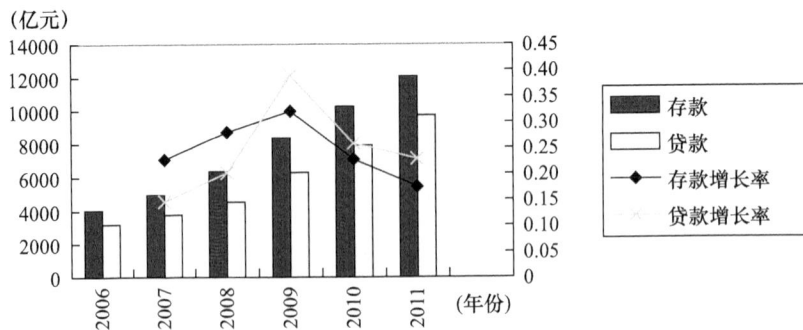

图 2 - 5　内蒙古自治区银行业存贷款余额及增长率

资料来源：根据 2013 年内蒙古统计年鉴和内蒙古自治区银监局统计数据公报整理。

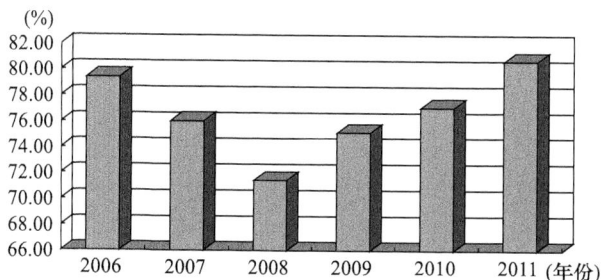

图 2 - 6　内蒙古自治区商业银行机构存贷款比例

资料来源：根据 2013 年内蒙古统计年鉴和内蒙古自治区银监局统计数据公报整理。

（四）经营模式粗放，财务管理滞后

内蒙古自治区银行机构主要采取的是一种外延型、粗放性的经营模式，业务经营偏重于规模、指标，追求速度的发展。内蒙古自治区银行机构营运模式是以内部账户管理为主和以业务处理为重点，不能有效注重对客户关系和市场等外部信息的管理。在运用现代商业银行经营管理方法、方式上还很落后，管理会计和成本会计核算体系运用处于起步阶段，没有建立起以业务经营部门为利润中心的经营责任制，分产品、分客户的盈利性分析还没有建立起来，经营和财务目标多元化，管理者对财务风险意识淡薄，对银行财务管理的认识相对滞后，财务管理基础建设落后。

（五）银行业金融机构创新不足，业务同质化严重

由于受传统文化的影响，目前来看内蒙古自治区银行业金融机构普遍存在无论从理念上、目标上、形式上，都想做大做强的现状。客观地分析，内蒙古自治区大多数商业银行的业务由于创新不足，事实上处于产品、服务同质化的状态。商业银行只考虑现在有多大的市场份额，但对自己有多大能力、在哪些方面占有优势则考虑不深，也就是说在对接市场时未能很好地评估自己的能力，都想在地方银行业占领先地位，导致业务同质化严重，竞争处于恶性化的状态，经营成本不断上升。如果各家商业银行都定位在做大做强，实际是对银行资源和社会资源的极大浪费。因此，如何正确引导银行业金融机构在不同的目标层面上不断创新，树立自己的品牌优势，在不同的细分市场有效地分配和利用银行资源，推出创新的产品和服务，是提高内蒙古自治区银行业金融机构综合竞争力的关键。

(六) 高端人才匮乏，管理者素质有待提高

一方面，银行业作为特殊的经营货币资金的企业，和其他行业的企业相比，其产品不具有物质上的形态，因而在固定资产上的投入较少，人力资源是银行的第一资源。随着金融市场化的推进和经济结构调整，商业银行的外部环境发生了较大的变化，面临的信用风险和利率风险加大，现代银行业需要的高技能人才缺乏，如掌握现代风险管理知识和技能的风险经理、能熟练应用金融工具进行产品开发和定价的产品经理以及掌握现代经济学理论的宏观经济研究人员。高级人才的匮乏致使内蒙古自治区银行业在产品创新、风险管理等方面被国内外先进的商业银行远远抛在后面，而高级人才长期供应不足，会严重制约内蒙古自治区银行业的发展。另一方面，内蒙古自治区银行业由于发展时间短，历史包袱重，整体经营管理水平比较低，市场竞争力较弱，与国内管理先进的商业银行相比有较大差距。如个别商业银行仍然停留在粗放型、外延型的经营模式，忽视自身的比较优势，竞争主要是靠拼人力、拼关系、拼费用，片面追求数量、规模和速度，人均利润、人均存款较低。

三、内蒙古自治区银行业发展的总体思路

面对整个银行业盈利能力下滑，信用风险、利率风险日益上升的金融环境，内蒙古自治区银行业金融机构在服务地方经济的同时，一方面要加强自身经营管理，提高抗风险的能力，另一方面要积极推进市场化改革，进一步完善外部环境。

(一) 加强银行业金融机构自身经营管理，提高抗风险的能力

1. 银行业金融机构要积极转变经营模式，合理降低经营成本

内蒙古自治区银行业要加强推进经营战略转型以应对利差缩小带来的利润下降，改变以往单一注重规模增长带来的粗放式发展模式，向规模与价值并重转变。经营战略转移涉及银行管理的方方面面，应具体从以下几个方面来考虑：一是从经营理念上要树立科学的发展观，从规模导向转向价值导向，走质量效益型的发展道路；二是从业务模式上要建立多元化的收入结构，大力发展中间业务，分散经营风险；三是在资金营运上要从以存定贷运行模式转变为以效益和资金需求来决定负债规模的模式。

此外，为合理降低资金成本，银行可通过对负债的主动管理来改善资金来源渠道，加强与信托投资公司、证券公司、保险公司的同业合作，广泛开展资金结

算、现金代理、资金存放等业务，积极开辟和拓展与创投、风投、小额贷款公司等新兴同业的业务合作领域，促使同业存款不断增长。还可以通过发行 CDS、金融债券、回购协议等债务工具的手段，主动从金融市场借入资金，形成具有可自主控制的、成本较低的资金来源，以减轻对企业存款、储蓄存款的依赖，降低内部营业成本，缓解息差收窄带来的不利影响。

2. **完善银行业金融机构体系，培养金融机构有序竞争**

过去几年，随着一些股份制商业银行和外资银行的入驻、地方性中小银行机构的不断组建，内蒙古自治区已经建成了以政策性银行、国有商业银行、股份制商业银行、城市商业银行和农村金融机构为主，外资金融机构、信托投资公司、财务公司等机构协调发展且比较完善的银行业金融机构体系。随着金融改革的深化，今后还要适时组建融资租赁公司和一些新型的地方金融机构，进一步完善内蒙古自治区银行业金融机构体系。

近几年随着各银行机构的长足发展，已经打破了国有银行的垄断格局。现如今在传统存贷业务利差缩小、互联网金融蓬勃发展、非银行金融机构日益壮大的形势下，银行业竞争更加激烈。因此，内蒙古自治区银行业要积极防范风险，培育不同所有制银行业金融机构的良性竞争机制。首先，银行要结合自身优势，合理进行市场定位，不搞盲目追风，重视风险防范。其次，银行业要规范竞争行为，改变银行机构的市场营销策略，通过细化市场、错位竞争，防止恶性价格战重演，促进商业银行充分竞争和发展。最后，银行机构必须加强行业自律，坚持依法合规经营、有序竞争，强化相互监督和自我约束机制，共同维护金融秩序，着眼长远发展，克服短期行为。

3. **明确银行业金融机构市场定位，不断提高经营管理水平**

银行业是一个高度专业化的行业，面对银行业业务同质化日益严重的现象，不同的银行应针对自己的细分市场去投入，做自己擅长的事。银行业应针对现有的资本实力和服务方式及在市场中所处的位置，考虑到现有客户的需求特点，开发出能代表银行形象的金融产品和服务，向客户展示银行的鲜明个性，从而在目标市场上确立自己的适当位置。大银行以规模见长，中小银行以经营见长。因此，内蒙古自治区银行业要进一步细分市场，明确市场定位，大银行要采取综合化的策略，小银行则要采取专业化的策略，进而不断提高各自的经营管理水平，充分发挥竞争优势。首先，银行业要牢固树立经营管理新理念。为转变摒弃旧的经营观念，加强对经营管理的组织领导工作，要全行统一思想认识，不断加快经营结构调整和转型步伐。其次，要明确经营管理发展目标。按照银行制定的新经营绩效管理办法，在充分论证市场、客户、产品资源的基础上，理顺经营发展的工作思路，确定经营发展战略目标，紧紧围绕中心工作，有计划、有组织地展开市场营销，不断开拓新的业务领域和市场。最后，要建立健全经营管理体制。对确定的经营管理发展目标实行精细化管理，依据经营周边的环境资源和特点，进行目标分解和落实；制定基层行经营绩效管理办法，将经营管理发展目标纳入绩效考核，实行经营管理目标问责制，确保经营持续、快速发展。

4. 加强银行业风险管理，提高金融机构的抗风险能力

内蒙古自治区银行业面临的主要风险为信用风险。《巴塞尔新资本协议》中指出，采用内部评级法量度信用风险的四个主要参数为违约概率、违约暴露、违约损失和年期。这些详细的指标考量就是为了使银行有严格审批贷款人资格的条款约束，促使不良贷款的下降。所以，银行业首先要建立完善的信用风险管理制度，将信用风险量化，以治理结构、收集处理数据等为基本要素，做好信用风险的识别、计量、控制和管理，始终遵守法律中对于存贷比的要求，规范自己的行为，合理运用资金。

针对利率市场化推进过程中形成的利率风险，银行业金融机构尤其是中小金融机构要进行利率敏感性缺口管理，根据市场利率走势来配置利率敏感性资金以规避利率风险。另外，在准确预测市场利率走势的基础上，内蒙古银行业金融机构要运用远期、互换、期权和期货等衍生性工具来规避市场风险，提高自身抗风险能力。

5. 大力培养高端金融人才，建立科学完善的人力资源管理机制

金融活动的日趋复杂化和信息化对商业银行从业人员提出了很高要求，银行服务传统上属于劳动密集型产业，现代银行服务业正逐渐变成知识密集和人力资本密集的产业。人力资本的密集度和信息资源的多寡在现代金融业中基本决定着金融企业创造价值的能力，以及金融企业的生存和发展前景。人才是未来金融服务领域竞争的焦点所在，随着内蒙古自治区银行业的逐步开放及竞争的加剧以及互联网金融的冲击，金融人才缺乏已成为制约银行服务业未来发展的主要因素之一。因此，内蒙古自治区银行业金融机构要继续推行金融人才战略，加强金融人才能力的培养和建设。加强计算机、法律、金融工程等高端人才的引进；加强对银行从业人员的定期培训，鼓励和督促员工不断进行观念和知识更新，培育结构合理的人才队伍。同时，改革现行人事管理制度、业务考核办法和收入分配制度，使其向市场规则和国际惯例靠拢，建立一个有利于培养、发现、吸引和留住人才的环境。

（二）积极推进市场化改革，进一步改善外部环境

1. 加快利率市场化进程，建立金融产品价格市场形成机制

内蒙古自治区银行机构之间同业往来和债券回购市场的利率已经放开；存款

利率、贷款利率围绕基准利率，可以实行一定范围的浮动。但这样的利率放松无论是范围还是幅度上都离真正的利率市场化相去甚远。因此，内蒙古自治区银行业应逐步全面实现利率市场化，使利率能够真实地反映市场资金供求，并通过利率变化来正确引导资金的流向，实现资金的优化配置；通过利率市场化为金融市场的参与者提供公平的竞争环境，同时也为民营银行的进入和发展提供宽松、公平的市场环境。

2. 地方政府要加强市场监管，维护银行业金融机构经营自主权

随着改革的深化，内蒙古自治区政府不再指定项目让银行发放贷款，而是向银行提供信贷信息服务，或者是搭建一种良好的平台，维护银行业金融机构经营自主权，加强市场监管。首先，在尽可能不受地方政府干预的前提下，银行和企业按照"独立自主、自负盈亏"的原则双向选择。银行根据自己的经营原则和对企业项目的审核结果，自己决策是否提供相应的贷款。参加项目投资的企业自我约束、自担风险，站在一个全球竞争格局和产业的发展动态当中，科学地决策是否进行投资以及如何进行融资。银行和企业根据各自风险管理的要求，对投资项目进行科学决策，可以改变以前非常被动地服从政府的意图和政府的安排的状况，在一定程度上避免投资的随意性和低效率对经济运行带来的不好影响。其次，地方政府要监督管理市场的正常运作，维护市场秩序。要协调有关部门严肃查处金融违法犯罪和违规违纪案件，打击违法行为，保护市场的完整与统一，保护市场规则，保护正常竞争，保护银行的合法经营。最后，地方政府应作为保护者，尊重金融债权并自觉维护金融机构债权，遏制并打击一切逃废金融债务的不法行为，使金融机构免除债权不被尊重甚至被恶意逃废的后顾之忧，更积极、大胆地筹集资金，发放贷款，支持企业和地方经济发展。

3. 加快信用体系建设，进一步改善社会信用环境

由于银行业是一个高风险行业，随着金融、经济全球化进程的推进，内蒙古自治区银行业的稳健、可持续经营就显得非常重要，进而一个良好的信用环境也就成为确保地区经济、金融可持续发展的前提。

（1）要建立社会诚信体系，为金融机构经营提供良好的信用环境。

一是要充分发挥地方政府在治理诚信缺失中的主导作用。一方面要加强政府自身的诚信建设，要建立法治政府、廉政政府、高效政府和诚信政府；另一方面通过政府的主导作用治理企业和个人失信行为，提高社会信用度，使诚实、守信成为社会风气和行为规范。

二是要建立多种形式的信用征信和评价体系，重点是加强企业和个人的征信系统建设。要充分整合各种信息资源，建立以政府主导、市场化运作、社会化服务的信用评价机构，完善信用评价机制、体系和方法。要按照完善法规、特许经

营、商业运作、专业服务的方向，稳步推进企业和个人信用服务体系建设。加快银行信贷登记咨询系统建设，建立和完善信用信息基础数据库。推动建立并完善人民银行、银监局、证监局、保监局等部门参加的联席会议制度，加强监管政策和信息的交流，促进辖区金融稳定和安全。金融部门要积极协助地方政府及有关部门，从组织机构、制约机制、社会舆论等多方面入手，搞好金融生态和信用环境建设，搭建政府、银行、企业之间的信息沟通平台；定期召开经济金融形势分析会，了解经济金融运行中存在的问题；建立债权人联席会议制度，解决建立良好的信用环境问题，维护银行的权利。认真实施《内蒙古自治区信用信息管理办法》，完善信用信息数据库，建立信用激励惩戒机制，大力开展信用评级服务。认真贯彻执行自治区加快发展第三产业和非公有制经济中针对金融业的税费减免政策。严厉打击洗钱活动、非法集资、非法发行证券、非法逃废金融债务以及金融诈骗等破坏金融秩序的行为。进一步落实制裁逃废金融债务行为的各种办法，充分发挥金融部门的整体优势，加大对逃废金融债务行为的打击力度，对恶意逃废金融债务行为的企业，认真落实"不贷款、不开户、不提供结算、不提供现金"的联合制裁措施。对企业借改制之机，恶意逃废和悬空银行债务或故意不履行合同的，金融机构要运用法律手段维护金融债权的安全，依法追究逃废债单位和个人的法律责任。各级政府要高度重视金融生态环境建设，加大执法力度，支持金融部门依法贷款收息，认真解决个别地区和部门中存在的违法行政、司法不公和判决执行难的问题。对金融工作应坚持正面宣传，为金融机构增加信贷投入创造良好的环境。

三是要加强对内蒙古自治区各类信息资源的横向联网，建立起一个能够对企业完税状况、守法状况、财务管理状况、产品质量状况和盈亏状况等各方面进行完整记录并提供查询服务的企业信用数据库，逐步形成一个包括企业信用记录、信用征集、信用评价在内的面向全社会、跨部门的信息评估、发布、查询、交流和共享的社会信用服务体系。

四是地方政府要在加强全社会诚信教育、规范企业个人经营行为上加大工作力度，全面提升企业和个人的诚信意识，加强社会舆论监督，切实加大司法、执法的力度，保护债权人的合法利益。

（2）培育信用中介服务机构，为建设信用社会提供良好的配套服务。现代经济社会中，中介型组织是整个经济体系不可缺少的重要一环。目前中国及内蒙古自治区的信用中介服务机构还处于起步阶段，不仅市场规模小，业务发展缓慢，而且还存在着包括资信评估公司、信用担保公司、信用咨询公司等社会信用中介服务机构的属性不明，也没有相应的管理办法和规定来明确其"是什么、做什么、怎么做、谁来管、怎么管"的问题。社会信用中介服务的缺失，不利于建立健全社会信用体系。因此，建设信用社会必须要有健全的信用中介服务机构，加强在征信、咨询、评估等方面的工作，为社会提供高质量的信用管理服务。一是要对信用中介服务机构实行特许经营，严格监管建立市场准入、退出机制，切实做到"疏两头、活中间"。二是在国家和金融监管部门有关法规暂不能及时出台的情况下，借鉴上海市等城市的征信市场做法，制定有关工作指引和管理规则，规范信用中介机构从业行为，建立信用中介机构执业标准。三是积极推动信用中介机构完善法人治理结构，拓宽信息来源，丰富服务产品，提高服务质量。四是牵头成立地方行业协会，加强行业自律。

4. 完善金融法律法规，加强银行业监管

面对内蒙古自治区银行业金融机构存贷比近两年来高位运行的现实，在经济下行、非银行金融机构快速发展以及利率市场化的背景下，银行存贷比的监控环境发生了巨大的变化，存贷比不超过 75% 的比例要求在一定情况下影响到了内蒙古自治区银行业金融机构的发展。随着对相关法规的修订，应适当修改比例或该指标由监控性指标改为监测性指标。

在经济下行、信用风险上升、利率市场化推进导致的利率风险上升的局面下，作为内蒙古自治区银行业监管部门的呼和浩特中心支行、呼和浩特银监局以及内蒙古自治区政府金融办公室，运用多种监管手段，会同其他金融监管机构和政府监管机构，积极沟通，进一步协调好对内蒙古自治区银行业金融机构的监管，尽量做到不过度监管，也不留盲点，尽可能避免银行风险事件的发生对地区金融及经济的冲击。

第三章

内蒙古自治区国有商业银行发展报告

2012 年以来，国内外经济金融形势日益复杂多变，面对这种内外交困的严峻形势，五大国有商业银行内蒙古分行认真贯彻落实中央宏观调控政策以及自治区"8337"产业战略，努力把握经济金融发展大局，稳步扩大资产负债规模，加大力度推进转型发展，加强和完善风险管控，不断提高金融服务质量，积极履行社会责任，保持行业稳健运行。

一、内蒙古自治区国有商业银行发展状况

2014 年，国有商业银行内蒙古分行适应区内外及国际复杂多变的经济形势，紧紧抓住中国经济加快结构转型及内蒙古自治区经济迅猛发展的大局，突出银行业自身的发展方式转变，加大调整结构力度，巩固了支持地区经济建设"领头羊"的地位，保持了持续稳定增长的良好格局。

（一）分支机构及从业人员保持稳定，数量仍居自治区银行业前列

2014 年国有商业银行的分支机构数量为 1597 家，比 2013 年减少 33 家，从业人员为 40939 人，比 2012 年减少 239 人，比 2013 年增加 104 人。机构数、从业人员数基本保持稳定，但绝对数量及在自治区银行业占比情况仍然排在自治区银行业的前列，这说明，国有商业银行在内蒙古地区银行业仍然处于主导地位。如表 3 - 1 所示。

表 3 - 1　2012 ~ 2014 年国有商业银行
分支机构及从业人员情况　　　　　单位：家、人、%

年份	机构数	机构数占比	排名	从业人员数	从业数占比	排名
2012	1624	31.05	第二	41178	43.37	第一
2013	1630	34.87	第二	40835	44.89	第一
2014	1597	34.10	第二	40939	43.43	第一

资料来源：内蒙古银监局。

（二）2012 ~ 2014 年国有商业银行资产状况

2012 年以来，面对复杂的国内外经济金融形势，自治区国有银行保持了稳中有进的运行态势，在支持实体经济、小微企业、新型城镇化等领域发展方面发挥了重要的作用。同时，在推进市场化改革、业务经营转型方面取得实效，资产业务不断优化。

1. 资产规模持续增长，增速进一步放缓

2014 年末，自治区五大国有银行资产总额达到 8594 亿元，比 2013 年增加 277 亿元，增速为 3.33%，资产规模增幅及增速均较 2012 年有所下降，资产增速呈现逐年下降态势，这与宏观经济总体发展状况相吻合。如表 3 - 2 所示。

表3-2 2012~2014年五大国有银行资产状况变化

单位：亿元、%

年份	2012	2013	2014
总资产	7575	8317	8594
同比增长率	15.37	9.80	3.33

资料来源：内蒙古银监局、人民银行呼和浩特中心支行。

2. 贷款增速略有下降，贷款占总资产比重仍然很高

2014年，国有商业银行的贷款及垫款的增幅仍然较高，但增速较前两年略有下降，2014年国有商业银行贷款平均增速为10.17%，较2013年增速下降0.83%，虽然连续三年下降，但这与宏观经济走势一致，总体稳定。

2014年，国有商业银行的贷款占总资产的比重为76.58%，比2013年上升了4.76%，比重仍然高于70%，贷款占总资产的比重仍然很高，这也说明，国有商业银行的非信贷资产的增速仍然偏低。

表3-3 2012~2014年国有商业银行
贷款净额增速及占比

单位：亿元、%

时间	贷款规模	贷款增速	资产总额	贷款占总资产比重
2012年	5381	13.34	7575	71.04
2013年	5973	11.00	8317	71.82
2014年	6581	10.17	8594	76.58

资料来源：人民银行呼和浩特中心支行、内蒙古银监局。

3. 贷款集中度维持在合理区间，资产结构稳定

2012~2014年，国有商业银行的贷款结构处于稳定，无论是单一客户贷款集中度，还是最大十家客户贷款集中度均处于合理范围内，在自治区所有银行中保持得比较好，如表3-4、表3-5所示。

表3-4 2012~2014年国有商业银行单一
客户贷款集中度指标情况

单位：%

时间	工商银行	农业银行	中国银行	建设银行	交通银行	参考标准
2012年	6.66	3.91	5.34	6.15	9.46	
2013年	7.12	4.46	5.07	7.12	9.36	≤10
2014年	6.48	4.28	5.44	6.71	6.56	

资料来源：内蒙古银监局。

表 3－5　2012～2014 年国有商业银行最大

十家客户贷款集中度指标情况　　　　　　单位:%

时间	工商银行	农业银行	中国银行	建设银行	交通银行	参考标准
2012 年	17.29	19.14	22.75	19.23	37.28	
2013 年	17.67	19.95	20.95	21.40	32.86	≤50
2014 年	17.69	20.87	19.80	20.46	30.82	

资料来源:内蒙古银监局。

从表 3－4 中的数据我们可以看出，国有商业银行的单一客户贷款集中度均在 10% 以内，全部符合监管部门的要求。五家银行中，交通银行指标最高，但也没有超出合理范围，而且 2014 年已经大幅下降。

从表 3－5 中的数据我们可以看出，国有商业银行的最大十家客户贷款集中度均在 50% 以内，全部符合监管部门的要求。

4. 资产质量整体稳定，不良贷款率略有回升

2012～2014 年，国有商业银行资产质量总体保持稳定，平均不良贷款率呈现小幅回升走势，但也在警戒线以下。但受到经济增速放缓，以及宏观政策去产能、去库存、去杠杆力度不断加大的影响，国有商业银行普遍面临较大的不良贷款上升压力。如表 3－6 所示，2014 年国有商业银行的不良贷款总额达到 1189742.26 万元，比 2012 年末增加 872254.42 万元，翻了 2 倍还多，比 2013 年增加 754167.11 万元，也翻了将近 2 倍。2014 年不良贷款率达 1.81%，比前两年均有较大增加，虽然仍在 5% 这一警戒线以下，但增长速度之快不得不引起重视。

表 3－6　2012～2014 年国有商业银行不良贷款率情况

单位：万元、%

时间	不良贷款额	贷款总额	不良贷款率	参考标准
2012 年	317487.84	53809339.96	0.59	
2013 年	435575.15	59729584.33	0.73	≤5
2014 年	1189742.26	65805561.86	1.81	

资料来源:内蒙古银监局。

（三）2012～2014 年国有商业银行负债状况

1. 负债增速明显放缓，存款储蓄率略有下降，理财化加强

积极拓展存款既是解决存贷比、缓解人民银行提高法定存款准备金率政策压

力的需要，也是直接利用银行间市场开展资金运作创造利润的另一个重要来源。2014年，国有商业银行负债总额达8522亿元，同比增长336亿元，增速为4.10%，比2013年的增速下降了5.84个百分点，呈现进一步回归常态的增长趋势，如表3-7所示。主要原因：第一，经济增速进一步放缓，银行资金来源受到一定限制。第二，利率市场化改革实施，银行资金成本上升，议价能力下降，对存款的竞争更为激烈。第三，货币增速降低。历史数据显示，银行存款余额的增速与M2增速基本一致，近几年我国M2的增速逐年下降，相应地，银行负债业务增速也呈现下降趋势。第四，货币基金与互联网金融合并迅猛发展，分流了部分储蓄存款。

表3-7 2012~2014年国有商业银行负债状况

单位：亿元、%

时间	2012年	2013年	2014年
总负债	7446	8186	8522
同比增长率	8.72	9.94	4.10

资料来源：人民银行呼和浩特中心支行、内蒙古银监局。

2014年，在银行体系流动性总体紧张、资本市场低迷、互联网金融快速发展等多种原因的综合作用下，银行业存款储蓄率比2013年进一步放缓。如表3-8所示，2014年末，国有商业银行储蓄存款占比为54.01%，比2013年末下降0.4个百分点，比2012年末下降1.25个百分点。

表3-8 2012~2014年国有商业银行储蓄存款总额及占比情况

单位：亿元、%

时间	2012年	2013年	2014年
储蓄存款	4115	4454	4603
存款总额	7446	8186	8522
占比	55.26	54.41	54.01

资料来源：人民银行呼和浩特中心支行、内蒙古银监局。

2014年，在银行业流动性紧张的大背景下，各家分行竞相推出高收益理财产品以吸引客户，而投资者对于收益率的敏感度也在逐步提升。存款持续向理财产品"搬家"，出现较为明显的"理财化"倾向。

2. 同业存放增速出现负增长，同业拆借受到严格管控

2014年，自治区国有商业银行同业存放资金总额为144.7亿元，比2013年

下降 136.9 亿元,增速为 – 48.62%,连续三年负增长,且呈现加速下降态势。这主要由于监管新规相继出台,尤其是 2013 年 6 月末流动性紧张事件后,各家银行对同业相关业务进行调整,效果明显,如表 3 – 9 所示。

表 3 – 9 2012 ~ 2014 年国有商业银行
同业存放款项情况

单位:亿元、%

年份	同业存放款项总额	增长额	增长率
2012	286.2	– 18.4	– 6.04
2013	281.6	– 4.6	– 1.61
2014	144.7	– 136.9	– 48.62

资料来源:人民银行呼和浩特中心支行。

2014 年,银行间流动性十分紧张,同业拆借受到严格管控。2014 年,国有商业银行拆入资金总额为 0,比 2013 年下降 3.16 亿元,比 2012 年下降 11.16 亿元,如表 3 – 10 所示。

表 3 – 10 2012 ~ 2014 年国有商业银行拆入资金情况

单位:亿元、%

年份	拆入资金总额	增长额	增长率
2012	11.16	11.16	348.65
2013	3.16	– 8	– 71.68
2014	0	– 3.16	– ∞

资料来源:人民银行呼和浩特中心支行。

(四)所有者权益总额明显减少,抗风险能力减弱

2014 年,国有商业银行所有者权益总额为 72.37 亿元,比 2013 年减少 58.82 亿元,下降了 44.84%,这主要是由于不良资产增加迅猛,银行用资本核销不良资产所致,如表 3 – 11 所示。

表 3 – 11 2012 ~ 2014 年所有者权益变动情况

单位:亿元、%

年份	所有者权益总额	增长额	增长率
2012	129.75	14.82	12.89
2013	131.19	1.44	1.11
2014	72.37	– 58.82	– 44.84

资料来源:人民银行呼和浩特中心支行、内蒙古银监局。

（五）中间业务增速有所回升，运行特点凸显转型方向

1. 中间业务收入总额明显增加

2012～2014 年，国有商业银行分别实现手续费及佣金收入 43.68 亿元、52.44 亿元和 49.84 亿元，总体呈现回升态势。

2. 中间业务收入占比呈现先升后降的态势，国有商业银行中间业务收入总额的绝对优势正在逐渐丧失

2012～2014 年，国有商业银行手续费及佣金收入平均占比分别为 14.17%、15.63% 及 14.68%，虽然 2014 年比 2013 年稍有下降，但总体水平还是超过 2012 年，如表 3－12 所示。

表 3－12　2012～2014 年国有商业银行手续费及佣金收入增长情况

单位：亿元、%

指标 年份	手续费及佣金收入		营业收入		中间业务收入占比	
	金额	较上年增长	金额	较上年增长	占比	较上年增长
2012	43.68	—	308.29	—	14.17	—
2013	52.44	20.05	335.42	8.80	15.63	1.46
2014	49.84	－4.96	339.48	1.21	14.68	－0.95

资料来源：内蒙古银监局。

与股份制银行相比，国有商业银行中间业务收入的绝对优势正在逐渐丧失，股份制银行中间业务占比情况如表 3－13 所示。

表 3－13　2012～2014 年股份制银行手续费及佣金收入增长情况

单位：亿元、%

指标 年份	手续费及佣金收入		营业收入		中间业务收入占比	
	金额	较上年增长	金额	较上年增长	占比	较上年增长
2012	4.52	—	70.05	—	6.45	—
2013	10.25	126.80	87.11	24.35	11.77	5.32
2014	14.54	41.85	91.50	5.04	15.89	4.12

资料来源：内蒙古银监局。

对比表 3－12 和表 3－13 中的数据，很容易发现股份制银行中间业务收入增长及占比增长均比国有商业银行迅猛，这说明国有商业银行在中间业务收入的绝

对优势地位逐渐丧失。

银行业中间业务运行与当前运行环境具有紧密联系，表现出竞争更加激烈、服务水平和效率进一步提高、多元业务条线共同发展、电子化技术不断渗透和机构合作力度增强等显著特点，这些特点与银行业在多种外部压力下谋求转型的发展方向密切相连。

（六）风险状况总体平稳，但信用风险出现不良兆头

2012～2014年，国有商业银行信贷资产质量基本稳定，资本较为充足，整体拨备水平较高，但不良贷款余额、不良贷款率、拨备覆盖率均有所恶化，信用风险显现不良兆头。如表3－14所示，2012～2014年，国有商业银行的拨备覆盖率、不良贷款率、资本资产比率（由于没有找到资本充足率指标，用该指标替代）均呈现逐年恶化的态势，这说明国有商业银行信用风险出现了不良兆头，需要各行引起足够的重视。

表 3 － 14　2012～2014 年国有商业银行主要监管指标情况

单位：%

指标 年份	拨备覆盖率		不良贷款率		资本资产比率	
	比率	比上年增长	比率	比上年增长	比率	比上年增长
2012	277.78	—	0.59	—	1.71	—
2013	220.13	－ 57.65	0.73	0.14	1.58	－ 0.13
2014	123.60	－ 96.53	1.81	1.08	0.84	－ 0.74

资料来源：内蒙古银监局。

（七）国有商业银行经营业绩状况

1. 净利润首现负增长，盈利能力面临持续挑战

2012 年以来，受经济增长中枢下移、利率市场化进程加快和金融脱媒持续深入等因素的影响，国有商业银行在规模增长逐步回归常态的背景下，净息差有所下降。尽管中间业务收入增速有所回升，但依旧难改利润增长与资产质量同步承压的态势。

2012～2014 年，国有商业银行实现净利润分别为 149.54 亿元、155.93 亿元、103.20 亿元，2014 年净利润比 2013 年减少 52.73 亿元，出现了股份制改革 10 年来首次负增长。如表 3－15 所示。

表 3 – 15　2012～2014 年国有商业银行净利润情况

年份	净利润（亿元）	比上年增长（%）	增速（%）
2012	149.54	—	—
2013	155.93	6.39	4.27
2014	103.20	– 52.73	– 33.82

资料来源：内蒙古银监局。

2. 资产收益率逐年下降

2012～2014 年，国有商业银行资产收益率分别为 1.97%、1.87%、1.20%，呈现逐年下降且有加速下降之趋势，如表 3 – 16 所示。

表 3 – 16　2012～2014 年国有商业银行资产收益率情况

单位：%

年份	资产收益率	比上年增长	增速
2012	1.97	—	—
2013	1.87	– 0.10	– 5.08
2014	1.20	– 0.67	– 35.83

资料来源：内蒙古银监局。

3. 成本收入比小幅回升，指标排名位于自治区银行业后列

2012～2014 年，国有商业银行成本收入比分别为 34.26%、35.13%、35.54%，呈现逐年小幅回升态势，这说明，国有商业银行的成本管控力度还需加强。综观内蒙古银行业，2012～2014 年国有商业银行的成本收入比位列后排，仅比邮政储蓄银行、农村金融机构、信投投资公司以及城市商业银行稍低，排名倒数第四位、第五位。如表 3 – 17、表 3 – 18 所示。

表 3 – 17　2012～2014 年国有商业银行成本收入比情况

单位：%

年份	成本收入比	比上年增长
2012	34.26	—
2013	35.13	0.87
2014	35.54	0.41

资料来源：内蒙古银监局。

表 3-18 2012~2014 年国有商业银行成本
收入比在内蒙古自治区银行业排名

单位:%

名次	2012 年		2013 年		2014 年	
	比率	名称	比率	名称	比率	名称
1	9.33	政策性银行	9.06	政策性银行	4.81	财务公司
2	12.75	财务公司	10.09	财务公司	8.73	政策性银行
3	22.76	渣打银行	24.73	股份制银行	28.39	股份制银行
4	23.74	股份制银行	30.73	信托投资公司	35.02	渣打银行
5	34.26	国有商业银行	32.18	渣打银行	35.54	国有商业银行
6	35.01	信托投资公司	35.13	国有商业银行	38.84	信托投资公司
7	35.45	城市商业银行	37.72	城市商业银行	40.40	城市商业银行
8	46.63	农村金融机构	47.21	农村金融机构	48.10	农村金融机构
9	78.56	邮政储蓄银行	75.90	邮政储蓄银行	68.92	邮政储蓄银行

资料来源:内蒙古银监局。

二、内蒙古自治区国有商业银行发展中存在的问题分析

国有商业银行是内蒙古自治区金融业的主体,更是内蒙古自治区银行业的主体和中坚,在全区国民经济和社会发展中具有举足轻重的地位。但是,必须看到,国有商业银行存在的问题还相当突出,主要表现如下:

(一)经营管理模式尚未根本改变,财务管理理念亟待更新

国有商业银行营运模式是以内部账户管理为主和以业务处理为重点,不能有效注重对客户关系和市场等外部信息的管理。在运用现代商业银行经营管理方法、方式上还很落后,管理会计和成本会计核算体系运用处于起步阶段,没有建立起以业务经营部门为利润中心的经营责任制,分产品、分客户的盈利性分析还没有建立起来,经营和财务目标多元化,管理者对财务风险意识淡薄,对银行财务管理的认识相对滞后,财务管理基础建设落后。

(二)国有商业银行长期处于垄断地位,适应市场竞争能力差

内蒙古自治区国有商业银行中除交通银行外,其余四家都是由计划经济"大一统"的国家银行改组而来的,其单一的国家资本结构和性质并未改变,保留了政府对银行财产的直接分配权、行为目标的社会性以及政府承担无限责任的基本

特征，政府对银行的垄断经营，造成国有商业银行无法适应市场竞争的激烈冲击。从银行业提供的服务种类和金融产品的数量来看，内蒙古自治区国有商业银行仍处于十分传统的经营范围之中，受管理体制和经营体制的制约，国有商业银行的市场意识、风险意识、创新意识还很淡薄。

（三）整体经营管理水平较低，降低了市场竞争力

目前，内蒙古自治区国有商业银行主要采取的是一种外延型、粗放型的经营模式，业务经营偏重于数量、指标、规模，追求速度的发展。有的国有银行在金融创新过程中不计成本，盲目引进并不适宜当地环境的金融产品。有的国有银行的经营管理制度尤其是内部控制制度的基础薄弱，制度建设普遍缺乏长远设计，已有的制度不起作用，不能有效防止经营漏洞和风险。随着商业银行战略方向的深度发展，商业银行产品开发能力弱、资本金实力弱、吸储能力弱的现实将使这种经营模式越来越不适应市场经济的需要，从而可能导致国有商业银行经营效益滑坡，不良资产沉淀日益加剧，一些风险度高的商业银行将有可能面临退出市场的境地。

（四）符合现代商业银行要求的激励约束机制尚未建立

近年来，国有商业银行在激励约束机制改革上做了一些探索，但符合现代商业银行经营管理需要的新的用人机制和有效的激励约束机制尚未建立：一是行政化的人事管理制度与商业银行经营管理要求相矛盾，管理人员能上不能下；二是传统用工制度尚未打破，员工能进不能出；三是现行的工资总量计划管理方式不适应企业化经营原则的要求；四是员工个人收入分配上的"大锅饭"问题仍很突出；五是福利分配平均化、隐性化问题仍未得到解决，且对优秀员工缺乏长期激励。

三、内蒙古自治区国有商业银行发展展望

内蒙古地区经济高速增长的宏观基础和工、农、中、建、交五家大型分行在内蒙古金融系统中的重要地位，决定了未来几年五家大型分行的经营情况总体仍将保持相对平衡。但作为全区最重要的商业银行，监管机构在资本充足等方面的约束将更为严格，五家大型分行仍面临种种挑战。

（一）盈利增速将进一步趋缓

今后几年，自治区国有商业银行资产、负债仍将保持增长态势，但增速会进一步放缓。预计净利息收入增速将继续下滑到个位数；非利息收入增速有望保持

两位数的较高增长，不过，由于其在营业收入中占比仍然很低，对整体盈利的拉动很有限。具体如下：

第一，规模增长中枢同步下移，驱动利润增长力度大不如前。"十八大"以后，国家对经济增长质量的重视远远高于对增长数量的关注。因此，伴随着经济改革的深入推进，银行信贷总体需求相比前几年而言将进一步放缓。行业整体规模的增长速度将相应继续下调，但仍将是拉动盈利增长的最主要驱动。

第二，利率市场化深度攻坚，负债压力不容乐观。今后几年，利率市场化仍将是银行业的关注焦点。为了提升负债能力，国有商业银行会主动采取存款理财化方式。据测算，货币市场基金每分流2%的储蓄存款，净息差将下降1个基点。综合多方因素的冲击，预计未来几年国有商业银行净息差将继续下降。

第三，同业监管趋严，国有商业银行将继续大力开发非银行业务，这将保证未来几年非利息收入维持较高的增长区间。

第四，在互联网技术的推动下，特别是互联网金融的竞争压力下，国有商业银行仍将在信息系统、风险控制、业务流程等方面继续深入改革，进一步提升经营效率，以此对冲由于营业收入增长乏力与管理费用刚性的增长瓶颈。

第五，不良资产压力日益积聚，成为未来几年吞噬盈利的最大不确定性。经济转型的成本最主要是资产质量的恶化。从披露的年报数据来看，五家分行在大幅核销的前提下不良资产仍呈现双升的态势，且不良生成率急剧攀升，预计未来几年不良资产的暴露压力将日益严重，从而成为盈利增长的最主要障碍。

（二）生息资产增速相对平稳

未来几年，预计国有商业银行生息资产增速有望维持12%左右，仍将是拉动盈利增长的最主要驱动因素。

1. 贷款增速稳中趋降，预计未来贷款的增速将基本和整体生息资产增速持平

一是出于对资产质量的担忧，各家分行纷纷提高了风险控制的门槛，对房地产、政府融资平台及产能过剩行业房贷的监管更为审慎。二是随着资本市场特别是债券市场的快速发展，直接融资将进一步挤压信贷融资空间。三是资本补充压力越来越大，银行信贷扩张本身也存在着严格的监管约束。四是同业竞争愈演愈烈，其他银行的大力发展也分割国有银行的信贷市场。

2. 同业资产增速将基本平稳

尽管同业监管日趋严格，但银行业在2013年、2014年两年的压缩消化中规范程度已经有所提升，目前相关创新业务反映更多的是市场正常的融资需求。预计未来几年在信贷通道较为紧张的背景下，同业资产的增速将相应有所回升。

3. 投资项下的资产增速将维持在个位数

国有商业银行投资项下的资产主要是债券，收益率相对降低，因此增长幅度

不会有太大变化，仍将继续维持在10%以内。

4. 存放央行资产增速将稳中有降

未来几年，在宏观经济依然不甚乐观的情况下，存款准备金率存在下调可能，存款规模增长将成为存放央行资产增长的最主要驱动因素。

（三）计息负债拓展压力依然较大

利率市场化的加速推进及互联网金融的蓬勃发展，对国有商业银行的负债业务构成了不小的冲击。未来几年，预计计息负债增速将保持在10%以内，负债拓展仍存在较大压力。

存款依旧存在稳步增长的空间，主要是必须应对好来自互联网金融公司的冲击。

同业负债有望平稳回升。一方面，被互联网金融公司分流的存款将以协议存款的形式回流到银行系统；另一方面，伴随着国有商业银行更多地把服务深入到县域及农村地区，原本未被覆盖的许多农村成为新的负债来源。预计未来几年同业负债有望平稳回升。

（四）净息差稳中趋降

综合资产端与负债端多方因素的影响，预计未来几年国有商业银行整体净息差下降趋势难以改变，但幅度会有所收窄。

资产端方面，由于资本充足率压力以及信贷资源受限，国有商业银行将进一步压缩低收益率资产，提升资产定价能力。

负债端方面，伴随着存款理财化以及定期化的趋势，一般性存款的成本仍将呈现刚性上升的态势；而同业存款伴随着竞争的加剧同比仍存在上升的可能。

（五）中间业务保持平稳增长

在传统业务面临较大竞争压力的背景下，中间业务成为了国有商业银行加快转型的重要着力点之一。未来几年，国有商业银行非利息收入在各行的努力拓展中仍将维持较高的增长速度，进一步提升在营业收入中的占比。

（六）经营成本将小幅下降

未来几年，国有商业银行的经营成本将进一步下降，但受制于工资的刚性因素，营业费用支出增速下降程度有限，整体成本收入比预计将小幅下降。一方面，在国有商业银行规模增速放缓的大背景下，营业收入增速相应将放缓。在营业收入通过规模效应稀释单位营业成本的可能逐步缩减之后，成本收入比的下降将越发困难。另一方面，在互联网金融的迅猛冲击下，国有商业银行被倒逼必须加强网络技术应用及优化产品流程。因此，可以预期国有商业银行将从技术应用、流程优化以及成本管控等方面着力，提高单位产出效率。

（七）资本补充压力仍将存在

未来几年，各行的资本补充、风险防范压力将继续存在。由于核心资本占总资本的比重提高了 25%，各行采用次级债扩充资本的难度增大，预计各行将更多地通过银行间市场开展资金运作，通过对直接融资的渗透谋求发展，以缓解资本约束压力。

（八）各行将被迫转变增长方式

在过去几年，各行靠规模扩张、利率管制维持高增长。在未来，这样的发展模式可能会遇到越来越大的阻力：资本约束不断强化，筹资难度也越来越大，资本损耗型的规模扩张将难以为继；同时，利率市场化的推进以及市场竞争的不断升级，也会导致利差空间的收窄。各家银行将审时度势，顺应发展变化，进一步优化收入结构，增加中间业务和表外业务收入占比。

第四章

内蒙古自治区股份制商业银行发展报告

近年来，全国性的股份制商业银行逐步进驻内蒙古自治区，在内蒙古自治区各主要城市，如呼和浩特市、包头市、鄂尔多斯市等地铺设网点。虽然股份制商业银行还未能打破四大国有商业银行在内蒙古自治区的主导地位，但是它们的迅速发展给内蒙古自治区金融业的进步注入了新的动力。

一、内蒙古自治区股份制商业银行发展现状

自全国性的股份制商业银行开始进驻内蒙古自治区以来，其在内蒙古自治区内迅速发展，规模不断扩大，市场占有率逐年上升，自身竞争力不断增强。既壮大了自身，又为内蒙古自治区金融体系的进一步完善做出了贡献。

（一）股份制商业银行相继进驻内蒙古自治区

内蒙古自治区幅员辽阔，但是由于历史发展、资源禀赋、自然条件、人口、政策等因素影响，各盟市经济发展水平存在很大差异，区域经济发展水平呈现出不平衡的状态。总体来看，自改革开放以来，内蒙古自治区的经济飞速发展，尤其是近几年的经济增长增幅连续占据全国首位，令世人瞩目。

与此同时，内蒙古自治区金融市场竞争也日趋激烈。越来越多的股份制商业银行相继进入内蒙古自治区开展业务，为内蒙古自治区的经济发展带来新的生机。截至2012年，内蒙古自治区已经有多家全国性股份制商业银行。其中，作为第一家入驻呼和浩特市的股份制上市商业银行，华夏银行呼和浩特分行于2005年2月28日正式开业。此后，招商银行（以下简称招行）呼和浩特分行于2007年4月13日开始筹备，9月19日正式开业，成为招行第33家一级分行。开业以来，招行呼和浩特分行结合内蒙古自治区"十一五"发展规划纲要，以呼包鄂"金三角"地区为核心市场，营业网点逐步向全区推开。2007年8月21日，上海浦东发展银行（以下简称浦发银行）正式落户内蒙古自治区，成立呼和浩特分行。中信银行呼和浩特分行于2006年12月31日获中国银监会成立，2007年9月29日在呼和浩特市新华大街68号正式挂牌营业，成立了中信银行在内蒙古自治区的一级分行。另外，兴业银行于2010年2月9日正式入驻内蒙古自治区，并在呼和浩特市成立省级分行。2010年6月12日，光大银行也在呼和浩特市成立分行。2011年11月29日，中国民生银行（以下简称民生银行）呼和浩特分行也挂牌成立。

通过分析以上各个股份制商业银行进驻内蒙古自治区的情况，不难发现近些年来内蒙古自治区的经济发展正受到各大股份制商业银行的关注，内蒙古自治区的经济还有着巨大的发展潜力和空间，这也必然带来股份制商业银行在内蒙古自治区的进一步扩张。未来也必将有更多的全国性股份制商业银行陆续进驻内蒙古自治区。

（二）机构规模和市场占有率逐步增大

根据近些年的统计数据，内蒙古自治区的股份制商业银行在机构个数、从业

人数、资产总额上都稳中有升。表4－1、表4－2分别列示了2008～2013年内蒙古自治区股份制商业银行和内蒙古自治区银行类金融机构总的机构个数、从业人数、资产总额变化情况。

表4－1　内蒙古自治区股份制商业银行机构个数、从业人数、资产总额

年份	2008	2009	2010	2011	2012	2013
机构个数（个）	14	22	32	44	56	79
从业人数（人）	652	917	1408	1810	2331	3073
资产总额（亿元）	368	711	931	1436	1880.8	2286

资料来源：内蒙古自治区统计年鉴和内蒙古银监局。

表4－2　内蒙古自治区各类金融机构总的机构个数、从业人数、资产总额

年份	2008	2009	2010	2011	2012	2013
机构个数（个）	4351	4549	4627	4691	5231	4675
从业人数（人）	66106	74809	83386	85250	94950	90974
资产总额（亿元）	8015.89	10752	13435	16301	18813	21335.5

资料来源：内蒙古自治区统计年鉴和内蒙古银监局。

　　自2008年以来，全国性的股份制商业银行在内蒙古自治区不断发展，经营规模不断扩大。根据表4－1和图4－1中的数据可以看出，内蒙古自治区的股份制商业银行无论是机构个数还是从业人数都在不断扩张，并且在内蒙古自治区银行业中所占的比例也在不断地扩大。其中，股份制商业银行的机构个数由2008年的14个增长到2013年的79个，占内蒙古自治区全部金融机构个数的比重也

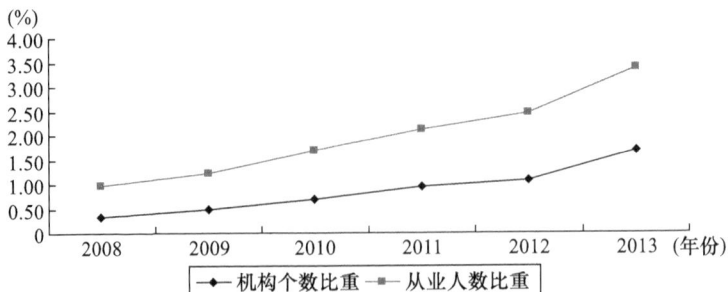

图4－1　内蒙古自治区股份制商业银行机构个数及从业人数占全部金融机构的比重
资料来源：内蒙古自治区统计年鉴和内蒙古银监局。

由 2008 年的 0.32% 上升到 2013 年的 1.69% ，比重增长了 5 倍之多。同时，股份制商业银行的从业人数也由 2008 年的 652 人增加到 2013 年的 3073 人，占内蒙古自治区全部银行类金融机构从业人员总数的比重由 2008 年的 0.99% 上升到 2013 年的 3.38% ，比重增长了 3 倍多。

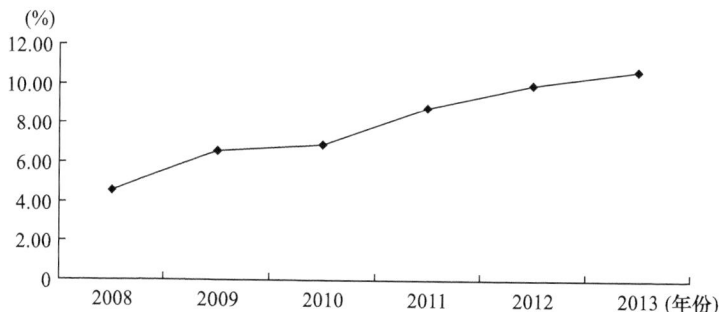

图 4-2　内蒙古自治区股份制商业银行资产总额在银行类金融机构中所占比重

资料来源：内蒙古自治区统计年鉴和内蒙古银监局。

此外，表 4-1 和图 4-2 数据变化说明，内蒙古自治区股份制商业银行资产总额在各类金融机构中所占比重也在逐年增大。2008 年，内蒙古自治区的股份制商业银行的资产总额为 368 亿元，仅占内蒙古自治区全部金融机构资产总额的 4.59% 。然而，2011 年该比重就增长为 8.18% ，是 2008 年的近 2 倍。此后，该比重继续保持逐年上升趋势。截至 2013 年底，股份制商业银行的资产总额增长为 2286 亿元，已经占内蒙古自治区全部金融机构资产总额的 10.71% ，该比重是 2008 年的约 2.3 倍。

内蒙古自治区的股份制商业银行不仅机构个数、从业人数以及资产总额的绝对值不断增加，而且在内蒙古自治区银行类金融机构中所占的比重也都逐年成倍增长。这说明近些年股份制商业银行在内蒙古自治区的规模迅速扩大，市场占有率也不断扩张。因此，股份制商业银行已经成为内蒙古自治区金融体系中不可缺少的重要组成部分。内蒙古自治区经济的迅速发展，也为股份制商业银行的扩张提供了良好的空间和市场。

（三）股份制商业银行定价能力稳步提升

根据可得数据显示，受 2008 年多次下调存款准备金率和存贷款基准利率的影响，银行流动性转为宽松，对客户的竞争进一步加剧，导致金融机构执行上浮利率贷款占比下降，执行下浮和基准利率的贷款占比上升，利率水平整体走低。

2009 年，内蒙古自治区各股份制商业银行执行上浮利率贷款的仅占 27%。然而，从 2009 年第四季度开始，由于受到加息预期的影响，贷款利率略有回升。2010 年，受央行六次上调存款准备金率、两次上调存贷款基准利率等因素的影响，银行流动性从"宽松"转为"适度"，利率水平整体走高。各股份制商业银行执行上浮贷款利率的占比也扩大到 58.3%，比 2009 年增长了 31.3%。2011 年，央行在原有基础上再一次上调存贷款基准利率，市场资金趋紧，贷款利率总体走高。包括股份制商业银行在内的各金融机构综合考虑贷款成本、收益和风险及市场供求关系，实行差别定价的能力进一步增强。股份制商业银行执行利率上浮的贷款占比为 80.6%，比 2010 年上升了 22.3%，随着利率市场化进程的不断推进，股份制商业银行积极扩大内部定价与上海银行间同业拆放利率（SHIBOR）的综合运用范围，利率定价机制建设逐步完善。2012 年，受两次下调存贷款基准利率、扩大存贷款利率浮动区间及两次下调存款准备金率等因素的影响，股份制商业银行贷款总量有所增加，实际贷款利率走低。2013 年全面放开贷款利率管制后，内蒙古自治区股份制商业银行贷款平均利率稳中有降，存款利率差异化定价特征显现，从存款利率上浮幅度看，股份制商业银行大于国有银行。因此，股份制商业银行实行差别定价的能力进一步提高。

（四）股份制商业银行具有其自身的竞争优势

虽然内蒙古自治区的股份制商业银行在现实竞争力上还是落后于已经在内蒙古自治区生根发芽的四大国有商业银行，但是其具有不容忽视的潜在竞争力。20多年来，全国性的股份制商业银行之所以能够从零做起，逐渐做大做强，直至今天成为我国银行体系中一个重要的组成部分，与其顽强的生命力和强劲的竞争力是分不开的。这些年纷纷进入内蒙古自治区拓展市场的全国性股份制商业银行都继承着股份制商业银行的优良传统，在经营的安全性、流动性、盈利性和对客户的优质服务等方面都表现出了良好的竞争力。

内蒙古自治区的股份制银行与占主导地位的国有商业银行的差异体现在以下几个方面：在经营模式上，股份制商业银行更具有灵活性，更适合科学的市场资源配置机制。由于股份制商业银行并非是实行单一的国有产权制度，这就使其现行的经营机制和利益机制更能按照市场化要求运作。股份制商业银行的发展打破了计划经济体制下国家专业银行的垄断局面，促进了银行体系竞争机制的形成和竞争水平的提高，带动了整体商业银行服务水平、服务质量和工作效率的提升。在管理模式上，股份制银行管理层的权责是相对称的，并不会出现国有银行权力大而责任小、风险低却报酬高的现象。在经营机制上，国有商业银行由于产权的原因，贷款会受到地方政府的干预，但是股份制银行却可以本着流动性、盈利性、安全性的原则进行决策经营。在组织机构的设置上，股份制银行主要采取扁平化的管理模式，分为总行—分行—支行，这种快捷的管理模式与国有银行的总分行制是完全不同的。在激励机制上，股份制商业银行采取多劳多得，上不封顶的分配方式，收入构成也更加灵活，时刻追求的是利润最大化。相比之下股份制商业银行的激励机制比国有商业银行更为健全和有效。在企业文化上，股份制银行能够真正地做到员工与文化融合在一起，但国有银行虽然有自己成熟的企业文化品牌，但却都停留在口头和形式上。股份制商业银行成立的初衷就决定了其与国有银行在经营行为和经营效率上将会存在巨大的差异。而且从我国各个商业银行的发展状况来看，股份制商业银行与四大国有银行相比，在运行机制、市场弹性、经营效率等许多方面都有着一定的优势。这也是股份制商业银行能够在内蒙古自治区快速发展并且具备潜在竞争力的原因。

此外，在内蒙古自治区，股份制商业银行的主要竞争对手除了中国建设银行、中国工商银行、中国银行和中国农业银行这四大国有银行之外，还有交通银行以及内蒙古自治区当地的城市型商业银行和农村信用合作社等金融机构。这些金融机构具有进驻时间久、资金实力雄厚、网点分布广和业务开展全面等许多优势。面对这些一系列的压力，股份制商业银行通过先进的经营发展理念、对客户良好的服务态度、各种强有力的宣传攻势和强大的资金支持在内蒙古自治区的金融市场中占据了一席之地。例如，民生银行在成立呼和浩特分行之前，已经与自治区在诸多领域开展了项目合作，投放贷款300多亿元，发行企业债券57亿元。分行成立后，民生银行在自治区的贷款额度已经达到了400多亿元。民生银行呼和浩特分行将秉承总行"做民营企业的银行，做小微企业的银行，做高端客户的银行"的战略定位，深入贯彻落实自治区第九次党代会精神，围绕实现"两个同步"、"两个达到"的重要目标，力争在内蒙古自治区打造品牌，做出特色，着力助推自治区经济建设。在重点支持地方基础设施建设、大中型国有企业融资的同时，优先支持民营企业、中小企业和微型企业发展。开业当日，民生银行呼和浩特分行向呼和浩特土默特中学捐款20万元，充分体现了民生银行"服务大众，情系民生"的经营宗旨，忠实履行了企业公民应尽的社会责任。因此，全国性股份制商业银行在内蒙古自治区的迅速发展，在一定程度上填补了国有商业银行收缩机构造成的市场空白，较好地满足了中小企业和居民的融资和储蓄业务需求，大大丰富了对城乡居民的金融服务，方便了百姓生活。

二、内蒙古自治区股份制商业银行发展中存在的问题

内蒙古自治区的股份制商业银行在快速发展的过程中，也存在着一些问题。

着眼于全国，"十二五"期间是我国全面建成小康社会的关键时期，是深化改革开放、加快转变经济发展方式的攻坚时期。经济决定金融，经济领域的深刻变化必将对商业银行的发展产生深远影响。股份制商业银行既面临难得的历史机遇，也面临诸多新挑战。另外，内蒙古自治区经济和金融业的发展相对滞后于沿海经济发达地区，并且金融业的发展滞后于经济发展速度。这就必然使股份制商业银行在内蒙古自治区的发展受到大的经济环境的制约，从而产生了一系列的问题和困境。

（一）在内蒙古自治区内的网点分布不尽合理

股份制商业银行在内蒙古自治区的机构网点大多集中于呼和浩特市、包头市和鄂尔多斯市等经济发展相对较快的地区，区域分布非常不均匀。其中，作为第一家进入内蒙古自治区的股份制商业银行——华夏银行，经历了大约9年的发展，虽然其业务范围覆盖全区，但营业网点分布仍然多集中在少数经济活跃城市。华夏银行在内蒙古自治区的分支机构主要分布在"呼包鄂"地区。到2014年，华夏银行在内蒙古自治区共设立了包括分行在内的15个营业网点，但是其中有12家都分布在"呼包鄂"地区。招行在区内的营业网点共11个，其中10个集中在"金三角"（"呼包鄂"）地区。而与招行同在2007年进驻内蒙古自治区的浦发银行，其在区内的营业网点共17个，其中14个设在了"呼包鄂"地区。此外，中信银行、兴业银行、光大银行和民生银行营业网点的分布情况也都大同小异。各家股份制商业银行在内蒙古自治区成立之初就纷纷把"呼包鄂"地区作为核心区域，是因为这一"金三角"地区经济活跃，投资需求相对旺盛，给它们的进入和发展提供了广阔的市场空间。然而，由于股份制商业银行多注重对中小企业的金融服务，营业网点在其他城市和地区的缺少会导致这些城市和地区的企业和个人的融资需求得不到及时的满足。在全区资金供求紧张，特别是中、小、微企业贷款供求矛盾突出的现实情况下，只有通过各股份制商业银行在区内其他地区的进一步合理均匀扩张，营业网点在更多其他主要城市的建立，才能更好地满足企业和个人的需要，才能进一步促进经济和金融的协调发展。

（二）金融创新不足、过度依赖利差

内蒙古自治区包括股份制商业银行在内的金融机构都存在这样一个问题：主要以传统存贷款业务为主，其他金融产品较少或尚未开展，不能很好地满足企业多元化的融资需求；银行中间业务品种少，范围窄，仍然集中于传统的结算、汇兑、代收代付以及信用卡、信用证等产品，咨询服务类、投资融资类及衍生金融工具交易等高技术含量、高附加值的中间业务发展不足，覆盖面窄。银行中间业

务占比与全国平均水平仍存在较大的差距。由于过度依赖利差收入，随着利率市场化的推进、融资脱媒化的发展和金融监管的日益严格，股份制商业银行与其他商业银行一样将面临较大的冲击。

首先，日益严格的金融监管必将使得主要依靠存贷利差的盈利模式难以为继。《巴塞尔新资本协议Ⅲ》是针对金融机构在资本结构、数量和质量上提出的更高要求。通过对一级核心资本充足率、一级资本充足率、资本充足率、资本留存率、杠杆率、拨备率和流动性等一系列监管指标的更高要求，监管机构最终可能将商业银行的资本充足率提高至 15% ~ 16%。有理由相信，在"后危机时代"，对商业银行资本金的严格监管趋势会在很长时期内持续下去，主要依靠存贷利差，大量消耗资本金的传统盈利模式将难以为继，商业银行将会在一段相当长时期内集体性陷入严重的资本约束困境。中国绝大多数的股份制商业银行资产规模都远远超过 5000 亿元，都将进入更为严格的监管范围。同时，由于客户基础不平衡、资产规模增长较快、股东结构分散以及资本筹集能力较弱等问题，股份制商业银行更具有资本消耗快、核心资本筹集难的特征。所以，股份制商业银行的资本金约束在未来一段时期更为严重。

其次，在全国，包括内蒙古自治区，不断加强的金融脱媒化趋势将导致利差缩小。数据显示，2005 年至 2010 年 9 月底，除央行票据和金融债外，我国债券一级市场累计发行各类债券从 4000 亿元快速增长至 3.61 万亿元，年复合增长率有望达到 50% 以上；新发行企业债券总额从 2005 年的 1000 亿元增长至 2009 年的 1.2 万亿元，短期融资券从 2005 年的 3000 亿元增长至 2009 年的 4600 亿元，分别增长了 320% 和 53%；中期票据发行量从 2008 年 1700 亿元增长至 2009 年近 7000 亿元。与此同时，股市市值的全球排名从 2006 年的第 13 位跃升至 2009 年的第 3 位。此外，如阿里巴巴、淘宝网及中国移动等种类繁多的第三方支付平台也在蚕食着银行的传统市场。脱媒化使银行的负债业务开展更加困难。股份制商业银行受制于规模相对较小、网点相对较少和业务偏向对公的特点，负债业务成本更高，资金来源更为不稳定；在资产方面，脱媒化将导致企业直接融资比重上升，银行去中介化趋势不断加强，资产业务的逆向选择风险加大。国际经验也表明，金融脱媒还会带来同业竞争加剧和利差的大幅下滑。股份制商业银行普遍存在较高资本回报率的要求，资产业务的去中介化以及负债资金成本的上升也将会使股份制商业银行面临更为严厉的资本充足率和盈利能力的双重考验。

此外，利率市场化一般会造成存贷利差缩小。例如，日本从 2.0% 缩小到 1.6%，韩国从 7% 缩小到 4.5%，澳大利亚从 4% 缩小到 3.3%。商业银行严重依靠息差的盈利模式将逐渐受到挑战。到 2012 年，除了存贷款利率受到部分管制以外，其他诸如票据贴现率、转贴现率和同业拆借利率都实现了市场化。虽然国家引导型的经济发展都存在利率管制的过程，完全的利率市场化尚需时日，但利率终将实现市场化，我国的利率市场化进程也正在加速。此外，利率市场化除了会带给股份制商业银行更高的逆向选择风险，还将极大刺激金融创新，使股份制商业银行出现储蓄分流，进一步加深金融脱媒化。

（三）缺乏规模竞争力，且原有优势受到威胁

在内蒙古自治区，股份制商业银行进驻较晚，与国有商业银行相比规模小，网点少，负债业务成本更高。如图4-3所示，到2013年底，内蒙古自治区的股份制商业银行的资产总额仅占金融机构资产总额约11%，而国有商业银行占比则将近40%。相比之下，股份制商业银行仍缺乏规模竞争力。然而，区内的国有商业银行规模制胜的特征逐渐显现。当前国有商业银行在业务平台、产品研发、IT系统建设、人才储备、国际化布局等方面形都成了相对的竞争优势，在诸多领域已经确立了领跑者的地位。数量庞大、遍布广泛的门店网络也为国有控股银行提供了大量、廉价的负债资金，贷存比约束不大。另外，"大而不倒"的市场准则在中国可以成立，国家股东的背景在投资者心中发挥了无形的政府担保效应。

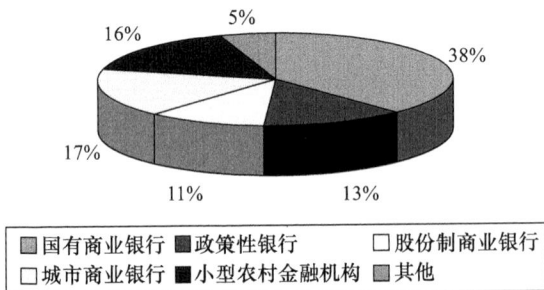

图4-3 2013年内蒙古自治区金融机构资产总额构成

资料来源：内蒙古银监局、内蒙古自治区金融办。

除了国有商业银行外，一批城市商业银行，如内蒙古银行和包商银行等，也在与股份制商业银行争夺着市场。2011年，农村金融机构和城市商业银行的资产总额在内蒙古自治区金融机构资产总额中所占的比例分别为16%和17%，均在股份制商业银行之上，见图4-3。股份制商业银行早年的诸多优势，如制度灵活、有效激励、模仿创新等已经完全被城商行效仿并进一步发展。股份制商业银行在人才资源、地域性核心客户争夺、产品创新优势等方面逐渐失去竞争力。此外，近些年一些外资银行，如渣打银行等，也开始进入内蒙古自治区，虽然其规模和市场占有率都尚小，但是其在高端理财领域的竞争力不容忽视。

因此，股份制商业银行缺乏规模竞争力的同时，原有的诸多优势逐渐被其他商业银行效仿。这就意味着，股份制商业银行如果不进一步扩大在内蒙古自治区的规模、增设网点以及积极推进金融创新，改变原有的盈利模式，就有可能逐渐失去在内蒙古自治区金融市场上的竞争力。

三、内蒙古自治区股份制商业银行发展对策建议

在这个所谓的"后危机时代"，内蒙古自治区的股份制商业银行的发展受到整体经济环境的制约，金融脱媒和利率市场化趋势的冲击，以及同行业内日趋激烈的竞争等因素的影响。这使得股份制商业银行不得不积极地采取措施，抓住机遇，迎接挑战。在此，根据内蒙古自治区股份制商业银行发展的具体情况和存在的问题，提出以下几点建议。

（一）优化布局，推进分销网络的进一步扩张

全国性的股份制商业银行在内蒙古自治区的发展历史尚短，机构网点数量还不充足，在内蒙古自治区内的布局也不尽合理。一方面，由于规模不大，还不能形成规模效益，不利于股份制商业银行与其他银行，尤其是大型国有银行之间的竞争；另一方面，由于分布过于集中在"金三角"地区，省内其他城市和地区的融资需求，尤其是中小微企业的融资需求得不到及时的满足。因此，股份制商业银行应该积极地优化网点布局，推进分销网络在内蒙古自治区其他地区的进一步扩张。这样才能更好地满足全区企业和个人的融资需求，为内蒙古自治区金融业的发展做出更大的贡献。同时，网点的增多必将导致规模的扩大和客户市场的增加，有利于扩大股份制银行的规模竞争力和市场份额。然而，在规模扩张的同时，还要考虑银行自身以及目标地区的经济金融发展情况，不能盲目扩张，要避免"速度情节"和"规模偏好"。银行资产规模的扩张会带来规模经济效益，但不意味着规模越大越好。过快的不合理规模扩张，会带来资本的快速消耗和风险的不断堆积，反而不利于银行的发展。因此，股份制商业银行应该合理地扩张分销网络，优化网点布局。

（二）转变经营模式，不断创新

创新是股份制商业银行赖以生存和发展的基础，也是应对诸多困境的可靠途径。没有创新，就没有股份制商业银行的今天。内蒙古自治区的股份制商业银行应该在未来的发展中以创新为驱动力。这就意味着要降低银行发展对信贷资源投

入的依赖，使创新在银行发展中起到更大的推动作用。首先，要积极推动盈利模式的创新，建立资本节约型和信贷资源节约型的发展模式。从对资本的高消耗转变为对资本的合理利用。立足于内部挖潜，尽可能减少业务发展对资本的占用，提高资本使用效率。其次，关键要在产品和业务创新上下功夫，真正做到以客户为中心，适应市场需求，通过加快创新来提升核心竞争力。只有经常在经营业务上进行创新，不断用最新的金融服务和金融产品满足不同客户的需求，才能扩大银行的客户群体，拓展银行的市场空间。所以，股份制商业银行在内蒙古自治区开展业务的时候，不仅要注重银行传统业务的巩固和发展，还要努力创新，积极开展新兴业务。要不断增强创新意识，完善产品创新机制，处理好创新与合规的关系，充分调动全员创新的积极性。要通过多元化产品和服务向客户提供一揽子的金融解决方案，在核心业务领域取得市场领导地位。所谓的新兴业务包括在办理日常业务中能够为大众提供便利服务的各种中间业务，包括和资本市场相关的经营业务，还包括能够自动规避日常风险的现实可行的业务。最后，还要加快体制机制、管理方式等方面的创新，促进银行提高决策水平、增强响应客户需求的能力。

（三）进一步拓展中小微企业融资业务

客户是商业银行实现利润，保持可持续增长的根本源泉。为了顺应后金融危机时代产业转型的金融需求，中小企业具有广阔的潜在市场空间和发展机遇，更有利于商业银行寻求差异化的竞争定位，寻求新的利润增长点。因此，开拓中小企业业务也是商业银行在多元化竞争格局下的必然选择。

在信贷供给紧张的状况下，内蒙古自治区中小企业的发展面临着诸多困难。例如，信息不对称银行不敢授信、银行服务有效性不足、经济效益难以体现、社会地位不高的失落感等。因此，股份制商业银行避免资金和资产过度集中于少数大型企业。同样应该服务好小客户，拓展市场覆盖面。深度挖掘中小企业优质客户资源，大力支持科技型中小企业和文化创意型中小企业，做大规模、做出特色、形成亮点。大型优质企业客户的交易成本和经营风险都相对较低，但是其盈利空间正在压缩。虽然中小企业客户的风险较高，但银行的议价能力强，收益也高。通过相应的定价手段转移和控制风险，银行可以找到风险和收益的合理平衡点。因此，内蒙古自治区的股份制商业银行应该在加强自身创新的同时，充分发挥小微企业融资的主渠道作用。

（四）加强风险管控能力

次贷危机引发的大量海外银行倒闭和投资银行崩溃的教训，值得股份制商业银行引以为戒。内蒙古自治区的股份制商业银行在努力获得高盈利的同时，应该以保持良好的流动性和安全性为前提。具体来讲，银行业面临的风险不仅仅是一般意义上的客户风险或者债务风险，还包含金融市场和实体经济全面下行所带来的系统性风险。应对系统性风险，必须要拓宽视野，在加强基础性风险管理和内控的同时，顺应逆周期监管的要求，实施战略应对。做大做强各项业务，增强综合实力。从区域、行业、产品、客户等多个维度加强各个经营领域之间的组合管理。强化以资本约束为基础的全面风险管理。改进风险管理的技术水平，从被动防御风险向主动经营风险、创造风险收益转变。

（五）建立和完善金融保障体系

首先，由于股份制商业银行长期以来一直缺乏国家信用的担保，为了增强存款人对股份制商业银行的信心，改善其吸收存款过程中的弱势地位，稳定存款来源，存款保险制度应该尽快地建立起来，这样才能促进股份制商业银行的良性发展。其次，由企业信用和个人信用构成的社会信用体系不健全，是阻碍股份制商业银行发展的一个重要因素。因此，应该建立健全社会信用体系。最后，要逐步完善内蒙古自治区中小企业的信用担保体系。长期以来，内蒙古自治区的中小企业融资困难与其信用风险较高是存在很大关系的，这就使得股份制银行担心风险而放弃该业务的开展。因此，针对这个问题，政府应当努力规范和完善中小企业信用担保体系，降低股份制银行的贷款风险，从而提高股份制银行的贷款积极性。

因此，总体上股份制商业银行对内蒙古自治区金融业的发展做出了重要贡献，已经成为内蒙古自治区金融体系中不可缺少的一个组成部分。虽然其总体规模和机构数量都远远小于国有商业银行，但是在内蒙古自治区有着广阔的发展空间和发展潜力。在这个既有机遇又有挑战的后危机时代，股份制商业银行要想在内蒙古自治区更快、更好地发展，就必须要积极地促进金融创新，推进经营模式的转变。同时，做好自己的市场定位，增强风险控制能力。大力拓展中小微企业融资业务，实现双赢。

第五章

内蒙古自治区城市银行发展报告

　　从 1995 年第一家城市商业银行成立至今，经过近 20 年的发展，城市商业银行逐步壮大，为地方经济发展提供了有效的金融服务，被称为 4 大国有股份制商业银行和 12 家全国性股份制商业银行之后的"第三梯队"，已经成为我国银行体系的重要组成部分。内蒙古自治区辖区内共有 4 家城市商业银行，即内蒙古银行、包商银行、鄂尔多斯银行和乌海银行。这四家城市商业银行在地方政府和监管机构的支持指导下，经营管理品质大幅提升，市场影响力显著增强，并在城市商业银行改革与转型的关键之年，即从 2014 年开始，由一味追求规模的增长到增速趋于理性，向着"稳中求进、稳中有为、稳中提质"的方向发展。

一、内蒙古自治区城市商业银行发展回顾

2014 年，在宏观经济增速放缓、利率市场化改革深化、资本管制日益严格的大背景下，银行业经营环境更加严峻，而资产规模相对较小的内蒙古城市商业银行则承受了更大的压力，资产负债增速进一步放缓，营业收入和净利润增速下滑，不良贷款率在升高，使得商业银行总体发展呈现出放缓的态势，但是其表现依然可圈可点。下面对内蒙古城商行在 2014 年的发展情况进行评述。

（一）分支机构略有增加，从业人员数量相应增加

目前，辖内 4 家城市商业银行新增 80 多家分支机构。包商银行、内蒙古银行已突破地域限制走向全国，由地方性商业银行发展到全国性商业银行，鄂尔多斯银行、乌海银行已经由地方性商业银行发展为区域性商业银行。截至 2014 年末，4 家城市商业银行机构总数达到 396 个，从业人员达 12137 人。

1. 包商银行

包商银行在自治区内的包头市、赤峰市、巴彦淖尔市、通辽市、鄂尔多斯市、锡林郭勒盟、呼伦贝尔市、呼和浩特市、兴安盟、乌兰察布市、乌海市和阿拉善盟设有 12 家区内分行，在区外的宁波市、深圳市、成都市、北京市设有 4 家区外分行，共 174 个营业网点，员工 7423 人。此外，还成立了 1 家贷款公司，即达茂旗包商惠农贷款公司，并发起设立了北京昌平、天津津南、江苏南通、大连金州、四川广元、贵州毕节、吉林九台、河南郾城、山西清徐等 27 家村镇银行；机构遍布全国 16 个省、市、自治区。

2. 内蒙古银行

内蒙古银行现辖 1 个营业部，8 家分行，即包头、乌海、乌兰察布、锡林郭勒、呼伦贝尔、通辽、兴安盟 7 家区内分行和哈尔滨 1 家区外分行，共 93 个营业网点，员工 3050 人。此外，巴彦浩特分行的申请筹建工作正在进行。截至 2014 年末，内蒙古银行发起设立的村镇银行共 31 家，区内 22 家，区外 9 家，其中在国贫、省贫旗县设立 11 家。在区外发起设立的村镇银行主要集中在环渤海经济区、长三角地区、东北老工业基地，力争打造 3 个农村金融圈。内蒙古银行立足首府、覆盖全区、辐射区外的机构体系已经初步形成。

3. 鄂尔多斯银行

2014 年末，鄂尔多斯银行下设分支机构 81 家，主要分布在鄂尔多斯市所辖 7 旗 1 区，在呼和浩特市、包头、锡林郭勒盟设有分行，另外在省内外发起设立了 9 家村镇银行（共 14 家机构），全行从业人员共计 1170 人，已形成覆盖全市、

辐射周边盟市的金融服务网络体系，基本满足了中小企业和"三农"对金融服务多层次、多方面的需求。

4. 乌海银行

截至 2014 年末，乌海银行共有 22 家支行和 1 家营业部，其中包括阿拉善盟乌斯太镇和鄂尔多斯棋盘井镇 2 家跨行政区域经营的支行，从业人员 494 人。此外，乌海银行在海南省文昌市、琼海市以及内蒙古鄂尔多斯市杭锦旗、巴彦淖尔市乌拉特前旗、广东省始兴县设立的 5 家村镇银行相继开业。

（二）资产负债略有增加，存贷款仍保持上升态势

截至 2014 年末，辖内的 4 家城市商业银行在继续稳步发展的同时，经营规模也在进一步扩大，无论是总资产和总负债较 2013 年度均有一定幅度的增长，见表 5 - 1 和表 5 - 2。总资产规模在 3000 亿元以上的有 1 家，即包商银行，其余 3 家资产规模都有不同幅度增长，合计达到 1600 亿元以上。从资产负债方面来看，2014 年末，辖内 4 家城市商业银行资产总额 4600 亿元，比年初增加 916 亿元，同比增长 24.86%，占全区银行类金融机构总资产的 19.15%；负债总额 4210 亿元，比年初增加 850 亿元，同比增长 25.29%，占全区银行类金融机构总负债的 18.29%。

表 5 - 1　2010 ~ 2014 年内蒙古自治区城市商业
银行资产和负债情况一览

单位：亿元、%

项目		2010 年	2011 年	2012 年	2013 年	2014 年
总资产	余额	1847.51	2730	3256	3684	4600
	比上年同期增长	37.48	47.77	19.26	13.14	24.86
	占全区银行类金融机构比例	14.07	16.75	17.12	17.86	19.15
总负债	余额	1726.99	2582.06	2935	3360	4210
	比上年同期增长	36.45	49.51	13.66	14.48	25.29
	占全区银行类金融机构比例	13.57	16.56	17.11	18.02	18.29

资料来源：中国银监会。

截至 2014 年末，辖内 4 家城市商业银行各项存款余额为 2688.7 亿元，同比增长 12.9%，占全区银行类金融人民币存款余额的 16.31%；各项贷款余额 1529.22 亿元，同比增长 28.69%，占全区银行类金融人民币贷款余额的 9.98%，占比均有不同程度的上升。

表 5 - 2　2014 年 4 家城市商业银行资产和负债情况一览

单位：万元、%

银行名称	项目	总资产	存款余额	贷款余额
包商银行	余额	31286472	16952574	9480559
	同比增长	28.98	14.11	28.21
内蒙古银行	余额	8356073	5951899	3759401
	同比增长	27.94	19.63	31.61
鄂尔多斯银行	余额	3778300	2168600	1079100
	同比增长	15.25	7.6	20.45
乌海银行	余额	2602458	1822338	997064
	同比增长	18.93	29.51	18.32

资料来源：各行财务报告。

（三）盈利水平呈降低趋势，成本控制能力需进一步加强

2014 年，辖内 4 家城市商业银行盈利水平明显减慢，全年实现净利润总额 43.89 亿元，比年初增加 - 2.07 亿元，同比平均增幅为 - 4.5%。从回报率来看，2014 年，城市商业银行的平均资产净收益率为 6.96%（见表 5 - 3）。

表 5 - 3　2014 年 4 家城市商业银行盈利水平指标

单位：万元、%

银行名称	项目	净利润	资产净收益率	成本收入比
包商银行	年末值	236478	13.81	43.19
	同比增长	22.05	1.37	- 5.96
内蒙古银行	年末值	80903	9.89	49.35
	同比增长	- 6.83	- 11.69	11.82
鄂尔多斯银行	年末值	63463	1.68	30.03
	同比增长	- 11.08	- 0.89	0.71
乌海银行	年末值	58056	2.46	29.65
	同比增长	28.82	5.57	5.35

资料来源：各行财务报告。

2014 年，辖内 4 家城市商业银行只有包商银行和乌海银行两家银行的盈利水平趋于稳步提高，主要源于净利息收入的增长、中间业务的快速发展以及成本的

有效控制。在净利息收入方面，受贷款规模继续扩大等因素推动，城市商业银行净利息收入保持快速增长态势，实现的净利息收入同比增长24.54%。受信贷调控政策影响，城市商业银行在开展跨区域经营做大规模的同时，积极推动经营转型，努力提升中间业务收入占比，其手续费及佣金净收入都出现了大幅度的增长，手续费及佣金净收入平均同比增长11.25%。与此同时，城市商业银行整体的成本控制能力进一步提升，经营效率有待提高，平均成本收入比实现平稳下降，较2013年度同比下降1.21个百分点，但距离合理的成本收入比有较大差距。

（四）信贷资产质量降低，抗风险能力需增强

2010～2014年，城市商业银行在继续加快发展的同时，积极采取切实有效的措施，努力提高风险管理水平，加大风险化解力度，各银行的不良贷款率同比有增有减，资产质量有待改善。由于国际经济持续低迷、国内经济下行压力增大，前期原材料价格和劳动力成本上涨以及紧锁政策的滞后效应，工商企业，特别是中小企业经营环境进一步恶化，信用风险进一步提高。对于以中小企业或小微企业为主要服务对象的城商行而言，不良贷款形势将会逐步恶化。但每家银行的情况又不尽相同，截至2014年末，乌海银行的不良贷款余额、不良贷款率一直保持着持续下降的"双降"态势；而包商银行、内蒙古银行与鄂尔多斯银行的不良贷款余额均有不同程度的增加，不良贷款率略有上升。但4家城商行的平均不良贷款率为1.19%，仍低于全区银行类金融机构平均1.88%的不良贷款率水平，见表5-4。

表5-4 2010～2014年4家城市商业银行不良贷款情况

单位：万元、%

银行名称	项目	2010年	2011年	2012年	2013年	2014年
包商银行	不良贷款余额	15843.56	20852	50964	73942	129883
	不良贷款率	0.46	0.45	0.87	1.00	1.37
	拨备覆盖率	242.30	322.20	232.27	224.63	192.89
内蒙古银行	不良贷款余额	14554	18113	37162	49911	71804
	不良贷款率	1.09	1.13	1.79	1.76	1.91
	拨备覆盖率	330.74	379.93	227.48	225.39	189.79
鄂尔多斯银行	不良贷款余额	11887	18858	17503	22474	63474
	不良贷款率	1.26	1.44	1.38	1.94	1.77
	拨备覆盖率	213.74	429.29	508.66	410.25	390.35

续表

银行名称	项目	2010 年	2011 年	2012 年	2013 年	2014 年
乌海银行	不良贷款余额	944.77	887.34	884.85	878.24	1878
	不良贷款率	0.17	0.13	0.11	0.09	0.87
	拨备覆盖率	588.25	930.19	2366.32	2376.14	1937.25

资料来源：各行财务报告。

2014 年，城市商业银行的风险抵御能力进一步增强。至 2014 年底，4 家城市商业银行平均拨备覆盖率为 677.57%，略低于 2013 年底的 809.1%，远远超过同期商业银行总体的 288.07%；在风险集中度方面，银行的最大单一客户贷款占比（最大单一客户贷款余额／银行净资本额）和十大客户贷款占比（十大客户贷款余额／银行资本净额）反映了银行贷款的集中度，是衡量银行潜在风险的重要指标。从表 5-5 中可以看出，4 家城市商业银行最大单一客户贷款比例和最大十家客户贷款比例均有上升；从资本充足率来看，4 家城市商业银行的资本充足率均保持在较好水平，核心资本充足率均保持在 10% 以上，见表 5-6。

表 5-5　2013～2014 年 4 家城市商业银行风险集中度情况

单位:%

银行名称	最大单一客户贷款比例		最大十家客户贷款比例	
	2013 年	2014 年	2013 年	2014 年
包商银行	3.77	4.71	24.4	29.4
内蒙古银行	6.68	8.85	11.12	12.91
鄂尔多斯银行	5.29	6.23	33.88	36.86
乌海银行	3.32	3.64	16.71	17.81

资料来源：各行财务报告。

表 5-6　2013～2014 年 4 家城市商业银行资本充足率情况

单位:%

银行名称	资本充足率		核心资本充足率	
	2013 年	2014 年	2013 年	2014 年
包商银行	12.05	11.19	11.42	10.58
内蒙古银行	15.9	13.35	16.05	13.4
鄂尔多斯银行	11.85	15.09	11.77	15.00
乌海银行	26.38	26.67	24.28	25.1

资料来源：各行财务报告。

(五) 存贷比基本保持稳定,整体流动性水平较高

截至2014年底,4家城市商业银行的整体存贷比基本保持稳定,平均存贷比为49.41%,同比上升5个百分点,较全国城市银行业金融机构59.06%的存贷比低9.65个百分点;平均流动性比例为44.13%,同比下降4.93个百分点,见表5-7。

表5-7　2013~2014年4家城市商业银行存贷比和流动性比率

单位:%

银行名称	存贷比		流动性比率	
	2013年	2014年	2013年	2014年
包商银行	49.76	55.92	57.97	62.22
内蒙古银行	57.42	63.16	36.12	30.26
鄂尔多斯银行	47.66	41.35	42.90	31.17
乌海银行	50.54	49.12	50.74	51.24

资料来源:各行财务报告。

二、内蒙古自治区城市商业银行发展优势与不足

(一) 发展优势

2014年,内蒙古城市商业银行继续平稳发展,并在发展中呈现出以下一些明显优势、特点:

1. 差异化和特色化发展态势初步显现

现阶段,中国经济发展方式正面临重大调整,银行业发展格局也发生了较大改变,传统发展模式下城市商业银行的竞争压力日益加大。因此,城市商业银行对走差异化、特色化发展道路达成广泛共识,城市商业银行发展转型的步伐正在加快。在走差异化、特色化发展道路的实践中,辖内的4家城市商业银行进行了许多有益的探索,取得了一定成效。

一是做大做强传统优势业务。内蒙古城市商业银行在长期坚持"服务地方、服务市民、服务中小企业"的定位下所形成的一些业务特色,为走差异化、特色化发展道路奠定了良好的基础。如根据中小企业和个体工商户使用资金急、使用时间短、资金需求频繁的特征,鄂尔多斯银行创设了"短、频、快"加全程服务的产品服务组合,如内蒙古银行小企业部推出的"易贷通"产品,实现了银

行和客户间的互动，随借随还，帮助客户以最短的时间、最大限度地减少成本，同时可获得最长达3年期的贷款。

二是通过创新业务模式，解决原先困扰市场和客户的难题，促进业务发展。如针对中小企业普遍存在的"轻资产、缺担保、无抵押"贷款难题，内蒙古银行推出了呼市地区的第一个特色小企业金融服务品牌"金伙伴"——"金色之路，永远相伴"，该品牌致力于为小企业打造量身定做的金融服务解决方案，以"快速、专业、灵活、全面"为服务目标。同时还开发出以应收账款、股票、有价证券等为质权的质押贷款，推出了"最高额授信"、"捆绑授信"、"循环授信"等业务，较好地解决了中小企业的融资难题。

三是瞄准一些新兴产业或受关注程度较低的潜在业务领域，开辟"蓝海"，形成先发优势。如包商银行的"微小贷"业务，在借鉴国际先进信贷理念和技术的基础上持续创新，形成了独具特色的业务体系和信贷文化，形成了一定的市场影响力。

2. 积极拓展区外市场，稳步推进

城市商业银行发展到一定阶段，并具备了一定规模后，往往面临提升跨区域服务能力的现实需要，跨区域成为实现这一目标最直接和有力的方式。促进城市商业银行在管理水平、资产质量、风险管控、经营效益等方面迈上新的台阶，也为进一步加快建设具有竞争优势的区域性银行奠定了基础。

近几年来内蒙古城市商业银行跨区域发展步伐进一步加快，截止到2014年底，4家城市商业银行共设立了28家跨区域分支机构，并在推动异地分支行培育业务特色、加强风险管控、延伸服务网络等方面的力度不断加大，跨区域发展正逐渐走向深入。与此同时，辖内4家城市商业银行跨区域发展也出现了一些新的变化：一是开展省内扩张，完成全区域覆盖；二是摒弃一味追求大城市的做法，转而结合自身发展定位、经营特点、经济和产业状况、竞争环境等因素进行综合考虑，将其布局重点放在一些二线城市；三是国际化战略稳步推进，积极酝酿海外布局。如包商银行与蒙古贸易发展银行开展全面合作，成为国内首家与蒙古国银行签约的法人金融机构；内蒙古银行五年（2011～2015年）发展战略规划中明确表明：未来利用地域优势，依托口岸经济，争取五年内在蒙古国、俄罗斯开办子行。

3. 求生存谋发展，不断创新

内蒙古城市商业银行不断深化改革，发展创新，通过设立少数民族地区的首家专营"三农"贷款业务的商业银行子公司、设立小企业专营机构、发起设立村镇银行等方面的探索，努力打造经营优势，增强综合竞争力。在监管机构的大力引导下，内蒙古银行成立了特色小企业金融服务中心；包商银行成立了1家贷

款公司，即达茂旗包商惠农贷款公司；鄂尔多斯银行成立了1家小企业信贷中心。此外，城市商业银行在走向异域、实现跨区域发展的同时，更多地走向县域、走向农村，成为服务"三农"生力军，是发起设立村镇银行的主力。截止到2014年末，辖内4家城市商业银行发起设立的村镇银行达72家。

（二）发展过程中存在的不足

近年来，辖区4家城市商业银行在支持自治区中小企业和农村牧区经济发展过程中发挥着重要的作用，但在快速发展、不断壮大的同时，存在经营区域过于集中、经营管理水平较低、产品创新不足、内部治理结构不完善、信贷规模限制影响发展规模和收益水平、抗风险能力较弱等问题，可持续发展任重道远。

1. **业务开展过于集中**

目前，城市商业银行虽然实现了跨区域发展，但主要还是在当地城市经营，这极大地限制了城市商业银行的发展和其作用的发挥。一方面，单一城市经营势必使市商业银行的业务集中在该区域的优势产业上，造成贷款的行业集中度、客户集中度偏高，经营风险增加；另一方面，随着企业规模和市场的扩大，企业的区域扩张要求商业银行能够按照空间布局提供金融服务，而经营区域的集中限制了企业扩张的信贷需求。

2. **高精尖人才匮乏，管理者素质有待提高**

一方面，银行业作为特殊的经营货币的企业，和其他行业的企业相比，其产品不具有物质上的形态，因而在固定资产上的投入较少，人力资源是银行第一资源。而城市商业银行的员工大部分是原先城市信用社的留用人员，尽管熟悉传统的存、贷、汇业务，但现代银行业需要的高技能人才缺乏，如掌握现代风险管理知识和技能的风险经理、能熟练应用金融工具进行产品开发的产品经理以及掌握现代经济学理论的宏观经济研究人员。高级人才的匮乏致使城市商业银行在产品创新、风险管理等方面被国有股份制商业银行、股份制商业银行远远抛在后面，而高级人才长期供应不足，会严重制约城市商业银行的发展。另一方面，内蒙古自治区的城市商业银行由于发展时间短，历史包袱重，整体经营管理水平比较低，市场竞争力较弱，与全国性的城市商业银行相比有较大差距。如个别城市商业银行仍然停留在粗放型、外延型的经营模式，忽视自身的比较优势，竞争主要是靠拼人力、拼费用，片面追求数量、规模和速度，人均利润、人均存款较低。

3. **产品服务单一，缺少创新服务**

目前，通过为广大客户提供理财咨询、投资顾问等中间服务，国有股份制商业银行和股份制银行的非利息收入比例均呈上升趋势，而城市商业银行客观上受经营区域单一、经营网络过小等因素的限制，不能大力拓展中间业务，只能从传统的存贷业务中求生存，靠存贷款利差来创造利润。中间业务的缺乏，不能满足客户高效、快速、多样化的金融服务需求，必然降低竞争力，制约业务的发展。此外，城市商业银行由于在金融技术方面的瓶颈，金融创新过程中往往过分强调传统业务领域，开发与传统业务相关联的新金融产品，"拿来主义"比较普遍，忽视了对现有金融产品进行深加工、精加工，以提高金融产品的功能与价值，即提高产品的附加价值。

4. 公司内部治理结构须完善

城市商业银行未能根据经营管理需要建立完善的规章制度，尤其是在公司治理结构、内部控制方面缺乏有效的制度约束，造成公司治理结构不完善，内部控制薄弱，业务拓展和创新能力相对较弱。另外，城市商业银行还存在股东大会、董事会、管理层、监事会职责不明确，无法达到有效制衡等问题。城市商业银行在跨区域经营后，业务的发展和监管政策发生了根本性的转变。地域环境、市场环境、客户关系、监管环境和管理模式等因素都发生了很大的变化，管控能力受到了新的挑战。

5. 抗风险能力有待加强

城市商业银行由于其历史发展基础、法人治理结构、风险防控水平以及发展规模和实力等因素的制约，相对于大型银行而言，存在的问题和风险隐患比较突出，总体抗风险能力和应对突发事件的能力较弱。

（1）信用风险。信用风险方面主要是贷款行业集中度较高，潜在风险不容忽视。2013年，受转变经济增长方式、产业结构调整和部分产业产能相对过剩的综合影响，再加上企业生产经营成本上升等因素，部分区域、部分行业、部分客户的信贷风险有所上升，地方政府融资平台、房地产、产能过剩行业、出口导向企业、担保圈等系统性金融风险仍是城市商业银行风险较为集中的领域，不良贷款反弹压力加大。

（2）操作风险。截至2013年末，辖区4家城市商业银行均无重大操作风险损失事件发生，没有形成重大损失事件。但在实际工作中，各家行在操作风险管理方面仍存在一些不容忽视的问题，如办理业务时，逆流程操作，违规违章办理业务，对制度在具体执行过程中出现偏差等。

（3）融资平台风险。城市商业银行在地方政府融资平台贷款存在的问题主要表现如下：一是担保结构单一。从担保结构来看，"土地质押"或"财政担保、土地质押"占比较高。二是资金使用缺乏监督，贷款风险缺乏制约。由于地方政府通过政府融资平台介入信贷，使商业银行与地方政府相比，处于相对弱势地位，不仅银行对于地方政府及其融资平台的资本金难以监控，对资金的运用难以监控，而且难以全面掌握政府的总体负债状况和偿还能力。三是财政还债压力大。由于政府背景融资的还款方式绝大部分为"财政还款"，以小财政撬动大城建的现象普遍存在，地方政府将面临巨大的还债压力。加之地方政府项目贷款多为中长期，偿还期限长，此间如有政府换届或政策不连续，将会加大贷款风险。四是银行间存在不正当竞争。由于政府背景的融资平台多为政府全资公司，融资项目可以得到政府信用支持，因此，项目贷款大部分是由财政直接担保，有些虽然不是财政直接担保，但大多有政府财政潜在担保的性质，因此各家城市商业银行纷纷进入该领域，且信贷业务竞争日趋激烈，部分银行弱化了风险防范措施。此外，财政部等五部委相关规定要求地方财政不得对银行贷款提供担保，因此，项目担保的合法性问题也普遍存在着风险，单家平台公司从多家金融机构贷款的多头授信风险也值得关注。

（4）其他风险。在资本构成方面，整体来讲，单一资本金来源状况得到改善，但资本结构依然不均衡，表现如下：一是资本金绝大部分是核心资本，附属资本占比较小；二是在核心资本中实收资本占比高，而留存收益占比低。

三、内蒙古自治区城市商业银行发展思路及展望

（一）城市商业银行发展思路

1. 建立大数据平台，加快科技创新

一方面要大力开发电子银行。内蒙古自治区内城商行的发展历史只有十多年，机构网点数量无法与国有商业银行和股份制商业银行相比，跨区域经营后同样不可能依靠扩张规模走高成本、低效率的发展道路，必须运用高新科技手段争取客户、赢得市场。电子银行突破了资产规模、机构网点数量、地域优劣的限制，通过网络技术的运用，一样能为客户提供优质金融服务，且具有投资少、维护费用低、辐射范围广、信息传递快捷等种种优势。城商行应把传统银行与电子银行并行发展作为长期发展战略，逐步形成传统银行业务和网上银行业务"两条腿"走路的格局，从而提高银行整体的效率。另一方面要大力推动产品研发与业务创新。围绕目标市场满足客户个性化需求，高起点规划，高标准开发，快人一步、先人一筹，进行业务与产品的开发与创新。总行应充分授权各地分行，调动其积极性和主动性，针对各地实际情况，大胆创新，建立以市场为导向、以客户为中心的发展模式。

2. 完善人力资源、薪酬管理体系

一方面要引进国内外优秀管理人才和专业技术人才，积极创造"鲇鱼效应"，在员工内部按照岗位不同实行定期考核制度，激活员工的工作积极性和主

动性。在开设异地分行时还应充分挖掘当地人才，除了有利于消除地域性特征，迅速融入当地外，还能带来大量客户资源。另一方面要建立合理的薪酬机制，按照工作性质确定岗位收入，构建科学的业绩考评指标体系，真正将薪酬与业绩结合起来，逐步实现分配的内部公平，并综合考虑市场竞争因素，吸引和留住关键岗位的人才。注重长效激励，引入员工持股、管理层持股和股票期权的薪酬激励机制，将银行经营管理者及员工的切身利益与银行经营业绩好坏紧密联系起来，形成利益共同体。

3. 加快推进异地发展步伐

跨区域经营有利于城市商业银行扩大规模，分散经营风险，降低其受地方经济水平的制约程度、加快业务和产品创新步伐，提升城商行的盈利能力；同时跨区域经营也是城商行上市发行的必经之路，要想把城商行推向上市，就必须要跨区域，否则市场就难以支持上市公司的需求。因此要鼓励城商行根据内控能力和人才支持水平"走出去"发展，吸引更多的资金投入到辖区经济建设中来。但在城商行异地分行目标城市的选择上，要遵循因地制宜、动态平衡等原则。在城市化进程中新形成的诸如"长三角"、"珠三角"、"环渤海"、"长株潭"、"大武汉"等城市群应当是城商行异地分行布局的重要目标区域，而在具体的目标城市选择上，要考虑城市的人口特征、工业结构、商业结构、政府机关及事业单位数量、现有银行市场结构情况等。

4. 合理把握市场定位，制定发展战略

在积极落实国家各项宏观调控政策的前提下，应根据经济发展变化趋势和地区经济发展的重点，结合自身经营优势，合理把握市场定位、制定发展战略。城市商业银行与地方政府联系密切，可以利用信息优势、地缘优势以及决策快捷优势，大力开发特色产品，为地方经济发展提供高效、便捷的金融服务。城市商业银行对本地中小企业比较熟悉，易于了解其经营状况，可以最大限度地降低贷款风险。随着地区经济的快速发展，个人金融业务增长较快，城市商业银行可以在这一领域有所作为，将优势变成特色，特色变成品牌，实现错位经营。即在当下强调细分市场的时代，只有设法填补本地金融服务行业的空档以实现错位经营，城市商业银行才能赢得并巩固自身的竞争制高点。

5. 适时引入战略投资，拓宽资本补充渠道

引入战略投资者对于改善城市商业银行的法人治理结构、强化业务能力、提升管理水平、树立品牌形象具有深远意义。目前，在我国的一些沿海城市，无论是城市商业银行还是农村合作金融机构与战略投资者合作都有成功范例，引进战略投资者也将会成为辖区城市商业银行发展的一种重要趋势。在引入战略投资者时，一方面要借鉴先者的成功经验，另一方面要结合自己的实际情况合理引入。

如城商行在异地设立分行后，由于自身的资本实力较为薄弱，不可能对异地分行投入太多，需要异地分行短时间内（一年）就能实现盈利，鉴于此，城商行的异地分行一般以公司业务为突破口，从而快速实现自给自足的目标。在开展公司业务的过程中，城商行可以吸引当地资本实力雄厚、产业链较长的、在当地有较大影响力的企业投资入股，一方面城商行可以借助于异地股东的影响力迅速开展公司业务，另一方面进一步壮大城商行的资本实力，资本越充足，抗风险的能力就越强，资产规模进一步扩张的可能性就越大，盈利增长的可能性也就越高。与此同时还优化了股权结构，改善了城商行的公司治理结构，有助于解决长期以来地方政府"一股独大"的问题。

6. 加快完善风险管理体系

城市商业银行应按照监管要求，积极主动地加强风险管理和内部控制，确保各项经营管理活动安全、有序开展。

第一，信用风险管理。应全面贯彻落实"三个办法、一个指引"，从制度修订、流程改造、IT调整、人员培训等多方面大力组织实施，努力推动贷款管理模式由粗放型向精细化转变。密切关注房地产信贷风险，严格执行国家房地产调控政策，审慎、稳健地开展相关业务。大力开展政府融资平台贷款的自查和清理工作，积极防范和控制地方政府的代偿性风险。

第二，市场风险管理。结合自身发展实际，着重解决市场风险管理的一些基础性问题，如不断加强对经济、金融形势的研究与判断，提高应对市场波动的能力；持续优化市场风险计量方法，加强市场风险管理技术的实际应用和持续改善。同时，城市商业银行还重视建立健全市场风险与各业务条线和风险模块的沟通协调机制，增强市场风险管理的准确性和全面性。

第三，流动性风险管理。针对流动性压力不断增大的特点，一方面应不断加强资产流动性和融资来源稳定性管理，提高资产负债期限的匹配程度；另一方面，持续完善流动性监测体系，严密监测流动性风险变化趋势，主动分析货币政策调整带来的冲击影响，积极开展流动性风险压力测试和预案管理。

第四，操作风险管理。针对操作风险所具有的全面性、严重性、隐蔽性等特点，城市商业银行在提高认识水平和重视程度、明确管理架构和流程、制定相关制度和政策、完善检查和考核体系、强化科技手段运用等方面，全面加强操作风险管理机制建设，逐步形成操作风险管理的内生动力，推动操作风险管理朝着持续化、常态化的方向发展。

（二）内蒙古自治区城市商业银行的业务展望

经过几年的快速扩张，受宏观经济和监管环境的变化以及自身发展进入新的阶段，2014 年，内蒙古城市商业银行在整体仍将保持平稳发展的基础上，发展速度明显放缓。

1. 总体仍将保持平稳发展，但将面临较大压力

2014 年，国际经济形势继续恶化，外需不足的矛盾比较突出，再加上国内房地产等宏观调控措施还在继续实施，内需趋缓，导致我国经济增速继续回落，但是国家实施积极的财政政策和稳健的货币政策，加大政策预调微调力度，使得国民经济运行总体平稳，经济发展稳中有进。在宏观政策进一步回归常态、加快转变经济发展方式、监管政策更趋严格等因素的影响下，城市商业银行在发展的同时也面临一定的发展压力，预计城市商业银行的存贷款规模增长将放缓，资产负债增速和利润增长将趋于平稳。

2. 监管新政出台，资本补充压力将持续

由于 2013 年 1 月 1 日起施行的《商业银行资本管理办法（试行）》导致资本充足率统计口径发生变化，与往年的资本充足率数据不可比，但是从统计口径的变化中可以看出，监管机构对银行业的资本监管范围趋于扩大，监管内容趋于明细，监管强度趋于提高，即在资本要求、资本定义、风险加权资产计量和全面风险治理等各方面都保持与国际新资本监管标准的基本一致，进一步提高了资本充足率、杠杆率、流动性、贷款损失准备等监管标准。可以预见，这必然会给城市商业银行带来更大的资本管理压力和资本扩充需求。那么城市商业银行要满足监管红线的要求，又要适应快速扩张的需要，只能积极寻找多层次、多元化的资本补充渠道。而在现有的政策框架内，城商行资本补充的主要手段有上市融资、发行次级债、定向增发和发行优先股。

3. 注重稳健发展，跨区域与风险管理将并重

近年来，城市商业银行跨区域发展步伐进一步加快，但同时也暴露了快速扩张背后的一系列问题，如 2010 年末的"齐鲁银行伪造票据案"、汉口银行假担保事件、温州银行骗贷案等。鉴于此，监管机构已明确表示将会对城市商业银行异地扩张采取更加审慎的监管要求。因此，经过几年来的快速扩张，城市商业银行跨区域发展将进入一个平缓的阶段，与此同时，城市商业银行的风险管理工作将得到重点加强。

4. 城市商业银行或将迎来港股上市契机

在经济下行、信贷风险提高的形势下，城商行总体而言出现了资本充足率小幅下降的趋势，面临着更强的资本约束。在内源融资不足的情况下，部分城商行股权融资的热情依然高涨。在 A 股 IPO 一直未对城商行开闸的现实状况下，寻求 H 股 IPO 成为城商行的融资新宠。如重庆银行于 2013 年 11 月 6 日成为内地首家在港上市的城商行，净募资约 38 亿港元；6 天后，徽商银行亦正式在香港联交

所挂牌，募集约85亿港元。正在排队等待A股IPO的多家城商行也计划转向中国香港发行H股，包括哈尔滨银行、上海银行、盛京银行、东莞银行、成都银行、南昌银行、龙江银行等。可以预见，香港市场未来将迎来新一轮的内地银行赴港上市潮。鉴于此，预计城市商业银行或将迎来港股上市契机。

5. 差异化、特色化发展格局将进一步强化

差异化、特色化是城市商业银行未来的发展方向，也是城市商业银行在激烈的市场竞争中实现突破的必然选择。经过近几年的努力，一些城市商业银行围绕市场定位，通过细分市场，挖掘并发挥比较优势，形成了一系列具有自身特色的产品和服务，特色化、差异化发展之路初步确立。可以预计，随着中国经济从快速增长转向常规增长、经济结构转变不断推向深入，以及银行业竞争的不断加剧，城市商业银行将进一步强化从无差异的全方位发展转向特色化、差异化发展。

6. 社区金融进入"跑马圈地"的发展阶段

2013年、2014年也是城商行大举进军社区金融的两年。《金融业发展和改革十二五规划》明确提出，鼓励地方中小商业银行更加专注于社区居民和小微企业金融服务，下沉服务网点，强化社区金融服务。城商行的社区银行主要以便民支行和金融便利店的形式出现。在部分股份制银行的示范效应下，城商行开办社区银行的热情空前高涨。长沙银行宣布三年内要设立100家社区银行；宁波银行社区银行网点数量已经超过30家；徽商银行与万科合作进军社区银行；大连银行智能金融吧落地。在积极布局社区银行网点的同时，城商行也注重社区银行品牌的建设。其中，北京银行的"社区金管家"和"直销银行"以及龙江银行的"小龙人"社区银行品牌均收到良好的效果。但2013年底，银监会出台的监管政策明确将社区银行分门别类纳入监管和审批范围，无疑为一哄而上的社区银行踩了一脚"刹车"。辖内四家城市商业银行相较于其他城市商业银行在社区银行领域的大力开拓，更多的是应采取一种跟随策略。预计未来社区银行仍然是城商行转型的主要方向，但在选址区域和发展节奏上会受到控制和平衡。

第 六 章

内蒙古自治区农村信用社发展报告

内蒙古自治区农村信用社成立于 1951 年，是由农牧民、农村牧区工商户和各类经济组织入股，为农牧民、农牧业和农村牧区经济发展服务的地方金融机构。60 多年来，内蒙古自治区农村信用社经历了曲折的发展历程：1958 年农村信用社和银行营业所合并，人事权和资金权下放给人民公社管理；1959 年下放给生产大队，工作人员由生产大队管理，业务由生产大队和银行营业所共同领导；1969 年交给人民公社，实行贫下中农管理；党的十一届三中全会以后，明确了农村信用社既是集体金融机构又是国家银行基层机构的地位和性质，加强了国家银行对农村信用社的领导和管理；1982～1996 年，归属中国农业银行管理，在中国农业银行的领导下，对农村信用社进行了一系列改革；1997 年初，内蒙古自治区农村信用社与农业银行脱离行政隶属关系，由人民银行负责行业管理和监管；2003 年末，中国银行业监督管理委员会成立后，内蒙古自治区农村信用社由银监会管理；2004 年，内蒙古自治区被列为全国深化农村信用社改革第二批试点地区，按照国务院关于"国家宏观调控、加强监管，省级政府依法管理、落实责任，农村信用社自我约束、自担风险"的改革要求，内蒙古自治区农村信用社交由内蒙古自治区人民政府管理；2005 年 8 月，内蒙古自治区农村信用社联合社作为内蒙古自治区人民政府对全区农村信用社管理的一个平台正式成立。

经过 60 余年的曲折发展，内蒙古自治区农村信用社已成为内蒙古自治区金融机构中的一支重要力量，为内蒙古自治区经济社会的发展做出了巨大贡献。特别是 2002 年以来，随着内蒙古自治区经济的高速增长①，内蒙古自治区农村信用社改革逐步走向深入，体制机制建设成效显著，服务"三农"功能明显增强，为推动内蒙古自治区农村经济社会发展提供了强大动力。截止到 2013 年底，内蒙古自治区农村信用社共有 93 家旗县级法人机构，其中统一法人社 75 家，农村商业银行 14 家，农村合作银行 4 家。全区农村信用社资产、存款、贷款总量分别为 3401 亿元、2641 亿元和 1815 亿元，均居全区金融机构第一位，已成为自治区资产规模最大、人员网点最多、服务范围最广的地方性金融机构。

---

① 2002～2011 年我国经济年均增长速度为 16.5%，同期内蒙古自治区经济年增速达到 24.9%，内蒙古自治区 GDP 增速高于全国 8.4 个百分点；2011 年之前，内蒙古自治区经济增速连续八年名列全国首位。

一、内蒙古自治区农村信用社发展状况

在内蒙古自治区党委、政府的领导下，在人民银行和银监会等部门的支持下，经过几代人的不懈努力，内蒙古自治区农村信用社从无到有，从小到大，由弱到强，不断深化改革，加快发展，创造性地开展工作，各项业务实现了又好又快发展，已经成为内蒙古自治区农村金融的主力军和联系农牧民的重要金融纽带。近年来，全区农村信用社深入落实自治区"8337"发展思路，紧紧围绕自治区"十个全覆盖"工程，牢牢把握立足"三农三牧"、服务城乡社区的市场定位，牢固树立持续发展、转型发展、协调发展、和谐发展理念，以打造"三支银行"[①] 为方向，持续加大信贷投放力度，创新金融产品和服务方式，提升金融服务水平，为自治区经济社会发展提供了重要保障。

截至 2015 年 8 月 31 日，在全区银行业中，内蒙古自治区农村信用社资产总额率先突破 4000 亿元大关，达到 4053 亿元；存款总量率先突破 3000 亿元大关，达到 3012 亿元；贷款总量率先突破 2000 亿元，达到 2374 亿元；营业网点达到 2331 个；建成助农金融服务点 11379 个，覆盖了全区 99% 的行政嘎查村；金牛借记卡发卡量突破 2400 万张，达到 2439 万张，以上六项指标均居全区银行业第一位。内蒙古自治区农村信用社资本充足率为 11.7%，全年新增贷款 290.0 亿元，其中涉农贷款新增 184.3 亿元，同比增长 15.9%[②]。到 2015 年 7 月末，全区共有农商行 21 家、农合行 3 家、统一法人社 69 家；全区农村信用社股金总额达到 150 亿元，是 2005 年的 6.8 倍，其中投资股占比 99.9%。与内蒙古自治区农村信用社联合社成立之初的 2005 年相比，目前，内蒙古自治区农村信用社资产、存款、贷款分别是 6.4 倍、7.7 倍和 10 倍，为内蒙古自治区经济社会发展提供了有力的金融支持，尤其在推进全面建成农村牧区小康社会、新农村新牧区建设、农牧业产业化发展和农牧民增收进程中，做出了应有的贡献。

（一）机构网点覆盖城乡，职工素质不断提升

近年来，内蒙古自治区农村信用社规模有所缩减，机构数量由 2006 年的 2584 家减少为 2014 年的 2236 家（见图 6-1），农村信用社机构数的减少主要是由于 2007 年以来，内蒙古自治区一批农村信用社纷纷改制成为农村合作银行和农村商业银行。

---

① "三支银行"即把全区农村信用社打造成为支持"三农三牧"、小微企业与社会民生的普惠银行，助推县域经济发展的主力银行，服务城乡社区的零售银行。

② 该数据为 2014 年末数，来源于内蒙古自治区农村信用社官方网站。

（个）

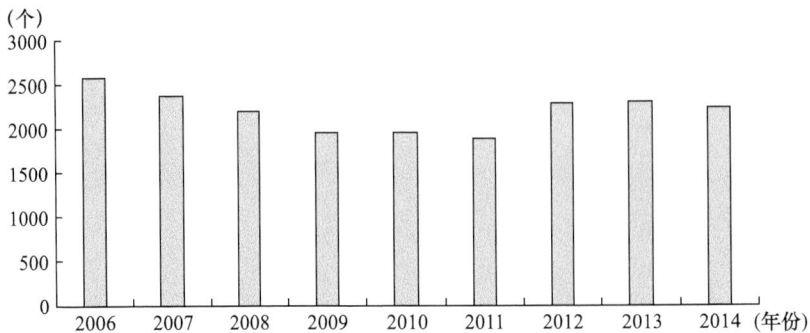

图6-1 2006~2014年内蒙古自治区农村信用社机构数量变化

2014年以来，内蒙古自治区农村信用社联合社带领全区农村信用社紧紧围绕自治区"十个全覆盖"工程，积极推进普惠金融发展，深入开展金融便民服务"春雷行动"，在不断完善服务功能基础上，加大支持"三农"金融服务点建设力度，扩大服务覆盖面，推动便民自助服务"村村通"、便民柜面服务"乡乡通"和便民金融工具"一卡通"目标实现，逐步搭建起区域全覆盖、服务全天候、结算多功能的农村牧区现代化金融服务网络。截至2015年8月末，内蒙古自治区农村信用社共建立助农金融服务点11379个，覆盖全区行政嘎查村的99%；布设ATM3167台、POS机40774台，有效解决金融服务"最后一公里"问题。目前，全区有农牧民聚居的地方就有农村信用社的机构网点，有农牧民生活的地方就有农村信用社职工提供服务，农村信用社已成为内蒙古自治区农牧民生产生活中重要的金融支柱。

农村信用社以其良好的服务态度、灵活的服务方式成为目前内蒙古自治区广大农牧民生产、生活不可缺少的金融支柱。随着内蒙古自治区农村信用社产权改革的逐步推进、农村信用社规模的逐步扩大、机构网点的数量不断增加，一支政治、业务素质过硬，作风严谨，团结拼搏，能适应改革和发展需要的职工队伍正在形成。2006年以来，农村信用社从业人员数量总体上呈逐年上升的趋势（见图6-2），2014年底，内蒙古自治区农村信用社从业人员达27604人，尽管与2012年相比有所下降，但比2006年增加了9379人，年均增长率达到5.33%。针对信用社员工文化素质偏低的问题，内蒙古自治区农村信用社联合社委托自治区人事考试中心公开招聘各类专业人才5000多人，公开选拔储备高校毕业生1500名；采取校园招聘方式，面向国内及海外高等院校招聘55名应届硕士研究生和1044名蒙汉双语柜员；以劳务派遣制招聘录用客服代表25人，人力资源结构得到逐步优化，具有金融、财会、经济、法律和计算机等专业技术的人才显著增加。

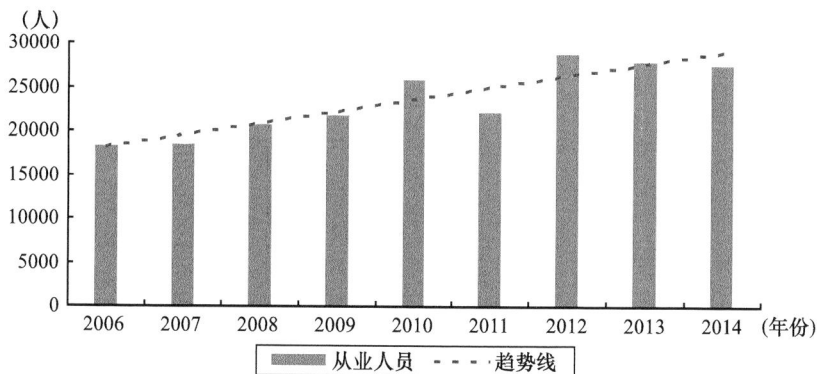

图6-2　2006～2014年内蒙古自治区农村信用社从业人员变化

专栏6-1

内蒙古自治区农村信用社积极推进人才建设工作

　　2014年，内蒙古自治区农村信用社按照"总量控制、优化结构、规范管理、提高素质"的总体要求，加大人才培养力度，拓宽人才引进渠道，优化人才成长环境，人才工作取得积极成效，为业务发展提供智力支持和保障。

　　一是健全人才引进培养机制。积极落实自治区政府金融办"百名金融高端人才计划"，引进和吸纳优秀管理人才，针对乌兰察布、赤峰地区8家旗县级法人机构高管人员职位空缺情况，面向社会公开选聘10名高管人员，提高旗县级法人机构高管人员队伍素质。

　　二是拓宽员工招聘录用渠道。加强内蒙古自治区农村信用社联合社机关本部员工队伍建设，采取校园招聘方式，面向国内及海外高等院校招聘55名应届硕士研究生，优化员工队伍结构；组织招聘录用劳务派遣制客服代表25人，强化"96688"客服中心职能，提升客户服务专业化水平；与自治区教育厅合作，面向2014届应届高校毕业生，定向招聘234名蒙汉双语柜员，提高少数民族地区金融服务能力。

　　三是加大员工培训教育力度。坚持"全面覆盖、重点突出"原则，开展大范围、深层次培训，全年共举办高管人员培训班4期，培训495人次；举办基层社（行）负责人培训班6期，培训263人次；举办新员工培训班3期，培训382人次。以现场或视频方式举办各业务条线专业培训班35期，培训43960人次，通过集中培训和交流学习，有效提升干部员工专业技能和整体素质。

（二）推动产品创新升级，助推地方经济发展

内蒙古自治区农村信用社秉承"为农牧民送去贴心服务，把资金输入草原深处"的服务理念，积极承担服务"三农三牧"、推动地方经济发展的使命。

2011年，制定了内蒙古自治区农村信用社信贷"1234"工程实施指导意见，推动农牧业发展方式转变和农牧民收入增长。同时，认真落实国家出台的支持牧区和内蒙古自治区经济社会又好又快发展意见，提出并全面推进支持草原生态保护和建设、促进牧民增收工程，使部分草场逐步得到恢复，牧民收益明显提高。2013～2014年，紧紧围绕内蒙古自治区"8337"发展思路和农村牧区"十个全覆盖"工程，出台关于深入推进支农支牧服务"三大工程"和做好新型农牧业经营主体金融服务"五个一"工程等五个指导意见，在河套农商银行积极开展延长贷款期限、降低农牧业融资成本试点工作，并适时扩大试点，多措并举支持实体经济发展。

为推动支农支牧工作深入开展，陆续推出了一大批适合内蒙古自治区实际需求的信贷新产品和服务新模式。创新推出"贷款证"、"富民卡"、"箱式共同体贷款"和"伞式共同体贷款"等贷款升级产品。到2012年末，全区农村信用社共研发"农易兴"、"草牧兴"和"创业兴"等7大系列43个信贷类产品，其中"草牧兴"系列贷款产品，被中国银行业协会评为服务小微企业与"三农"十佳特优金融产品。

在大力支持"三农三牧"的同时，积极履行社会责任，大力支持民生工程。实施了青年能人兴业计划小额贷款、返乡务工妇女微贷款以及生源地助学贷款项目；配合"家电下乡"、"汽车下乡"等扩大内需政策，为消费者和经销商提供配套信贷资金；开办财政补贴农牧民资金"一卡通"，累计代理发放农牧业补贴资金1130多亿元；结合自治区党委、政府《深入推进扶贫攻坚工程"三到村三到户"工作方案》要求，组织开展扶贫开发金融服务工作，全力扶持贫困地区群众脱贫致富。

2006年以来，全区农村信用社累计投放各项贷款13789亿元，其中发放农牧业贷款8177亿元，中小微企业贷款4654亿元，各类就业创业贷款291亿元，助学贷款1.8亿元。农村信用社用占全区金融机构14%的资金，提供了占全区金融市场90%的农牧户贷款、1/3的个私经济贷款、2/3的下岗再就业贷款、60%以上的生源地助学贷款，实现了自身经济效益和社会效益的双赢。

（三）健全风险防控机制，风控能力逐步提高

内蒙古自治区农村信用社联合社自成立以来，始终坚持风险防范和业务经营两手抓、两手硬，使历史风险和现实风险得到释放，行之有效的风险防控机制正在逐步建立。随着信用社规模的扩大和业务范围的拓展，内蒙古自治区农村信用社在风险防控方面做了大量工作，效果明显。建立风险提示制度，累计下发200多期风险提示书和业务发展建议书，分析揭示或提示重大风险和关键风险点。认真落实干部交流、亲属回避、岗位轮换、强制休假和离任审计制度，全面推行员工经济联保责任制，试行员工轻微违规积分和奖励积分管理，实施营业网点整体轮岗工作，建立了横向到边、纵向到底的监督制约机制。建立健全稽核工作体系，成立了盟市稽查办事处，在实施常规稽核的同时，对高风险机构进行了重点稽核，引导高风险机构逐步走向正常经营轨道。

（四）资产规模逐年扩大，信贷支农力度加大

内蒙古自治区农村信用社成立以来，资产总额呈逐年扩大的趋势，由2006年的601.6亿元增长到2014年的3749亿元，是2006年的6.23倍，年均增速达到25.7%（见图6-3）。

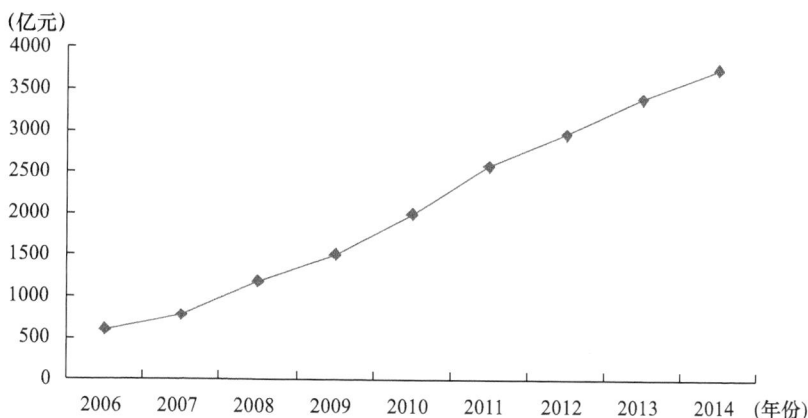

图6-3　2006～2014年内蒙古自治区农村信用社资产总额变化

内蒙古自治区农村信用社始终坚持立足县域、服务"三农三牧"、支持中小企业的市场定位，不断深化改革，强化管理，严控风险，近年来保持了持续健康发展的良好势头，为自治区经济社会发展提供有力的金融支撑。同时，内蒙古自治区农村信用社认真落实宏观调控政策，积极调整信贷结构，坚持"保三农、保民生、保证小微企业"的贷款投放原则，优先保证涉农资金需求。大力压缩非农贷款，全力支持"三农三牧"发展。

2013年，内蒙古自治区农村信用社紧紧围绕内蒙古自治区"8337"发展思路，全面落实自治区关于支持小微企业发展的工作要求，以深入开展"小微企业金融服务年活动"为契机，创新信贷品种，优化信贷服务，不断加大小微贷款投放力度，支持小微企业发展。截至 2013 年末，小微企业贷款余额达到 834 亿元，占全区银行业的 25%；增量达到 224 亿元，占全区银行业小微企业贷款增量的 47.6%；增速达到 36.7%，高于全区银行业小微企业平均增速 20.2 个百分点。小微企业增量、增速均居全区银行业第一位。2014 年内蒙古自治区农村信用社全年新增贷款 290.0 亿元，其中涉农贷款新增 184.3 亿元，同比增长 15.9%。

在加大信贷投入的同时，农村信用社积极调整优化贷款结构，在城郊、工矿区重点支持高科技、产业化、外向型的农牧业综合开发、龙头行业的发展和小城镇建设及菜篮子工程；在农村牧区重点支持春耕生产、农田草牧场基本建设、农副产品生产基地建设和商品流通；在贫困地区重点支持农牧民抗旱救灾、春耕、保育和扶贫；同时不断改进服务方式，不仅继续发扬背包下乡、走村串户的优良传统，而且不断改进服务方式，组织开展农户小额信用贷款和创建信用村、镇活动，较好地解决了农牧民贷款难的问题。

专栏 6-2

2015 年内蒙古自治区农村信用社投放 504 亿元贷款助推小微企业发展

2015 年，全区农村信用社认真贯彻落实国家和自治区一系列支持小微企业发展政策措施，继续将扶持小微企业发展作为工作重点，尤其是自治区政府出台扶持小型、微型企业加快发展八条措施以来，进一步加大信贷投放力度，提升服务能力，助推小微企业经营发展。

一是拓宽服务领域。优先满足农畜产品收购、加工和流通等涉农小微企业资金需求，继续加大对从事交通运输、批发零售、住宿餐饮、居民服务等相关传统服务业领域的贷款投放，积极满足现代物流、旅游、文化等现代服务业领域资金需求。同时，围绕内蒙古自治区煤炭、冶金、化工、建材及农畜产品加工等支柱产业和新能源、新材料、装备制造等战略新兴产业，积极探索做好产业链上下游中小企业的信贷支持。

二是创新服务产品。积极开办存货、股权、林权、经营权和应收账款等抵（质）押贷款业务，发展可循环授信使用贷款、仓单（保单）质押、股权质押、生产设备抵押、保理和供应链融资等金融产品；加强"富民一卡通"产品的推广应用，将其"一次核定、随用随贷、不限地域、循环使用"的特点与中小企业资金需求急、期限短、周转频的融资特征有机结合。

三是增强服务功能。以城郊、城区型机构为重点，建立小微企业贷款专营机构，设立中小企业信贷服务大厅，配备专门人员，对营销模式、审批流程、风险控制、激励约束机制等进行再造，扩大分支机构和信贷人员授权，简化贷款工作流程，减少审批环节，积极推行限时服务，提高放贷效率。原则上对 10 万元以下中小企业贷款，已经建立信贷关系的老客户在 3~5 天内办理完毕，初次建立信贷关系的新客户在 7 天内办理完毕。

四是延伸服务模式。以具有一定规模、商户较为聚集的商城、批发市场、物流中心、园区为重点，以行业协会、商会、工商联组织、管委会、商户代表为依托，加强与融资性担保机构、保险公司、小额贷款公司合作，探索开展"企业＋中介组织"等适合中小企业需求特点的信贷模式创新。

五是组织开展"走千家、访万户"活动。大力推行进村组、进社区、进市场、进园区的"扫村"、"扫街"式服务，扩大小微企业金融服务覆盖面。全面走访辖内各类商贸城、批发市场和物流园区等，逐户调查小微企业生产经营状况，了解金融服务需求。对已授信客户重点做好跟踪管理服务，对未授信客户重点了解企业状况和资金需求，努力把符合条件的拓展为自身客户，并及时给予信贷支持。

2015 年前 3 个月，全区农村信用社累计投放小微企业贷款 504 亿元，余额达到 1005 亿元。

（五）全力构建信息网络，综合实力全面提升

内蒙古自治区农村信用社按照"量力而行，量入而出"的原则，有计划、有步骤、积极稳妥地加强基础设施建设，促进农村信用社信息化建设的步伐和安全保卫设施的达标升级工作。为了提高业务效率和质量、提升服务地方经济发展水平，内蒙古自治区农村信用社积极推进信息化建设，短短几年时间，全区农村信用社走过了国有商业银行 20 年的信息化建设之路，农村信用社现代科技手段实现了从无到有，并在局部领先的转变。综合业务系统全面上线，建成并上线运行银行卡系统、信贷管理系统等 22 个子系统。发行了金牛借记卡，并相继推出"惠农一卡通"、"富民一卡通"、"手机支付通"等一系列特色银行卡品种，全面受理农牧民工银行卡特色服务。2013 年，内蒙古自治区农村信用社联合社又专门聘请咨询公司，组织编制了全区农村信用社 IT 治理和改造升级五年规划，提出建设"三大中心"、"五大标准体系"、"六大系统应用群"的目标，使信息化

建设达到更高水平。现代科技手段的研发、推广和应用，有力地增强了全区农村信用社的核心竞争力和服务能力，为有效改善农村牧区支付结算环境、实现普惠金融创造了有利条件。目前，内蒙古自治区农村信用社三级四层的信息化网络架构，覆盖了全区 12 个盟市，一个联结城乡、汇通天下的现代化金融服务信息系统，彻底结束了多年来农村信用社手工操作办理业务、单机运行的历史。昔日的"短板"成了助推农村信用社跨越式发展的加速器，广大农牧民享受到和城里人一样的金融服务。

二、内蒙古自治区农村信用社发展中存在的问题

随着国家对各地农村信用社改革的逐步推进，内蒙古自治区农村信用社也在积极探索改革之有效途径，但是由于历史的原因，目前内蒙古自治区农村信用社仍面临较为突出的问题，诸如产权关系不清晰，法人治理结构不完善；经营管理水平不高，面临利率市场化的严峻挑战；风险管理意识淡薄，内控制度乏力；中间业务产品单一，创新缺乏激励机制等。

（一）产权关系不明晰，法人治理结构不完善

产权关系是建立现代企业的核心和主要内容，近年来，尽管内蒙古自治区农村信用社积极推进产权制度改革，但仍未摆脱"弱小生产者联合体"的现状，其产权关系表面上是明确的，一般认为其是"法人产权"，由社员入股组成，但实质上，农村信用社产权一直未得到明晰，法人产权的概念也比较模糊。以法人为单位的农村信用社产权制度改革，核心问题是将信用社作为市场主体，按照"谁出资、谁管理、谁负责"的原则，实现对农村信用社的市场化管理，但内蒙古自治区农村信用社由于历史原因，自成立以来，其改革、运行仍然以政府为主导，市场机制的作用未得到充分发挥；社员增加的资本投入，其表决权和管理权未得到体现，进一步增资的动力不足。

农村信用社改革的目标之一是使农村信用社能够真正成为自主经营、自我约束、自我发展、自担风险的市场主体，实现这一目标的关键是完善法人治理结构，转换经营机制，但几轮改革的效果并不理想。其原因一是改革动机的偏差，目前农村信用社改革的直接目的是为了获得人民银行的专项资金支持，这与政府"花钱买机制"的改革初衷是有偏差的，进而导致了把国家的资金扶持等同于国有商业银行的不良资产核销的错误认识。二是信用社高管人员权力过度集中，按照国务院办公厅关于农村信用社改革的总体要求，法人治理的核心内容是"三权分离、委托管理、授权经营"，而现在内蒙古自治区农村信用社的高级管理人员，

特别是主要负责人集三权（决策权、经营权、人事权）于一身的现象仍然存在，作为改革的主要推动者和组织者，部分"理性的"高管人员对自己手中的权力却难以割舍。三是农村信用社所有权缺位，近年来内蒙古自治区农村信用社通过增资扩股，募集了大量股金，外部股东的比例有所增加，但外部股东持股比例小，分散的股东权力使得农村信用社"内部人控制"的态势未得到根本扭转；此外，外部股东入股的主要目的是为了更加便利地获得信贷支持，对农村信用社法人治理结构的真正转变关注度不高，因此，其参与农村信用社决策与管理的积极性有限。

（二）经营管理水平不高，面临利率市场化的严峻挑战

利率市场化是培育内蒙古自治区农村牧区金融市场的重要途径，在利率市场化进程中，要求农村信用社具备自我约束、自负盈亏、自我发展的机制，作为一个独立成熟的市场主体而存在。虽然内蒙古自治区农村信用社经过多年的改革，已基本具备存贷款浮动利率的改革条件，但从目前内蒙古自治区农村信用社发展现状看，与利率市场化改革的总体要求还有差距，其原因主要在于农村信用社产权不明晰，治理结构残缺，经营理念陈旧，经营自主性差。内蒙古自治区大部分农村信用社目前处于被动地接受利率改革的状态，尚未形成自身完善的资金定价体系，随着利率市场化进程的不断推进，在充分竞争的资金市场中，利率频繁波动成为必然，而内蒙古自治区农村信用社整体经营管理水平与资产和负债在总量与结构上不完全匹配的现状，势必导致如下问题：首先，存款利率较大幅度低于贷款利率，农村信用社的收益将受到影响；其次，利率调整时，存款人或贷款人提前取款或提前还款，也可能使信用社遭受损失。目前，内蒙古自治区农村信用社经营水平不高，主要开展传统的存贷款业务，中间业务占比较小，存贷款利差是主要的利润来源，在此背景下，彻底放开市场利率，农村信用社仍然面临巨大的压力：如果利率上浮过高，则贷款数量将相应减少，进而使利息收入大幅减少；如果利率上浮过低，则存款数量减少，资金成本增加，进而增大了农村信用社经营风险。

（三）风险管理意识淡薄，内控制度乏力

风险管理应该作为全过程管理理念贯穿农村信用社经营管理过程，但目前内蒙古自治区农村信用社风险管理存在一定的滞后性，部分农村信用社信贷发放未严格执行信贷发放操作程序，贷款发放把关不严。一般借款自上而下，先取得上级贷款意向，再向下逐级办理，致使基层信用社信贷人员错误认为既然上级已经有贷款意向，我们便遵照办理。这种与商业银行自下而上实行贷款营销的逆程序

操作使相当一部分信贷管理人员淡薄了风险意识，甚至会出现第一手调查材料就存在虚假、谎报、瞒报等不真实反映的瑕疵行为。

此外，部分农村信用社还存在贷款管理不严、内控制度乏力的问题，主要表现在以下方面：一是贷前调查不够深入，对借款人第一还款来源分析不准，重视不够，只片面注重第二还款来源（即借款抵押物的变现处理）；二是贷时审查与贷款审批有待加强，部分信用社、旗县联社信贷岗位人员既是贷款审查岗，又是贷款审批岗，而参与贷审会人员对借款人的基本情况所知甚少，难免会造成决策失误，存在未严格执行审贷分离制度的现象；三是疏于贷后管理，重放、轻收、轻管理思想严重，农村信用社由于贷款笔数多，金额少，信贷员未实行客户经理制，有些大额贷款发放后根本无人问津，对借款人的经营、资金使用情况不了解，一旦贷款形成风险，不能得到及时发现和预防；四是信用社各岗位之间，旗县联社职能部门之间缺乏有效的监督和制约，会计、稽核人员在行使监督职权上缺乏独立性、权威性。

（四）中间业务产品单一，创新缺乏激励机制

中间业务是社会经济和信用关系发展的必然产物，它与资产业务、负债业务构成农村金融机构的三大基本业务。发展中间业务是农村信用社拓宽业务领域、优化资源配置、适应市场竞争的需要，也是农村信用社实现收入多元化、风险分散化和获取利润最大化的有效途径。面对存贷利差日益缩小和同业竞争日趋激烈的严峻形势，中间业务已成为内蒙古自治区农村信用社追逐和争取的业务重点，但目前内蒙古自治区农村信用社业务开展主要以传统的存贷款业务为主，中间业务产品品种太少，收入占比太低。

创新激励机制相对缺乏是导致目前内蒙古自治区农村信用社中间业务产品单一的重要原因。农村信用社作为最贴近农村牧区经济的金融机构，在农牧区经济发展日新月异的同时却没有创造出相应的特色品牌。一方面是由于近几年来网点建立较多，相对来说，网点人才更新较慢；另一方面是由于缺乏合理的激励机制，无法充分调动职工的创新积极性，以创造出适合农村牧区经济发展和农牧民特殊需求的特色产品。

三、内蒙古自治区农村信用社发展展望

回顾过去，成就辉煌；展望未来，任重道远。随着经济一体化、金融全球化进程的不断加快，内蒙古自治区农村信用社面临无限机遇与诸多不确定因素，因此需要进一步深化体制改革，创新经营机制，明确市场定位，制订长期规划，加

快业务创新，积极开拓市场，突出特色业务，深化结构调整，强化风险管理，优化资产负债结构，打造品牌和特色，坚持以人为本，立足科学发展，提升竞争力和综合实力，使内蒙古自治区农村信用社真正成为自主经营、自我约束、自我发展和自担风险的市场主体，真正成为服务于"三农"、服务于内蒙古自治区区域经济发展的社区性地方金融企业。

（一）深化产权制度改革，完善法人治理结构

健全的产权制度、完善的法人治理结构是内蒙古自治区农村信用社有效运行的前提，也是农村信用社持续、稳定发展的必然要求，因此，内蒙古自治区农村信用社应在现有的产权制度框架下，进一步改革产权制度，明晰产权关系，建立合理、科学、有效的法人治理结构。具体措施包括：首先，进一步完善股权设置。结合自治区经济发展现状和现实条件，以现已取得的产权制度改革成果为基础，合理确定入股起点，积极吸收内蒙古自治区农村牧区种植大户、养殖大户、私营业主以及企业法人等有能力、有愿望参与农村信用社管理的投资者入股，不断提高农村信用社的决策和管理能力。但在实际工作过程中，要因地制宜，审时度势，既要防止因股权过于集中被少数大股东控制，又要防止因股权过于分散被内部人控制。其次，按照现代企业制度的要求，进一步健全农村信用社法人治理结构，健全"三会"和管理人员聘任机制，明确职责分工，形成决策、执行、监督相互制衡的治理结构。此外，要进一步加强制度建设，科学合理地制定有关工作程序和议事规则，增加决策透明度，提高内蒙古自治区农村信用社的运行效率与绩效。

（二）提升风险防控能力，推动农村信用社持续发展

风险防控是农村信用社发展中的永恒主题。要坚持防风险与促发展并重，加大风险防控力度，推动农村信用社持续健康发展。一是要加快风险管理机制建设步伐。按照"一年打基础，两年促提高，三年见成效"的工作目标，稳步推进风险管理机制建设工作，落实风险管控责任。二是要提升精细化管理水平，严格防控经营风险。进一步健全完善现有制度体系，打造"流程银行"，规范业务经营管理行为。三是要继续深入开展案件防控治理工作。深化稽查管理体制改革，设立规范盟市稽查特派办事处，提升稽查队伍的独立性、权威性。加大对重点机构、重点业务、重点岗位和重点人员的稽核监督力度，完善稽核评价制度，严格责任追究，有效提升制度执行力，消除各类风险隐患。继续推进员工经济联保责任制，开展"案防成果巩固提升年"活动，加强全员风险排查，形成案件治理群防群治的良好局面。开展安全保卫服务中心管理试点，完善突发事件应急处置预案，改进人防、物防、技防手段，全面增强安防能力，确保农村信用社安全稳健运行。

（三）构建利率市场化管理体系，提高利率风险管理能力

利率市场化是一把"双刃剑"，为农村信用社发展创造了一些机遇，但也存在负面影响。因此，进一步深化改革，转换经营理念，建立完善的利率市场化管理体系，积极主动地进行利率管理，降低利率频繁波动带来的风险，成为目前信用社首要解决的问题。首先，在推进信用社改制的基础上，旗县联社要设立利率风险管理部门，负责制定既具有市场竞争优势又能保障最大化利率的利率水平；根据地方经济发展情况和市场竞争程度，建立风险管理规程和约束机制，预测市场利率变化，并做出实时调整，提前制定有效规避风险的对策。其次，要建立科学、合理、富于弹性的利率定价决策机制，全面收集市场信息、紧跟国家宏观经济政策，对影响未来利率变化的关键因素进行综合分析与判断，进而提高对利率走势预测的前瞻性和准确性，并不断提高信用社利率风险管理能力。

（四）积极调整业务结构，不断创新服务方式

农村信用社经营产品和服务对象的特殊性决定了其赖以生存和发展的基础是市场的"差异化"，而要在差异化的市场上寻求竞争优势，只有创新，用新的金融产品和服务满足特定客户的需求，发现新的市场空间，形成特色，才能与国内外大银行相抗衡。因此，加大业务创新力度、提供差别化服务是逐步提高内蒙古自治区农村信用社综合竞争力、适应未来发展的关键；加快业务创新，提供个性化服务，向创新要效益，在创新中求发展已成为经济转型期内蒙古自治区农村信用社发展中首要解决的问题。业务创新过程中具体的措施包括：整合传统业务、发展票据业务，以联社为单位创造条件进入同业拆借市场；促进业务经营多元化，充分发挥体制优势，根据市场需要，依托农村信用社的优势条件，开发新的市场资源，开辟新的融资和投资渠道，提高市场竞争力；根据市场需求，大力发展中间业务，在继续代理农业银行、提高市场农业发展农村保险业务和代理乡镇国库业务的同时，广泛开展代缴代付、代理代办等业务等。此外，内蒙古自治区农村信用社应以目前的存贷款为主的经营模式为基础，逐渐向"以存贷款为主、多种经营共同发展"的经营模式转变，围绕客户需求开展新的农村金融产品，提供新的金融服务，大力开发银行卡等现代支付工具，不断探索代理保险、证券、委托理财、信息咨询服务等新的金融支农方式。加快电子化、网络化建设步伐，积极开发中间业务，创办个人理财、代理、结算等业务品种和其他表外业务，以适应农村各类经营者对结算票据流通、资金融通、金融中介服务等方面的更高要求。根据客户需要设立综合性、高效性的金融产品，寻找新的利润增长点，提高经营效益。

（五）地方政府准确定位，避免过度干预改革

农村信用社作为农村金融机构，与地方组建的股份制商业银行有着本质区别，因为其服务的对象是弱质低效的农业、经济落后的农村牧区和收入水平较低的农民，因此其业务的政策性较强，并且所提供的金融产品具有较强的公共产品属性，在此背景下，政府介入成为必然。从内蒙古自治区农村信用社改革的实践看，历次大大小小的改革无不在政府的主导下进行，农村信用社的改革具有极强的自上而下的强制性制度变迁之特征，地方政府过分的干预不利于农村信用社各项改革工作的顺利开展。因此，地方政府首先要准确定位，做好农村信用社的领队，为农村信用社提供良好的共同关系和外部生存环境，应当顺应市场规律促进农村信用社的发展而不是强加干涉农村信用社的具体改革；其次，紧密联合人民银行和银监局，形成合力，地方政府作用的发挥离不开相关部门的配合和支持，只有发挥整体联动效应，才能切实为农村信用社的发展壮大创造一个良好的环境。

第 七 章

国家开发银行内蒙古自治区分行发展报告

　　国家开发银行内蒙古自治区分行成立于 1999 年 12 月，2014 年是内蒙古自治区分行成立 15 周年的关键历史节点。15 年来，国家开发银行内蒙古自治区分行逐步从一家"出纳"式的传统政策性银行发展成为具有现代企业制度的开发性金融机构。大力推行金融实践和金融创新，在促进内蒙古自治区经济社会又好又快发展的同时，自身也进入了健康跨越式发展的轨道。本书主要分析 2014 年国家开发银行内蒙古自治区分行的发展现状、发展能力、存在问题以及 2015 年的目标对策。

一、国家开发银行内蒙古自治区分行的发展现状

2014 年，国家开发银行内蒙古自治区分行紧密围绕总行及内蒙古自治区的战略部署，坚持强化发展与防范风险并重、支持富民与强区并重、本外币互动发展并重、新老业务协同推进并重，各项工作扎实、稳步推进。

2014 年末，国家开发银行内蒙古自治区分行管理资产突破 2400 亿元，达到 2407 亿元，实现了"五个第一"，表现如下：一是表内贷款余额 1924 亿元，居区内同业第一。二是贷款余额新增 336 亿元，连续 5 年保持全区同业第一；新增人民币贷款 314 亿元，增速 20.5%，高于全区平均水平 5 个百分点。三是全年贷款投放 562 亿元，居区内同业第一。四是人民币非个人中长期贷款余额 1780 亿元，市场份额 27.29%，居区内同业第一。五是外汇贷款余额 12.45 亿美元，全区占比 64.04%，居区内同业第一。

2014 年，国家开发银行内蒙古自治区分行人民币日均存款 232 亿元，拨备前净利润 46.30 亿元。当期及累计本息回收率 100%，连续 47 个季度保持高位运行，是系统内保持双百业绩的 7 家分行之一。不良贷款额与不良贷款率持续双降，不良贷款 2.84 亿元，较年初减少 0.855 亿元，不良贷款率 0.15%，较年初下降 0.08 个百分点，为 2008 年以来最低水平。

（一）支持实体经济的成效

国家开发银行内蒙古自治区分行在支持交通、产业结构调整、基础设施、中小微企业、助学贷款、"三农三牧"、城市转型等方面起了积极推动作用。具体表现如下：

1. 大力支持综合交通运输体系建设

2014 年发放公路行业贷款 63.15 亿元，贷款余额继续保持区内同业之首，重点支持了京新高速、内蒙古自治区国省干线等一大批煤运和出区通道项目建设。发放铁路行业贷款 35.7 亿元，有力支持了"呼张客专"、"呼准鄂"等重点项目实施。加快推进列入东北振兴 139 项重大工程的扎兰屯、二连浩特机场等项目，实现评审承诺 4.35 亿元。

2. 推动产业结构转型升级

2014 年发放大地精煤矿收购等煤炭及煤化工行业贷款 32 亿元。发放清洁能源行业贷款 14.51 亿元，助力京津冀雾霾治理。

3. 加大对水利基础设施和水环境治理的信贷投放

2014 年发放贷款 21.3 亿元，支持了库布其清洁能源基地水处理、伊敏河生

态恢复等项目。

4. 助力中小微企业成长

加强与自治区生产力促进中心、鼎新担保公司的合作，推动中小企业贷款合作机制在内蒙古自治区实现全覆盖。2014 年发放小微企业贷款 187 亿元，改善非公经济、县域经济成长环境。

5. 大力开展助学贷款业务

2014 年累计发放助学贷款量为 31.01 亿元，实现对全区各旗县的全覆盖，累计资助经济困难学生 56.54 万人次。

6. 紧扣"三农三牧"发展需求

2014 年向民丰薯业、鸿鼎农贸市场等龙头企业发放现代农业贷款 22.19 亿元。积极支持赤峰首蓿草农业产业化项目，承诺贷款 1.5 亿元。

7. 加快推动资源型城市转型

2014 年向鄂尔多斯发放贷款 120.8 亿元，在提振市场信心、维护政府信用和地区稳定等方面发挥积极作用。

（二）支持棚改工作的成效

国家开发银行内蒙古自治区分行在 2014 年将棚改作为各项工作重中之重，当年发放 240 亿元，居系统第二位；贷款余额 347 亿元，居系统第一位；累计支持棚改项目 165 个，支持面积 4958 万平方米，惠及 42.39 万户、133 万名棚户区居民。具体表现如下：

1. 重点项目保障有力

2014 年国家开发银行内蒙古自治区分行为包头北梁累计发放贷款 122.5 亿元，助力提前 18 个月完成拆迁任务。2014 年 8 月，住建部授予包头市"全国棚户区改造示范城市"称号。为赤峰铁南、兴安盟阿尔山棚改项目分别发放 6 亿元、2.3 亿元。

2. 推动搭建统贷平台

2014 年成功搭建内蒙古自治区及首府棚改统贷平台，分别实现 500 亿元预授信、186 亿元贷款承诺，为后续棚改推进奠定基础。

3. 加强制度建设，理顺信贷流程

国家开发银行内蒙古自治区分行内部出台了《棚户区改造项目开发指导意见》和《分行内部分工暂行办法》，明晰职责，形成统一标准；凝练出"加强归口管理、注重流程管控、构建多重机制、促进业务合规"的信贷管理模式，并在全系统推广。外部推动制定了《棚户区改造项目融资资金管理暂行办法》，理顺借、用、还机制，增强贷款信用结构；建立资金管理"三级政府预审"机制，做实资金全过程管理，全力促使棚改资金"放得快、管得住、用得实、还得上"。

（三）国际业务发展的成效

2014 年，国家开发银行内蒙古自治区分行国际业务呈现"逆周期"发展态势，项目开发、余额新增等多项指标均创历史最好水平。具体表现如下：

1. 做好国别规划

2014 年国家开发银行内蒙古自治区分行完成了蒙古国、土耳其、阿塞拜疆国别规划修编及"丝绸之路经济带"专项课题研究。

2. 夯实项目开发

2014 年国家开发银行内蒙古自治区分行实现了土耳其东西高铁项目开发入库，融资总需求 230 亿美元。2014 年全年实现外汇项目储备 251 亿美元（协同口径），同比增幅 311%。

3. 加大贷款发放

2014 年累计发放 6.1 亿美元，同比增幅 132%；余额新增 3.2 亿美元，较 2013 年翻了一番。重点项目上，实现永业国际退市项目发放 2.25 亿美元；借助高访，蒙古开发银行授信项目顺利签约 1.62 亿美元，并于两周后实现首笔发放 1.12 亿美元，成为高访签署的 26 个协议中最先实现资金到位的项目，被蒙方赞为"中蒙合作典范"。

4. 创新外汇服务

2014 年国家开发银行内蒙古自治区分行为蒙古水泥开立分行首个离岸结算账户，方便客户境内外资金流动；成功吸收蒙古水泥 1.8 亿元存款，为内蒙古自治区分行增加稳定存款源。

5. 提升贷款收益

2014 年国家开发银行内蒙古自治区分行国际业务实现中收 1270 万元，议价水平不断增强；自有国合项目本息回收率 100%，连续 12 年保持零不良。

（四）中间业务发展的成效

国家开发银行内蒙古自治区分行 2014 年进一步优化中间业务的结构，提质增效，推进中间业务稳步发展。具体表现如下：

1. 中间业务收入稳步增长

2014 年国家开发银行内蒙古自治区分行全年实现中间业务净收入 2.49 亿元，占营业净收入比重为 4.55%，达历史最好水平。

2. 表外融资结构进一步优化

2014 年国家开发银行内蒙古自治区分行全年实现表外融资 138 亿元，占同期人民币贷款发放的 26%。在银团方面，实现工作量 97.04 亿元，贷款余额达 348.53 亿元；在信托方面，加强与理财、债券、托管联动，实现工作量 27.3 亿元；在票据方面，实现工作量 29.95 亿元，有效缓解表内规模约束。

3. 债券承销品牌效应进一步扩大

2014 年国家开发银行内蒙古自治区分行全年发行债券 12 只，全口径发行额度 145 亿元，市场份额 20.04%，发行只数和承销量位居自治区前列；实现债券销售 23.8 亿元，目标完成率 258.7%。

4. 业务附加值进一步提升

2014 年国家开发银行内蒙古自治区分行通过交易资金托管、存保挂钩、承兑保证金、结算代理派生同业返存等多种形式，实现日均存款 2.97 亿元，进一步优化分行负债结构。

5. 综合经营优势进一步显现

2014 年国家开发银行内蒙古自治区分行通过转贷款、代理结算、支农再贷款等形式为村镇银行提供支持；提升与子公司协同质量，协同国开金融开展科尔沁牛业 7000 万元股权投资业务，协同国银租赁开展 2940 万元"见保即租"业务，协同国开证券发行企业债券 25 亿元、公司债券 45 亿元，与国开证券驻分行工作组配合，形成贷款与上市辅导相结合的理念。

（五）融资融智工作的成效

国家开发银行内蒙古自治区分行在 2014 年开展了融资融智方面的规划，推进规划工作的深入开展。具体表现如下：

第一，系统内率先启动编制全区棚改系统性融资规划，做好棚改顶层设计与融资支持。国家开发银行内蒙古自治区分行助推银政高层达成共识，签署《共同推进内蒙古自治区棚户区改造工作开发性金融合作备忘录》。

第二，围绕新型城镇化、资源性城市转型与传统工业型城市产业升级等热点，组织编制包头市、鄂尔多斯市系统性融资规划，系统梳理煤化工、装备制造业等重点领域合作项目，为国家开发银行内蒙古自治区分行服务内蒙古地方经济发展找准切入点，策划项目流。

第三，积极开展"一带一路"、PPP 融资及内蒙古自治区重大课题研究，加强对重大热点问题的分析研判。

第四，开展"一行一策"战略研究。国家开发银行内蒙古自治区分行从"四个着力"、"五个方面"和向北开发开放等"六大领域"提出特色分行发展重点与战略举措。

第五，深化银、政合作。国家开发银行内蒙古自治区分行推动其加入内蒙古自治区"十三五"规划领导小组。

第六，继续加大规划项目储备，2014 年国家开发银行内蒙古自治区分行全年新增入库人民币项目 2049.72 亿元，外币项目 236.42 亿美元，为国家开发银行内蒙古自治区分行发展提供充裕项目流。

（六）风险管控的成效

国家开发银行内蒙古自治区分行在 2014 年对风险进一步加强预防和管理，使风险管控水平全面提升。具体表现如下：

1. 风险指标实现平稳运行

2014 年，国家开发银行内蒙古自治区分行信贷资产预期损失率 0.17%，风险权重 46.26%，风险指标全部处于绿色区域，是系统内仅有的 8 家分行之一。自批信贷业务预期损失率 0.44%，风险权重 63.86%；考核口径经济资本回报率 46.5%，圆满完成年度风险管理目标。

2. 对外加强风险防控能力

2014 年国家开发银行内蒙古自治区分行开展了双名单制风险管理，推动 12 个重点风险客户纳入名单，避免发生名单外风险；推动 7 家新设立融资平台纳入融资平台名单管理，分行融资平台全覆盖率 99.54%；开展了政府性债务清理甄别，制订工作实施方案，实现纳入政府性债务约 1200 亿元；全力做好本息回收与不良化解，顺利回收蒙子骄马兰滩、赤阳春、助学贷款等项目本息，成功化解内蒙古自治区特色优势产业规划研究项目不良贷款。

3. 对内提升内控管理水平

2014 年，国家开发银行内蒙古自治区分行进一步完善制度体系建设，制定操作风险、反洗钱、重点客户风险管理等制度，用制度固化和锁定风险；建立风险信息收集管理机制、风险管理双线报告制度，规范风险管理流程盲点；完善反洗钱工作，对全行 853 个存量客户进行洗钱风险等级分类审核，确保信贷资金安全、合规；开展自查自纠 24 次，配合完成内部稽核、机构审计、棚改专项、银监部门等各类现场检查 11 次，未发现重大风险问题。

（七）经营管理工作的成效

2014 年，国家开发银行内蒙古自治区分行在存贷款、资金管理、定价管理等方面统筹协调、科学调度，积极推进经营管理水平的稳步提升。具体表现如下：

1. 积极争取规模资源

2014 年国家开发银行内蒙古自治区分行全年实现表内人民币余额新增 314 亿

元,同比多增131亿元,为近五年同期增速最快,系统排名第五;其中棚改规模由年初29亿元增至229亿元,系统排名第二。

2. 制订贷款发放计划

结合考核目标、利率上浮、宽限期到期、受托接续等因素,国家开发银行内蒙古自治区分行制定《2014年表内贷款发放规模切块计划》,加强规模资源在行业和地区间的投向管理,结构调整更加主动。

3. 强化资金管理

2014年国家开发银行内蒙古自治区分行全年实现拆借收入10.95亿元,占当年净收入的31%。

4. 加强定价管理

2014年国家开发银行内蒙古自治区分行贷款综合收益率6.57%,居系统第一。人民币贷款余额平均利率居系统第三,新发放人民币非棚改贷款平均利率居系统第八。

5. 推动存款工作

2014年国家开发银行内蒙古自治区分行人民币存款余额244.09亿元,同比增幅64%;人民币日均存款余额225.37亿元,同比增幅40%。

二、国家开发银行内蒙古自治区分行发展能力分析

(一) 资产及财务状况分析

国家开发银行内蒙古自治区分行的管理资产增长较快,管理资产增长拉动利润较快增长。

1. 管理资产和表内贷款较快增长

国家开发银行内蒙古自治区分行的管理资产和表内贷款余额增长较快,截至2014年底,国家开发银行内蒙古自治区分行管理资产余额达2406.74亿元,由2013年的13.43%增长到2014年的21.11%,增长了7.68%。其中表内贷款余额1924.21亿元,由2013年的13.27%增长到2014年的21.18%,增长了7.91%,见表7-1和表7-2。

表7-1　国家开发银行内蒙古自治区分行管理资产余额表

年份	2010	2011	2012	2013	2014
管理资产余额（亿元）	1244.82	1481.12	1751.88	1987.23	2406.74
实际增长率（%）	—	18.99	18.69	13.43	21.11

资料来源:国家开发银行内蒙古自治区分行资料。

表7-2 国家开发银行内蒙古自治区分行表内贷款余额表

年份	2010	2011	2012	2013	2014
贷款发放（亿元）	1010.35	1210.41	1401.94	1587.94	1924.21
实际增长率（%）	—	19.80	15.82	13.27	21.18

资料来源：国家开发银行内蒙古自治区分行资料。

2. 实现利润较快增长

国家开发银行内蒙古自治区分行的利润增长情况表现如下：一是拨备前利润增长较快。截止到2014年底，国家开发银行内蒙古自治区分行的拨备前利润为46.30亿元，同比增长16.44%。二是人均利润较多，增长较快。截止到2014年底，内蒙古自治区分行人均利润为0.3026亿元，同比增长7.34%。三是资产利润率适度，增长率先低后高。国家开发银行内蒙古自治区分行资产利润率增长率呈现先低后高的状况，且差距较大，2011年的资产利润率为2.07%，同比增长只有3.5%，而2013年的资产利润率则为2.33%，同比增长 -7.66%，2014年的资产利润率为2.50%，同比增长7.30%。四是贷款利润率有所下降，2012年贷款利润率为6.79%，贷款利润率增长率为3.51%；2014年贷款利润率为6.57%，贷款利润率增长率则为 -6.05%，见表7-3。

表7-3 国家开发银行内蒙古自治区分行利润与利润率表

年份	2010	2011	2012	2013	2014
拨备前利润（亿元）	21.23	26.02	32.99	39.76	46.30
利润增长率（%）	—	22.56	26.79	20.52	16.44
人均利润（亿元）	0.17	0.2002	0.24	0.2819	0.3026
人均利润增长率（%）	—	17.76	19.88	17.46	7.34
资产利润率（%）	2	2.07	2.98	2.33	2.50
资产利润率增长率（%）	—	3.5	43.96	-7.66	7.30
贷款利润率（%）	5.83	6.56	6.79	6.61	6.57
贷款利润率增长率（%）	—	12.52	3.51	-2.65	-6.05

资料来源：国家开发银行内蒙古自治区分行资料。

（二）风险状况分析

国家开发银行内蒙古自治区分行在管理资产余额增长的同时，风险状况总体保持基本稳定状态，不良贷款额及不良贷款率较低。国家开发银行内蒙古自治区分行深入推进信用风险、操作风险和合规风险"三大风险管理"，做到业务发展和风险防范并重，实现全面风险管理的新提升。

1. 一类、二类贷款占比较高，不良贷款占比较低

国家开发银行内蒙古自治区分行资产质量较高，表现在近年来一类贷款和二类贷款合计占比都超过了99%，其中，2012年、2013年、2014年分别为99.68%、99.77%、99.85%。不良贷款占比较低，并有下降趋势，其中，2012年、2013年和2014年的不良贷款占比分别为0.32%、0.23%和0.15%，见表7-4。

表7-4　国家开发银行内蒙古自治区分行资产质量表

单位：亿元、%

	2011	占比	2012	占比	2013	占比	2014	占比
一类贷款	1013.12	83.70	1272.67	90.78	1466.17	92.33	1812.30	94.18
二类贷款	191.97	15.86	124.76	8.90	118.07	7.44	109.07	5.67
不良贷款	5.315	0.44	4.515	0.32	3.70	0.23	2.84	0.15
合计	1210.41	100	1401.94	100	1587.79	100	1924.21	100

资料来源：国家开发银行内蒙古自治区分行资料。

2. 不良贷款率较低，呈下降趋势

国家开发银行内蒙古自治区分行的不良贷款率各年份都较低，且呈下降趋势，2014年实际不良贷款0.015亿元，实际不良贷款率仅为0.0007%，见表7-5。

表7-5　国家开发银行内蒙古自治区分行不良贷款率

年份	2010	2011	2012	2013	2014
实际不良贷款（亿元）	0.02	0.015	0.015	0.015	0.015
实际不良贷款率（%）	0.0015	0.0012	0.0012	0.0008	0.0007

资料来源：国家开发银行内蒙古自治区分行资料。

（三）人力资源状况分析

1. 管理机制完善，人才发展渠道畅通

近年来，国家开发银行内蒙古自治区分行建立、完善了人力资源管理的各项工作制度，包括招聘机制、培训机制、晋升机制、考核机制等一整套制度，为国家开发银行内蒙古自治区分行的制度化、规范化、科学化奠定了良好的发展基础。通过管理职务、专业职务、专业技术职务三线并行的方式，拓宽人才成长机制。

2. 员工队伍知识结构、学历结构和年龄结构较合理

国家开发银行内蒙古自治区分行员工不断改善员工队伍知识结构、学历结构

和年龄结构，2014 年员工总数 153 人，其中青年员工占员工总数的 66.01%，研究生及以上学历占 72.55%。青年员工有开拓精神，学习能力强，掌握新知识、新业务快，已成为国家开发银行内蒙古自治区分行的业务骨干，成为推动业务发展的主力军，见表 7-6。

表 7-6 国家开发银行内蒙古自治区分行人力资源状况

指标 \ 年份	2010	2011	2012	2013	2014
总人数（人）	126	130	134	141	153
研究生及以上（人）	78	97	90	98	111
占比（%）	61.90	74.62	67.16	69.50	72.55
35 岁及以下（人）	82	86	91	96	101
占比（%）	65.08	66.15	67.91	68.09	66.01

资料来源：国家开发银行内蒙古自治区分行资料。

总之，国家开发银行内蒙古自治区分行作为开发性金融机构，经过 15 年的经营和建设，着眼大局，主动融入内蒙古自治区经济社会发展主流，创造了目前的"贷款余额超两千亿"、"管理资产五个第一"、"贷款自治区全覆盖"等优秀业绩。这些成绩的取得，主要源于国家开发银行内蒙古自治区分行有一支积极向上、年轻有为、甘于奉献的一流团队。

三、国家开发银行内蒙古自治区分行存在的主要问题与机遇

（一）业务发展后劲不足

国家开发银行内蒙古自治区分行有 11 亿元为 2014 年棚改项目在 2015 年核准，反映出 2015 年有效需求略显乏力，新开发项目储备不足。受财政新规影响，项目开发评审难度增大，传统融资模式难以延续，延缓了项目进度。PPP 等新型融资模式的应用推广在承贷主体、运行机制、吸引社会资本等方面还存在一些问题，自治区相关政策、制度和机构建设尚不完善，基本处于探讨和起步阶段。棚改等重点领域新建项目由于融资政策尚未明确，前期准备工作受到较大影响。这些都导致项目开发评审受到制约，影响业务可持续发展。

但与此同时，内蒙古又是国家棚户区改造重点地区，2015～2017 年预计还有 50 万户棚改任务，总投资约 1300 亿元，融资需求 1000 亿元。这为国家开发银行内蒙古自治区分行提供了良好的机遇。

基础设施供给不足是制约自治区发展的主要瓶颈，公路、铁路密度远低于全国平均水平，列入国家规划的高速公路仅建成40%，铁路复线率、电气化率仅为全国平均水平的60%，缺少跨流域、跨区域水资源调配工程，市政基础设施还不适应城市扩容提质要求。这些领域既是发展的短板，更蕴含着巨大的需求潜力，也给国家开发银行内蒙古自治区分行介入提供了良好机遇。

国家开发银行内蒙古自治区分行所辖土耳其及外高三国均分布于"一带一路"沿线、2014年中蒙关系全面提升等有利因素，均为国家开发银行内蒙古自治区分行2015年国际合作带来新的历史发展机遇。

（二）经营压力持续存在

1. 绩效监测结果偏低

2015年第一季度国家开发银行内蒙古自治区分行发展类指标总体完成进度较慢，得分率仅65%，国际业务得分为零，仍然是制约分行考核的主要短板之一。在风险收益类指标中，ROA、监管资本回报率、经济增加值均未达到考核封顶值。考核指标是业务发展的"指挥棒"，但从目前进度来看，完成全年任务压力较大。

2. 盈利压力凸显

受央行降息、棚改发放及利率随调等因素影响，分行贷款定价能力出现大幅下滑，余额加权执行利率由2015年初的6.2%降至2015年第一季度末的5.99%，已低于全系统平均水平；贷款收益率由2015年初的6.57%降至2015年第一季度末的6.16%，排名由系统第一下滑至第四；拨备前ROA由2015年初的2.28%下降至2015年第一季度末的2.09%，下降0.19个百分点；中间业务收入同比增长虽超过40%，但体量小，仅完成2015年全年计划约20%，且近九成为表外业务、承诺费和承兑费收入，收入结构不甚合理。

3. 贷款需求呈结构性不均衡

国家开发银行内蒙古自治区分行承诺未贷行业集中度高，主要集中在公路、棚改、能源、铁路及土地储备，五大行业承诺未贷合计1751亿元，占比97%。棚改项目承诺未贷396亿元，其中已签合同占比不足20%，需求转化率低；受经济下行、财政新规及财政收入下滑等影响，能源及土地储备需求萎缩；铁路行业受项目建设进度制约，加之同业竞争激烈，贷款需求出现阶段性不足；唯一需求充足的只有公路项目。这种行业集中度映射到各处室，除棚改项目外，一处"一头独大"，三、四处只有十几二十亿元储备款项。

（三）风险管控形势严峻

从国家开发银行内蒙古自治区分行来看，不良率渐呈"抬头"趋势，2014

年末不良率0.63%，逼近年初制定的0.65%的红线，总行已提高对不良率的容忍度，2015年预设控制目标为0.8%。从内蒙古自治区来看，目前银行业不良贷款余额已经连续7个季度上升，截至2014年11月末，自治区银行业金融机构不良率3.61%，较2014年初增加1.38个百分点。个别风险突出地区不良贷款占自治区全区32%，呈现由点到面急剧扩散趋势。

1. 部分重点地区风险暴露

鄂尔多斯市是国家开发银行内蒙古自治区分行第一大贷款投放地区，表内余额占比达18%，但受挫于房地产业、煤炭行业的持续低迷，鄂尔多斯市、县级政府财政资金入不敷出，企业经营更是雪上加霜，除国家开发银行内蒙古自治区分行以外的其他金融机构自2013年起在该地区的部分贷款项目就已出现逾期或不良。

2. 平台贷款风险加大

2015年国家开发银行内蒙古自治区分行平台贷款到期本金94亿元，其中97%集中于后三季度到期。地方政府债务清理甄别将使未纳入政府债务的贷款面临还款来源悬空的风险，随着地方政府融资渠道收窄、土地出让收入减少和大量债务到期，平台贷款的流动性风险不容小觑。目前部分地区融资平台已向分行表示希望将其贷款项目调整还款计划或展期的请求。

3. 民营企业风险化解困难

民营企业肌体内部隐藏着随时都会引发的各种风险隐患，贷款风险体现出隐蔽性和突发性特点，同时部分地区客户已出现道德风险。蒙子骄、万正、萌业粮油等多次出现贷款逾期，新大地集团也面临依法重整或破产风险，分行债权保全面临严峻挑战。

此外，过去一些项目通过股东代偿、担保代偿、滚动融资等暂时解决了还款问题，但并未从根本上化解企业和项目风险。

四、国家开发银行内蒙古自治区分行的目标与措施

2015年，国家开发银行内蒙古自治区分行的主要经营目标：力争管理资产余额2700亿元，表内余额2150亿元，继续保持自治区第一大行地位；项目开发1500亿元；评审承诺750亿元；拨备前净利润47.5亿元；本外币日均存款230亿元；本息回收率100%。考虑因素是：表内资产增速10%，是考虑到棚改规模形势由"需求不足"转向"供不应求"，资产增速略低于2014年水平，其中，预计人民币新增200亿元，外币新增2.5亿美元；考虑基准利率下降、棚改业务"保本微利"等因素叠加，利润目标在2014年基础上微增；综合考虑规模供给及

资金支付需求，存款目标与 2013 年基本持平，仅增加 5 亿元。

（一）继续发挥棚户区改造融资主力军作用

国家开发银行内蒙古自治区分行在创新融资模式、信贷管理等方面已经走在了全国前列，下一步继续创新思路，发挥棚户区改造融资主力军作用。具体如下：

1. 夯实棚改项目储备

根据项目成熟度，将自治区统贷平台未核准的 263 亿元预授信项目分批次完成核准。根据各地融资需求再适时完成部分项目的评审承诺。

2. 继续将棚改这一民生民心工程办好、办快

根据内蒙古自治区人民政府〔2015〕1 号专题会议纪要精神，简化合同签订方式，春节前要对已核准的统贷平台项目完成合同审批，并按工程形象进度及时满足资金需求，继续打好棚改攻坚战。

3. 创新融资及管理模式

在合规的前提下，打破常规，择机进行创新试点，力争走出一条支持棚改的全新路径，在系统内做出影响力。

4. 确保棚改资产质量优良

继续优化信贷管理模式，坚持"约法三章"，确保资金投向合规、专款专用，严控棚改项目风险，真正实现银政双赢。

（二）继续加大对重大项目、重点领域的支持力度

国家开发银行内蒙古自治区分行在已有基础上，继续加大对自治区重大项目、重点领域的支持力度。具体如下：

1. 加强对 PPP 模式支持城镇化建设的研究

PPP 是未来地方政府在基础设施领域的主要经营和融资模式。应保持与自治区财政厅、发改委等的联系，积极参与推动各地政府和社会资本合作中心的设立。加强与各市、县政府沟通，选择有收费基础、可盈利、容易操作的项目作为试点，由易及难，全面掌握 PPP 的融资结构和具体流程，为未来大规模开展该领域融资打好基础。

2. 积极介入自治区"十三五"规划

自治区已经启动"十三五"规划编制，作为领导小组成员，要从项目前期就牢牢把握重大项目融资主动权，从源头成系统、成批量策划优质项目流。

3. 加大对重大项目的支持力度

2015 年自治区计划建设亿元以上工业项目 1081 个，当年计划投资 4523 亿

元。电力方面，锡盟至济南等 4 条外送通道及配套电源点项目预计将完成投资 800 亿元。公路方面，预计高速公路通车里程突破 5000 公里，完成投资 700 亿元。铁路方面，预计新开工里程 1600 公里，完成投资 350 亿元。机场方面，预计将建成 3 个运输机场和 8 个通用机场，完成投资 100 亿元。水利方面，将加快推进列入国家规划的 12 项重大水利工程。煤化工方面，将力争新开工煤制气 240 亿立方米、煤制油 416 万吨、煤制烯烃 220 万吨。加快推进装备制造、汽车、光伏、云计算产业的配套、延伸和应用服务。要从调整并优化信贷结构的角度出发，继续保持传统领域的优势地位。

（三）继续推动国际合作业务的新发展

国家开发银行内蒙古自治区分行应继续内外市场的开发，推动国际合作业务有新突破、新发展。具体如下：

1. 创新同俄蒙经济合作机制

主动对接自治区相关部门，建立定期沟通机制，及时了解跨境及沿边 61 个重点项目的开展情况，主动参与中蒙矿业中长期规划，通过顶层设计，从源头批量开发项目。

2. 持续推进土耳其国际合作项目

密切关注格鲁吉亚开发银行筹备情况及农业规划编制进展，挖掘各方合作的潜在空间。重点推进东西高铁和 CALIK 煤电一体化项目的评审工作。抓紧落实阿塞拜疆电解铝项目保单审批进展，尽快形成有效发放。

3. 加强与二连浩特、满洲里两大口岸城市的合作

了解边境贸易开展情况及企业"走出去"融资需求，关注中俄农产品中转加工基地建设。挖掘境内外汇新的客户源，如伊泰集团、亿利能源等。

4. 严控国际合作项目风险

国家开发银行内蒙古自治区分行对已经列入"双名单"的境外项目，应制定本息回收预案，关注 KAZANCI 国际银团首次还本情况及蒙古山金水源地审批进展，在风险因素排除的情况下，及时将两个项目调整出"双名单"。对其他本息回收正常的国际合作项目，应加强风险防范意识及主动识别风险能力。

（四）继续推动金融服务民生改善和社会建设

国家开发银行内蒙古自治区分行应继续加强金融服务中小微企业、"三农"、生态建设等的支持力度，具体如下：

加强国家开发银行的特色小微企业融资机制和服务体系建设，运用好批发贷款模式，加大对发展潜力大、成长性好的科技型中小企业和文化类小微企业的支

持力度，降低小微企业融资成本。

促进加快转变农业发展方式，创新服务"三农"融资模式，进一步加大农业农村建设的中长期信贷投放。

加大对兴安盟等地扶贫开发力度，突出精准扶贫，推进定点扶贫，在政策制度、融资模式等方面开展创新试点。

合理开展应急贷款授信，及时捕捉区内各地受灾情况，助力政府解决热点难点问题。

探索支持生态建设的融资模式，加快亿利资源沙漠治理、多伦种树项目的落实。

继续做好 2015 年助学贷款工作，体现大行风范和家国情怀。

（五）继续拓展中间业务的纵深发展

国家开发银行内蒙古自治区分行应继续优化金融产品结构、扩大融资总量、加大债券承销、强化"母子协同"，使中间业务向纵深发展。具体如下：

1. 优化产品结构

进一步巩固表外受托、承诺费、债券承销等主力产品优势，加大企业理财、票据承兑等高附加值产品的应用力度，逐步改变"以息换费"收入模式，确保收入增长的可持续性。要对系统内已有的业务品种进行梳理和研究，力争实现系统内现有各项中间业务零的突破。

2. 扩大融资总量

根据监管新形势，调整产品推动策略，引导社会资金向新型城镇化、棚户区改造、产业结构调整等有重大影响和示范作用的领域倾斜。积极开展信贷资产证券化，探索信贷资产流转、信托受益权等创新产品应用，提高资产流动性。进一步加强结算资源管理，拓宽理财资金来源和债券销售渠道，扩大金融合作范围。

3. 加大债券承销

加快推进矿业集团短融和中票、包钢超短融、中电投蒙东能源短融、海拉尔城投企业债等发行工作，密切跟踪兴安盟城投、锡盟兴富等申报进展，努力提升债券承销收入占比。严格依照交易商协会和行内规定，做好信息披露、本息兑付等存续期债券后续管理，保证业务合规。

4. 强化"母子协同"

提升协同质量和跨市场多元化服务能力。重点发展企业债、公司债、融资租赁等融资总量贡献型产品，提高子公司产品对分行融资总量的贡献度。进一步提升村镇银行管理能力和水平，做好现场和非现场检查。切实加强信贷管理，强化主要经营指标，特别是流动性、存贷比和不良贷款率的监测和预警，严格防范风险。

（六）继续提升风险管理水平

国家开发银行内蒙古自治区分行应继续提升风险管理水平，保持资产质量优良。具体如下：

1. 加强风险预警分析

强化风险排查和"双名单"动态管理，防止出现名单外不良。持续跟踪重点风险管控客户，制定管控预案，通过早发现、早预警、早动手，防范和抑制风险。全面推进客户风险排查，对排查发现的潜在风险，及时纳入重点风险管控名单，对排查中发现的管理漏洞，及时修改完善相关规章制度。

2. 注重全面沟通，持续优化外部监管环境

对内，以外汇、银团等为重点，组织业务督察组及时对信贷业务开展自查。对外，做好对监管部门及总行各部门等的检查对接工作。

3. 加强分析研究，服务分行决策

建立名单制的风险分析体系和方法，重点开展前 20 大客户风险分析、经济资本分析和重点集团客户分析。

对近年来内外部检查中出现的问题，要集中梳理并找出易发风险点，编写操作手册，提高精细化管理水平。

第八章

内蒙古自治区证券、期货业发展报告

内蒙古自治区从 1992 年第一家证券公司成立、1994 年第一只股票发行上市起，经过 20 多年的发展，资本市场规模不断壮大，直接融资比重不断提高，区域多元化直接融资体系初步形成，证券期货经营机构和投资者队伍不断扩大，上市公司质量逐步优化，资本市场对实体经济的贡献度不断提高，为促进内蒙古自治区经济社会又好又快发展发挥了重要作用。

一、内蒙古自治区证券、期货业发展情况

2013 年，内蒙古自治区证券、期货业总体运行情况良好，证券期货机构经营稳健，直接融资能力明显提升，上市公司发展持续向好，股票市场交易规模明显增加，证券监管部门不断完善监管制度建设，证券期货行业协会加强市场自律管理工作，全力维护市场秩序，确保了内蒙古自治区证券、期货市场的健康稳定发展，见表 8 - 1。

表 8 - 1　2012 ~ 2013 年内蒙古自治区证券业基本情况

项　　目	2012 年	2013 年
总部设在辖内的证券公司数（家）	2	2
总部设在辖内的基金公司数（家）	0	0
总部设在辖内的期货公司数（家）	1	1
年末境内上市公司数（家）	25	25
当年境内股票（A 股）筹资（亿元）	8.95	150
当年境内发行 H 股筹资（亿港元）	70.09	0
当年境内债券筹资（亿元）	—	413
其中：短期融资券筹资额（亿元）		159
中期票据筹资额（亿元）		74

资料来源：内蒙古证监局、中国人民银行呼和浩特中心支行。

（一）内蒙古自治区证券、期货业总体发展情况

2013 年，内蒙古自治区证券、期货经营机构以创新发展为驱动，不断提升市场竞争力，总体发展势态良好。具体表现在以下几个方面：

1. 证券经营机构运行较为平稳

截至 2013 年末，内蒙古自治区共有恒泰证券和日信证券 2 家法人证券公司，下设 62 家证券营业部（其中区内 41 家，区外 21 家），营业部比 2012 年增加了 5 家，保持了证券机构稳步扩张的发展态势。

（1）证券公司资产规模。2013 年，恒泰证券、日信证券 2 家证券公司总资产规模合计 1069659 万元，分列全国 115 家证券公司的第 60 位、第 93 位；净资产规模合计 544199 万元，分列第 46 位、第 101 位；净资本规模合计 368277 万

元，分列第 47 位、第 104 位，见表 8 - 2。

表 8 - 2　2013 年内蒙古自治区辖内两家证券公司财务指标情况

单位：万元

证券公司	总资产	净资产	净资本
恒泰证券	887275	459301	318341
日信证券	182384	84898	49936
合　计	1069659	544199	368277

资料来源：中国证券业协会。

（2）证券公司业务利润变动和收入结构情况。2013 年，辖内 2 家证券公司收入和利润情况不同，其中恒泰证券母公司 2013 年营业收入 109503 万元，同比增长 82%；实现净利润 39451 万元，同比增长 221%。日信证券公司 2013 年营业收入 17351 万元，同比下滑 46%，全年亏损 6508 万元，自营业务导致公司经营欠收。2013 年公司的投资收益及公允价值变动收入两项合计不足 700 万元。

（3）证券公司营业网络分布情况。2013 年，内蒙古自治区辖内证券公司营业部 62 家，较 2012 年增加 7 家，呼和浩特和包头两市营业部共计 30 家，占全部营业部二分之一，并遍及所有盟市，网点布局更趋合理，见表 8 - 3。

（4）证券公司从业人员情况。2013 年末，恒泰证券、日信证券 2 家证券公司注册从业人员数达到 2868 人。其中，注册为一般从业人员的 1844 人，证券经纪业务营销人员 103 人，证券经纪人 537 人，证券投资咨询业务（分析师）14 人，证券投资咨询业务（投资顾问）343 人，证券投资咨询业务（其他）27 人。

2. 期货公司发展情况

截至 2013 年底，内蒙古自治区辖内期货公司 1 家——鑫鼎盛期货经纪公司，注册资本 5000 万元，辖内期货公司营业部 11 家。其中，2013 年新设期货营业部 1 家；员工总数 92 人；开户数 5698 户，增加 2035 户；客户保证金 3.59 亿元，下降 8.2%；成交量 1039.99 万手，增加 11.2%；成交金额 16913.67 亿元，增长 10.6%；总收入 3187.06 万元，下降 1.8%；利润总额 104.97 万元，下降 87.8%。实现盈利的营业部 3 家，因盈利能力较强、佣金收入高的营业部管理费用发生金额较大，抵消了部分佣金收入，导致期货公司利润总额大幅下降。

表 8-3 内蒙古自治区辖内证券公司营业部地区分布情况（截至 2013 年底）

地 区	证券公司	营业部数量（家）	地区	证券公司	营业部数量（家）
呼和浩特市	国泰君安	1	包头市	国泰君安	1
	国信证券	1		恒泰证券	4
	恒泰证券	6		华泰证券	1
	日信证券	1		齐鲁证券	1
	兴业证券	1		日信证券	1
	长城证券	1		新时代证券	4
	民族证券	1		银河证券	1
	中信建投证券	1		合计	13
	广发证券	1	鄂尔多斯市	大同证券	1
	银河证券	2		国泰君安	1
	海通证券	1		恒泰证券	3
	合计	17		日信证券	1
通辽市	恒泰证券	1		合计	6
	日信证券	2	乌海市	恒泰证券	2
	合计	3		日信证券	1
呼伦贝尔市	恒泰证券	4		合计	3
	日信证券	2	乌兰察布市	恒泰证券	2
	合计	6		合计	2
赤峰市	国泰君安	1	巴彦淖尔市	恒泰证券	2
	恒泰证券	4		日信证券	1
	日信证券	1		合计	3
	合计	6	兴安盟	日信证券	1
锡林郭勒盟	恒泰证券	2		合计	1
	合计	2			

资料来源：根据内蒙古证券期货业协会资料整理。

（二）内蒙古自治区证券公司各项业务开展情况

2013 年，国内证券市场格局悄然发生着改变，尽管二级市场行情依然低迷，但证券公司传统业务创新转型的步伐日益加快，多层次资本市场体系更加完善，为证券行业的发展带来了新的机遇。

1. 证券经纪业务

2013 年，内蒙古自治区证券经纪业务随着宏观环境的变化呈现出震荡波动的走势，尤其是在下半年随着经济的好转，市场走出了一波不错的行情。多数证券公司营业部新开户托管资产业绩同比有不同程度提升，2013 年，全区全年证券公司股民开户总数达 86.79 万户，增加 32.08 万户，增长 58.6%。

随着辖内两家证券公司的创新发展，业务种类逐渐丰富，营销方式日益多样，融资融券、金融产品销售的蓬勃发展带动基础业务业绩水平不断提高。2013 年底，恒泰证券公司经纪业务积极推进与恒泰长财的业务整合，完成了组织架构的调整，全力提升整体综合竞争力。同时，在确保传统通道业务盈利能力的基础上，积极推进业务升级和转型。通过加快融资融券等创新业务的开展，努力构建多元化的收入结构，业务利润大幅提升。2013 年，公司经纪业务合并完成营业收入 6.29 亿元。其中，恒泰母公司经纪业务完成营业收入 5.12 亿元，恒泰长财经纪业务完成营业收入 1.17 亿元。2013 年日信证券公司经纪业务实现收入、利润增长的双丰收——考核收入同比增长 62%；整体实现扭亏，考核利润同比大幅提高。与 2012 年相比，经纪业务客户数增长 6%，活跃托管资产增长 8%，代理客户交易量增长 41%，代理买卖证券业务净收入为 9440 万元。

2. 投资银行业务

2013 年，证券监管部门暂停了 IPO 业务并收紧债券业务，对辖内证券公司投行业务造成较大影响，再融资成为企业从资本市场募集资金的重要途径，券商也将投行业务重点转向再融资项目承销。截至 2013 年底，辖内恒泰证券全年完成股票保荐项目 2 单、公募债券 2 单、私募债券 4 单，募集资金 52.6 亿元。2013 年日信证券没有进行再融资项目承销，仅有 4 单企业债，募集资金 29 亿元，见表 8-4。

表 8-4　2013 年内蒙古自治区辖内两家证券公司投资银行业务数据统计

证券公司	股票主承销家数（家）	股票主承销金额（万元）	债券主承销家数（家）	债券主承销金额（万元）
恒泰证券	2	121360.00	6	405000.00
日信证券	0	0	4	290000.00
合　计	2	121360.00	10	695000.00

资料来源：中国证券业协会。

3. 资产管理业务

2013 年，在监管层"放松管制、加强监管"总体方针下，证券公司资产管理业务依然保持较快的增长，行业创新的活力不减，资产管理产品数量、规模、收入等指标均呈现持续增长态势。

截至 2013 年底，辖内 2 家证券公司资产管理业务总规模已达到 299 亿元（其中恒泰证券 234 亿元，日信证券 65 亿元），实现营业收入 12329 万元。其中，恒泰证券的集合理财产品从 2012 年底的 5 只增至 2013 年底的 23 只，规模由 13.5 亿元增至 149.6 亿元，规模排名由全国第 27 位升至第 5 位；日信证券虽然在 2012 年才发行首只集合理财产品，进军资管市场，但 2013 年底资产管理业务规模就达到了 65 亿元，其中定向资管就达到了 60 亿元，增长势头迅猛，其资产管理事业部已承揽发行了包括太极 1 号、稳盈 1 号、长安 1 号、日鑫添利、日鑫多利等多只集合资产管理计划产品及诸多定向资管计划产品。

4. 融资融券业务

2013 年，内蒙古自治区辖内 2 家证券公司融资融券业务均得到空前发展。其中，日信证券公司 2013 年 1～12 月，融资融券业务完成考核收入 2581 万元（包括利息收入和佣金贡献），较 2012 年同期上升 1436.31%；实现新开户 1106 户，累计客户达 1470 户，较 2012 年同期分别上升 203.01% 和 302.74%；融资授信、融券授信累计 97360 万元，较 2012 年同期上升 249.27%；恒泰证券公司 2013 年底融资余额为 23612 万元，2013 年月平均余额为 11895 万元，较 2012 年同期分别上升 385.74% 和 680.51%。2013 年恒泰证券实现融资融券净利息收入 4055.37 万元。

5. 直接投资业务

证券公司直投业务试点于 2007 年启动后的一段时间，证券公司直投子公司开展直接投资业务的审批较为严格。2012 年，按照监管层放松管制、加强监管的思路，证券公司直接投资业务实现了由行政监管到自律管理的转变。

内蒙古自治区辖内 2 家证券公司积极开展直接投资业务。其中，日信证券经过充分的政策、市场研究论证，积极的筹备，于 2013 年 2 月在深圳前海注册成立公司直投子公司"日信资本投资有限公司"。经过 10 个月的积极开拓和运营，人员团队已基本到位，形成北京、深圳、武汉三地为基点的发展态势。截至 2013 年底，直投子公司积极开展业务、管理自有资金，实现营业收入 811.54 万元，净利润 -205.29 万元。另一家券商恒泰证券公司也于 2013 年 6 月在深圳前海注册成立恒泰资本投资有限责任公司，PE 投资基金业务破冰。全年完成营业收入 825 万元，实现净利润 448 万元。截至 2013 年底，已累计完成 26 家项目企业初步调查，其中重点跟进 4 家，确定立项 1 家。

（三）内蒙古自治区上市公司发展情况

2013 年，受国内 IPO 停发影响，内蒙古自治区无新增上市企业；原有上市公司 A 股定向增发活跃，股票融资额明显上升；上市公司市场交易规模小幅上升，市值增长稳定；公司现金分红力度持续加大，上市公司维护股东利益的意识逐渐提升，上市公司总体质量有所改善。

1. 上市公司基本情况

截至 2013 年底，内蒙古自治区共有 32 家公司在境内外上市，其中境内上市公司 25 家，见表 8 - 5；另有 7 家公司在中国香港和美国纳斯达克等海外市场上市。25 家境内上市公司中在深交所上市的有 9 家，在上交所上市的有 16 家，其中沪深主板有 20 家，中小板 2 家，创业板 3 家。

从上市公司产业属性方面，主要分布在煤炭、冶金化工、乳制品、机械装备制造和电力等支柱性产业中。从地区分布来看，内蒙古自治区上市公司主要集中在“呼包鄂金三角”地区，这三个地区上市公司的总数量为 17 家，占内蒙古上市公司总数的 68%；除此之外，赤峰市有 3 家，乌海市有 2 家，乌兰察布市、阿拉善盟和通辽市各有 1 家，而巴彦淖尔市、锡林郭勒盟、兴安盟和呼伦贝尔市到 2013 年底尚没有一家上市公司，见表 8 - 5。

表 8 - 5　内蒙古自治区 25 家境内上市公司基本情况

序号	证券代码	证券简称	首发上市日期	所属行业	注册地
1	600863. SH	内蒙华电	1994/05/20	公用事业	呼和浩特市
2	900936. SH 600295. SH	鄂资 B 股 鄂尔多斯	1995/10/20 2001/04/26	黑色金属	鄂尔多斯市
3	600887. SH	伊利股份	1996/03/12	食品制造	呼和浩特市
4	000426. SZ	兴业矿业	1996/08/28	有色金属	赤峰市
5	000611. SZ	四海股份	1996/10/08	纺织业	呼和浩特市
6	000683. SZ	远兴能源	1997/01/31	化工	鄂尔多斯市
7	000780. SZ	平庄能源	1997/06/06	煤炭开采	赤峰市
8	600091. SH	ST 明科	1997/07/04	化工	包头市
9	900948. SH	伊泰 B 股	1997/08/08	煤炭开采	鄂尔多斯市
10	600111. SH	包钢稀土	1997/09/24	有色金属	包头市
11	600191. SH	华资实业	1998/12/10	农产品加工	包头市
12	600201. SH	金宇集团	1999/01/15	农业服务	呼和浩特市
13	600262. SH	北方股份	2000/06/30	机械设备	包头市
14	600277. SH	亿利能源	2000/07/25	综合	鄂尔多斯市
15	600291. SH	西水股份	2000/07/31	建筑材料	乌海市
16	600328. SH	兰太实业	2000/12/22	化工	阿拉善盟

续表

序号	证券代码	证券简称	首发上市日期	所属行业	注册地
17	600010. SH	包钢股份	2001/03/09	黑色金属	包头市
18	600988. SH	赤峰黄金	2004/04/14	有色金属	赤峰市
19	600967. SH	北方创业	2004/05/18	机械设备	包头市
20	002128. SZ	露天煤业	2007/04/18	煤炭开采	通辽市
21	300049. SZ	福瑞股份	2010/01/20	医药生物	乌兰察布市
22	601216. SH	内蒙君正	2011/02/22	化工	乌海市
23	300239. SZ	东宝生物	2011/07/06	医药生物	包头市
24	002688. SZ	金河生物	2012/07/13	医药生物	呼和浩特市
25	300355. SZ	蒙草抗旱	2012/09/02	建筑装饰	呼和浩特市

资料来源：根据同花顺股票软件统计。

2. 上市公司融资情况

2013 年内蒙古自治区实现直接融资 598.67 亿元。其中，股权融资 149.37 亿元，债券市场融资 449.3 亿元。通过发行企业债券融资 110 亿元，发行短期融资券 159 亿元，发行中期票据 74 亿元，发行银行间市场私募债 93.5 亿元，发行中小企业私募债 12.8 亿元[①]。2013 年末，由于证监会 IPO 停发，自治区全年无新上市企业，总市值 3117.13 亿元，增长 4.97%。上市公司再融资活跃，累计募集资金 220.15 亿元，增长 24.8%。其中，股票市场募集资金 150.2 亿元，增长 2.26 倍，全区有 7 家上市企业实现非公开增发 A 股；债券市场募集资金 70 亿元，下降 36.7%[②]。

3. 上市公司股利分配情况

2009 ~ 2013 年，内蒙古自治区 25 家上市公司中，不分配不转增的公司从 2009 年的 9 家下降到 2013 年的 5 家，纯现金分红的从 2009 年的 7 家上升到 2013 年的 11 家，转增分红的从 2009 年的 1 家上升到 2013 年的 3 家，同时转增送股分红在 2013 年只有东宝生物 1 家，只进行公积金转增股本和只送股的企业各年度数量均不多，见表 8 - 6。

---

① 自治区发展和改革委员会.2013 年内蒙古自治区金融形势分析［EB/OL］. http：//www. nmg. gov. cn/，2014 - 03 - 24.

② 中国人民银行呼和浩特中心支行金融稳定处课题组.2013 年内蒙古自治区金融稳定状况分析［R］，内蒙古自治区金融研究，2014（5）：69 - 72.

表 8 - 6 2009 ~ 2013 年内蒙古自治区上市公司股利分配情况

年份	不分配不转增	公积金转增资本	现金分红	送股	转增分红①	送股转增分红②
2009	兴业矿业、赤峰黄金、包钢稀土、伊利股份、华资实业、四海股份、ST 明科、包钢股份、内蒙华电	亿利能源、远兴能源	福瑞股份、鄂尔多斯、金宇集团、平庄能源、兰太实业、北方创业、北方股份	露天煤矿	西水股份	
2010	兴业矿业、赤峰黄金、金宇集团、华资实业、远兴能源、四海股份、ST 明科、内蒙华电、西水股份	伊利股份	亿利能源、鄂尔多斯、露天煤矿、平庄能源、兰太实业、包钢股份、北方创业、北方股份	包钢稀土	福瑞股份	
2011	赤峰黄金、华资实业、四海股份、ST 明科、西水股份		福瑞股份、伊利股份、鄂尔多斯、金宇集团、露天煤矿、平庄能源、远兴能源、兰太实业、包钢股份、北方创业、北方股份、内蒙华电	兴业矿业、包钢稀土	亿利能源、东宝生物、内蒙君正	
2012	福瑞股份、赤峰黄金、四海股份、ST 明科、兰太实业		亿利能源、包钢稀土、伊利股份、鄂尔多斯、金河生物、金宇集团、华资实业、露天煤矿、平庄能源、远兴能源、内蒙君正、包钢股份、北方股份、西水股份	兴业矿业	蒙草抗旱、北方创业、内蒙华电	东宝生物
2013	福瑞股份、远兴能源、四海股份、ST 明科、西水股份		亿利能源、兴业矿业、包钢稀土、鄂尔多斯、金宇集团、华资实业、露天煤矿、平庄能源、兰太实业、包钢股份、北方股份	金河生物	赤峰黄金、伊利股份、蒙草抗旱、内蒙君正、北方创业、内蒙华电	包钢股份

资料来源：根据同花顺股票分析软件整理。

---

① 转增分红是指股利政策中同时进行公积金转增资本并发放现金股利。

② 送股转增分红是指股利政策中同时进行公积金转增资本、发放股票股利、发放现金股利。

单纯分析现金股利分配情况，表8－6显示，2009～2013年，内蒙古自治区的上市公司现金股利分配情况持续好转。进行股利分配的企业占当年上市公司总数的比例从2009年的40%增长到2013年的72%，分红企业的数量持续增长。2013年，内蒙古自治区上市公司进行现金股利分配的家数已达18家，涉及分红金额24.53亿元，同比增长73.85%。

4. 上市公司价值评估情况

根据《中国上市公司发展报告（2014）》（以下简称《报告》），利用五因素模型，选取2009～2013年的样本数据①，剔除B股公司和ST公司，内蒙古自治区23家境内上市公司价值评估综合排名情况如表8－7所示。

表8－7中五类指标释义分别如下：财务状况包括现金流动性能力、长期偿债能力、营运能力和财务弹性、盈利能力和盈利质量等指标，这些指标反映企业在筹资、投资和经营全过程中的财务状况；估值与成长性包括价值指标、成长性指标和稳定性指标；创值能力包括过去的股东价值创造指标和未来的股东价值创造指标；公司治理与社会责任包括股权激励、信息披露质量、外部责任和内部责任指标；创新能力与战略资源包括创新经费及营销能力和资金支持能力指标。

表8－7　内蒙古自治区上市公司价值评估综合排名表

所属行业	在同行业中综合排名	股票代码	公司名称	财务状况	估值与成长性	创值能力	公司治理与社会责任	创新能力与战略资源	综合得分
采掘业	17/57	002128.SZ	露天煤业	5.54	5.07	5.36	4.94	4.26	5.11
	27/57	000780.SZ	平庄能源	5.44	4.89	3.99	4.97	4.57	5.01
	44/57	000683.SZ	远兴能源	4.17	5.03	3.23	4.88	5.05	4.64
	53/57	600295.SH	鄂尔多斯	3.87	5.14	2.89	4.85	4.74	4.51
纺织服装	32/75	000611.SZ	四海股份	3.94	6.53	5.29	4.75	3.73	5.07
钢铁	21/32	600010.SH	包钢股份	5.15	4.91	5.14	4.69	4.83	5
公用事业	84/94	600863.SH	内蒙华电	4.73	4.96	3.84	3.98	4.2	4.18
化工	83/226	601216.SH	内蒙君正	5.23	5.17	4.92	5.1	4.59	5.13
	106/226	600328.SH	兰太实业	5.02	5.35	4.78	4.9	4.25	5.06

① 样本所有数据均取自万得资讯金融研究服务，数据处理采用R软件进行。

所属行业	在同行业中综合排名	股票代码	公司名称	财务状况	估值与成长性	创值能力	公司治理与社会责任	创新能力与战略资源	综合得分
机械设备	70/207	600967. SH	北方创业	4.99	5.31	5.27	5.22	4.81	5.14
	136/207	600262. SH	北方股份	4.77	5.11	5.16	5.3	4.01	4.91
建筑材料	—	600291. SH	西水股份	—	—	—	—	—	—
建筑装饰	4/59	300355. SZ	蒙草抗旱	6.05	5.06	5.19	5.03	5.24	5.46
农林牧渔	5/75	600201. SH	金宇集团	6.26	4.86	6.22	5.44	6.77	5.7
	12/75	002688. SZ	金河生物	5.91	4.99	6.06	5.57	5.13	5.49
	71/75	600191. SH	华资实业	3.63	4.81	4.03	5.07	4.21	4.29
食品饮料	11/61	600887. SH	伊利股份	5.64	5.52	5.17	5.7	4.84	5.49
医药生物	50/173	300239. SZ	东宝生物	5.2	5.41	5.91	4.46	4.97	5.4
	56/173	300049. SZ	福瑞股份	5.02	4.99	5.74	5.87	6.16	5.34
有色金属	47/89	600111. SH	包钢稀土	5.23	4.94	5.81	4.81	4.43	4.99
	53/89	000426. SZ	兴业矿业	5.24	4.94	4.25	4.81	4.39	4.93
	75/89	600988. SH	赤峰黄金	4.08	5.12	6.31	5.7	3.93	4.64
综合	44/52	600277. SH	亿利能源	4.75	5.03	2.42	5.36	4.24	4.73

资料来源:许雄斌,张平. 中国上市公司发展报告 (2014) [M] . 北京:社会科学文献出版社,2014 (9):42 - 47,347 - 420.

从价值评估的同行业综合排名结果来看,内蒙古自治区的上市公司进入前十五名的有蒙草抗旱、金宇集团、伊利股份和金河生物 4 家企业,其他 19 家公司均排名较为靠后。通过分析表 8 - 7 中五类因素得分可以看出,同行业排名靠前的上市公司主要是因为财务状况得分较高,业绩增长确定性好。

(四) 内蒙古自治区证券、期货行业自律性组织工作开展情况

2013 年,内蒙古证监局和内蒙古证券期货业协会等部门加强监管和自律,推动业务创新发展,从行业、市场层面为证券期货经营机构发展提供了政策和业务上的支持。在牢牢把握创新发展机遇的同时,证券期货监管主要开展了以下工作:一是优化监管环境,进一步实现行政许可工作阳光化、规范化;二是大力支持公司创新活动，拓展创新发展的空间；三是改变传统思维观念，推动营业部加快转型；四是紧跟行业创新步伐，将监管工作放到更加突出的位置；五是进一步发挥证券期货业协会自律功能，有效维护市场秩序。

二、内蒙古自治区证券、期货业发展的特点及不足

2013 年，我国证券期货市场着力推进改革创新，深化新股发行制度改革，稳步启动 IPO 发行审核，强化市场主体信息披露，鼓励上市公司开展并购重组，推出国债期货、铁矿石期货、黄金 ETF 等金融工具，支持证券期货经营机构创新发展，加快新三板建设并向全国扩容。在此大背景下，内蒙古自治区多种措施并举，大力推进证券期货市场持续平稳运行，取得较好成效。尽管如此，总体来看，内蒙古证券期货业发展中仍然存在诸多不足，需要进一步改善和提高。

（一）内蒙古自治区证券业发展特点

2013 年，内蒙古自治区证券业继续平稳发展，具体呈现以下特点：

1. 深入开展"双推双增"直接融资工程，直接融资实现了新突破

2013 年内蒙古自治区继续深入实施以"积极推介金融市场产品、增强直接融资能力，推进融资方式创新、增大社会融资规模"为主要内容的"双推双增"工程，直接融资实现了新突破。

IPO 上市融资方面，在《关于进一步推进新股发行体制改革的意见》指引下，自治区加大拟上市企业的上市培育工作力度，加强对拟上市企业的跟踪服务，争取更多企业上市融资。新三板融资方面，在《关于全国中小企业股份转让系统有关问题的决定》的政策利好背景下，自治区大力推动符合条件的中小微企业赴新三板挂牌，实现多种模式融资。四板融资方面，积极引导和推荐优质企业到自治区股权交易中心（四板）挂牌，为中小微企业提供定向增发、私募融资、信用贷款、质押融资、优先股融资、农权质押融资、并购服务等多样化融资渠道，力争与全国中小企业股份转让系统建立转板机制，探索到沪、深证券交易所延伸挂牌路径。境外上市融资方面，加强与境外交易所的合作，推动内蒙古自治区企业境外上市。优先股融资方面，以《关于开展优先股试点的指导意见》为指导，引导和支持符合条件的企业积极探索发行优先股。债券融资方面，继续落实《借助银行间市场助推内蒙古自治区经济发展合作备忘录》，稳步扩大中期票据、短期融资券的发行工作，引导中小企业充分利用内蒙古自治区获得中小企业私募债发行权的资格，推动中小企业私募债的发行。

2. 上市公司融资渠道拓宽，持续融资能力增强

上市公司融资观念有所转变，不再单纯偏好股权融资和 IPO 融资，既注重股

权融资也大量运用债券融资方式，融资结构由高度依赖股权融资转变为股权融资与债券融资两个轮子并行，满足了企业不同资本结构下的融资需求。既注重股票IPO首发融资也开始更多利用定向增发等再融资方式提高持续融资能力。上市公司再融资呈现三个主要特点：一是非公开发行成为股权融资的主要方式；二是公司债融资逐渐赶超股权融资，成为上市公司的重要融资方式；三是上市公司利用银行间债券市场融资的积极性提高。此外，上市公司还通过并购重组来实现规模扩张和产业结构优化。

3. 证券资产管理规模持续增长，成为新的利润增长点

2013年，在监管层"放松管制、加强监管"总体方针下，证券公司资产管理业务依然保持较快的增长，行业创新的活力不减，资产管理产品数量、规模、收入等指标均呈现持续增长态势。尤其是恒泰证券，2013年净利润排名跻身前30，比2012年提升了23个位次，其资管业务已经成为营业收入的重要组成部分和新的利润增长点，截至2013年底，公司资产管理业务总规模已达到234亿元（其中集合类资产管理规模为121.8亿元），实现营业收入10605万元。成为继经纪、自营业务之后，本公司发展最快的业务，是本公司新的利润增长点。内蒙古自治区目前有2家证券公司，根据政策环境的变化结合自身实际，积极开展了诸如融资融券、股票质押回购、客户交易结算资金消费支付等创新业务。

4. 加强合规与风险管理有效性，为创新服务，管理科学化程度逐步加深

2013年，辖区内证券公司合规与风险管理突出强调了"有效性"的工作重点，合规管理有效性评估和压力测试等管理制度和机制建设逐步深入，合规经营的要求和风险管理的实践正在成为企业内在经营管理不可分割的部分。证券公司合规与风险管理部门积极参与和推动业务创新活动，通过开展合规审核、敏感性分析和压力测试等工作对创新项目进行可行性分析，参与创新项目业务流程和风险控制方案的前期设计，对业务实施过程实施事中监控和事后检查，确保业务创新在良好的内部控制框架下展开。证券公司合规与风险管理技术化、科学化程度也得到提高。信息管理系统在信息隔离、合规监测、净资本管理、风险计量和测算、风险指标监控等工作中应用的广度和深度加大。

5. 服务客户的能力逐步提高

2013年，辖区内证券公司积极开展投资者教育和适当性管理工作，将其要求融入日常业务管理流程，在基金产品销售、投资建议提供、创业板市场证券交易等方面有针对性地向投资者提供产品和服务，通过客户分类管理，广泛开展投资者教育活动。证券公司通过投资者园地建设、专题报告会、讲座、宣传咨询等方式向投资者普及证券基础知识，介绍各种证券投资产品和各项证券业务，宣传金融证券方面的政策法规及市场规则，揭示证券投资风险。证券公司还通过多种

形式加强企业文化和社会责任建设，积极妥善管理利益冲突，建立投诉举报受理和处理机制，为投资者参与公司管理提供畅通的沟通渠道，有力地保障投资者的合法权益。同时，各证券公司也根据相关自律规定，积极配合交易所做好自律监管工作，对投资者进行合规教育和风险揭示，引导理性投资；对违反交易所交易规则的账户采取有效措施，维护交易秩序的正常和市场的稳定。

6. 内蒙古自治区证券业监管当局围绕创新发展，积极推动市场主体创新

2013年，内蒙古证监局积极围绕创新发展，在密切关注风险控制和合规管理的同时，积极推动市场主体创新发展。一是鼓励证券公司改善资本结构，增强资本实力。二是鼓励证券机构积极参与多层次资本市场建设，开展形式多样的柜台交易业务。三是积极支持券商在创新方面的各种举措。目前，自治区大部分证券期货机构已稳步推进多银行三方存管、IB业务、债券质押式报价回购、股票约定式购回等新业务。

（二）内蒙古自治区证券、期货业发展中存在的不足

总体来看，内蒙古自治区资本市场发展水平与本地区实体经济发展不相匹配，远远落后于全国平均水平。证券期货经营机构数量规模及业务水平都还较低；企业融资仍然主要依靠间接融资，直接融资占全部融资比重偏低；上市公司发展速度缓慢，与内蒙古自治区经济持续高速增长趋势严重背离；市值结构分布不合理，与全国市值结构变化特征明显相异；资本市场融资功能、资源配置功能、产业结构优化调整功能均未得到有效发挥，对本地区经济的带动作用还十分有限。

1. 证券期货经营机构发展缓慢，创新能力不足

目前，全区仅有两家证券公司，规模小，市场影响力不强，服务于地方经济的能力有限。截至2013年底，辖内证券公司仅有2家，在全国115家证券公司中资产、资本规模排名较后，此外，全区证券营业部收入结构有待优化，手续费收入仍然是营业部盈利的核心。同时，全区期货及私募市场发展尚处于起步阶段，尚无期货法人机构，私募基金管理公司仅有1家，这与全区经济发展水平不相适应，期货及私募市场服务实体经济的能力尚未得到充分发挥。

2. 证券市场直接融资比例较低

2013年内蒙古自治区社会融资总额2730亿元，企业债券融资总额288亿元，非金融企业境内股票融资161亿元，以上两类直接融资额仅占社会融资规模的16.45%，企业发展资金仍然主要依靠银行资金等间接融资方式。这种不合理的融资结构，一方面造成企业资产负债率普遍较高，还本付息压力很大；另一方面加大了银行的风险集中度，使得整个金融体系风险集聚。同时，仅仅依靠间接融

资方式，很难满足内蒙古自治区产业发展日益增长的多元化资金需求。

3. 上市公司数量偏少，发展缓慢

从绝对数量来看，自 2007 年以来，内蒙古自治区上市公司数量增长缓慢，与全国总量相比，相对比重也呈下降趋势，见表 8 - 8。这与内蒙古自治区国民经济持续高速增长的趋势发生明显背离。从上市公司数量的全国排名来看，截至 2013 年底，内蒙古自治区 25 家上市公司占全国上市公司总数的 1%，在 32 个省市自治区（包括深圳市）中，内蒙古自治区排名第 25 位，比 2012 年末下降了 3 位，仅超过西部省区的贵州省、宁夏回族自治区、青海省和西藏自治区，与甘肃省持平，见表 8 - 9。

表 8 - 8　2007 ~ 2013 年内蒙古自治区境内上市公司与
国内境内上市公司数量对比情况

年　份	2007	2008	2009	2010	2011	2012	2013
内蒙古当年上市数量（家）	1	0	0	1	2	2	0
内蒙古境内上市公司数（家）	20	20	20	21	23	25	25
国内 A 股上市公司（家）	1530	1625	1718	2063	2342	2415	2489
占国内 A 股上市公司比重（%）	1.31	1.23	1.16	1.02	0.98	1.04	1.00

资料来源：《中国金融年鉴》（2008 ~ 2014）。

表 8 - 9　2013 年我国 32 个省市自治区上市公司数量及其排序

排名	地区	上市公司数量（家）	排名	地区	上市公司数量（家）
1	广东省	366	13	辽宁省	68
2	浙江省	246	14	河南省	65
3	江苏省	236	15	河北省	48
4	北京市	217	16	吉林省	39
5	上海市	204	16	陕西省	39
6	深圳市	183	16	新疆维吾尔自治区	39
7	山东省	153	17	天津市	38
8	四川省	90	18	重庆市	37
9	福建省	88	19	江西省	33
10	湖北省	84	20	山西省	34
11	安徽省	78	21	黑龙江省	31
12	湖南省	72	22	广西壮族自治区	30

排名	地区	上市公司数量（家）	排名	地区	上市公司数量（家）
23	云南省	28	26	贵州省	21
24	海南省	26	27	宁夏回族自治区	12
25	内蒙古自治区	25	28	西藏自治区	10
25	甘肃省	25	28	青海省	10

资料来源：根据《中国金融年鉴》（2014）统计整理。

4. 上市公司市场规模偏小，市值结构特征与全国相异

从市场规模绝对量来看，2011～2013 年内蒙古自治区境内上市公司 A 股股票市价总值呈上升趋势；从相对量来看，市价总值占 GDP 比重（即证券化率）连续三年却呈逐年小幅下降趋势，见表 8－10。若与全国证券化率水平相比更是明显偏低，2013 年底内蒙古自治区境内上市公司 A 股市价总值为 3117.13 亿元，占内蒙古自治区 GDP 总值的 18.52%，与全国上市公司市价总值（23.91 万亿元）占全国 GDP 总值（56.88 万亿元）的比值 42.04% 相比，低了 23.52 个百分点。这些数据可以说明，内蒙古自治区上市公司市场规模偏小，证券化率水平偏低，对内蒙古自治区经济发展的带动作用有限。

表 8－10　内蒙古自治区 A 股股票市价总值占 GDP 比重情况

年　份	2008	2009	2010	2011	2012	2013
股票市价总值（亿元）	820.19	2366.9	3570.68	2747.35	2969.48	3117.13
GDP 总值（亿元）	8496.20	9740.25	11672.00	14359.88	15880.58	16832.38
市价总值占 GDP 比重（%）	9.65	24.30	30.59	19.13	18.70	18.52

资料来源：《内蒙古统计年鉴》（2009～2014）、《中国金融年鉴》（2014）。

从市值结构来看，根据"中国上市公司市值管理研究中心"统计，截至 2013 年 12 月 31 日，全国沪深 A 股总市值收盘为 23.76 万亿元，较 2012 年末增长 3.98%，市值增加 9106 亿元。相对于规模的小幅增长，市值结构变化呈现新特征：传统产业市值表现不敌新兴产业、国有企业市值表现落后于民营企业、大公司市值表现落后于中小公司、沪深主板市值增长落后于创业板与中小板。而内蒙古自治区的情况是：截至 2013 年 12 月 31 日，5 家中小板和创业板上市公司总市值为 243.33 亿元，沪深主板 20 家上市公司总市值为 2873.8 亿元。从这些数据可以分析出内蒙古自治区上市公司市值结构仍然表现为主板市值远高于创业板、传统产业市值高于新兴产业、大公司市值高于小公司的市值结构特征，与全国市值结构特征明显不同。

5. 上市公司市场结构分布不合理

从上市公司市场分布情况来看，截至 2013 年末，沪深两市上市公司共有 2489 家，其中沪深主板 1433 家、中小板 701 家、创业板 355 家；而内蒙古自治区 25 家境内上市公司市场分布情况是：沪深主板上市公司 20 家、中小板 2 家、创业板 3 家。从这几组数据可以看出，内蒙古上市公司各板块不但在全国总量中比重偏低，而且分布也极不合理，在中小板和创业板上市的中小科技企业明显不足，对地区科技创新发展的资本支持作用微乎其微。

6. 上市企业所属产业仍以传统产业为主，新兴产业占比极低

截至 2013 年底，内蒙古自治区 25 家境内上市公司主要集中在能源、电力、冶金、化工、设备制造、农畜产品加工等传统行业，其中有 67% 的上市公司是资源类产业；新兴产业上市公司占比极小，其中只有 4 家上市公司属于生物医药行业，1 家上市公司属于节水环保产业，金融服务业以及可再生能源、新一代信息技术产业等新兴产业的上市公司还属空白。内蒙古自治区上市公司主要集中于传统优势产业，只有少数公司属于新兴产业，这种产业分布特点制约了资本市场推动内蒙古自治区"战略性新兴产业"发展的战略目标，同时也不利于建立"创新型内蒙古"战略发展目标的顺利实施。

7. 上市后备资源挖掘不够，企业上市潜力没有充分发挥

2007 年以来，内蒙古自治区新增上市公司数量较少，上市后备资源不足，上市"瓶颈效应"开始显现，已严重制约内蒙古自治区新股发行上市的推进。截至 2013 底，虽然全区有 400 多家企业被列入上市企业后备资源库，但多数企业尚处于培育期，仅有大中矿业、蒙西水泥、小尾羊、满世煤炭、金海新能源、包商银行、蒙药股份 7 家企业进入上市辅导期。造成全区上市公司后备资源不足，既有内蒙古自治区经济结构、产业结构和企业组织结构与现有资本市场的要求不够契合等客观原因，也存在企业内生动力不足的因素，存在"重短期利益、轻长远发展"的心态，上市意愿不强、积极性不高。

三、内蒙古自治区证券、期货业发展的策略建议

进入"十二五"时期以来，内蒙古自治区经济持续高速发展，实体经济对资金需求异常旺盛，面临企业融资困难与融资成本高企以及融资方式单一等多重问题。在此背景下，应围绕"金融服务实体经济"的发展目标，加快发展内蒙古自治区证券期货业，多措并举构建多元化直接融资体系，提高直接融资服务水平，实现金融与实体经济的良性互动，为地区经济又好又快发展提供强有力的金融保障。

（一）多种方式推动企业上市融资，构建多元化直接融资体系

深入推动"双推双增"直接融资工程，继续推进内蒙古自治区各项直接融资方案的实施，构建多元化直接融资体系。结合内蒙古自治区产业特点，依托资源能源、乳制品、机械装备制造业等方面的产业优势，大力推动企业上市，培育上市企业后备资源，扩大直接融资，提高债券融资的比重，促进产业结构调整和产业升级。从产业重点上，要突出支柱产业、优势产业、高科技产业领域优质企业的培育，引导有潜力和竞争优势的企业尽快上市，有效聚集社会资源；结合自治区科技资源优势，重点推进创新型、成长型、科技型中小企业在中小板、创业板上市，"新三板"挂牌，促进科技资源优势转化为现实生产力。从融资工具选择上，以境内股票融资、公司债和定向增发为主，积极推动有条件的上市公司发行公司债，推进中小企业私募债的发展，扩大融资规模，改善融资结构。充分利用证券市场的资源配置机制，加快推动上市公司并购重组，推进企业整合，加快淘汰落后产能，有效提升产业层次，助推地区经济结构调整和经济发展方式转变。

（二）抓住新三板机遇，推动中小微企业加快发展

为更好地发挥金融对经济结构调整和转型升级的支持作用，进一步拓展民间投资渠道，充分发挥全国中小企业股份转让系统的功能，缓解中小微企业融资难问题，2013年12月13日，国务院发布《国务院关于全国中小企业股份转让系统有关问题的决定》（以下简称《决定》）。《决定》中指出："全国股份转让系统（即'新三板'）是经国务院批准，依据证券法设立的全国性证券交易场所，主要为创新型、创业型、成长型中小微企业发展服务。境内符合条件的股份公司均可通过主办券商申请在全国股份转让系统挂牌，公开转让股份，进行股权融资、债权融资、资产重组等。在全国股份转让系统挂牌的公司，达到股票上市条件的，可以直接向证券交易所申请上市交易。在符合《国务院关于清理整顿各类交易场所切实防范金融风险的决定》要求的区域性股权转让市场进行股权非公开转让的公司，符合挂牌条件的，可以申请在全国股份转让系统挂牌公开转让股份。"

"新三板"发展机遇良好，内蒙古自治区应充分利用这一机遇，以此为重点突破口，落实对民族地区的扶持政策和优惠措施，有效推进各类企业在"新三板"和区域股权交易市场挂牌融资。自治区各部门、各盟市政府应高度重视"新三板"挂牌后备企业的培育工作，加强培训，加强企业对"新三板"的理解和认识，引导企业加快改制步伐；积极推动证券经营机构与企业对接，形成"优选一批、培育一批、申报一批、成功一批"的阶梯式推进格局。加快发展内蒙古

股权交易中心，增强其中介服务功能，为全区中小微企业提供价格发现平台和配套金融服务。

（三）着力改进和提高上市公司的总体质量

上市公司是股票市场的基石，公司质量是核心，是上市公司综合素质的形象称谓。目前内蒙古自治区上市公司质量还存在不少问题，需要全方位改进和提高。具体可以从以下几方面努力：一要全面提高上市公司的治理水平，充分发挥董事会和高管之间权力制衡机制的作用，逐步提高董事会中独立董事的比例和股东大会的出席率，在公司中引入股权激励制度。二要健全内部控制制度、提高公司内部控制水平，及时发布内控审计报告，接受社会监督。三要推动资源性企业通过采取延伸产业链、加大研发投入的方式，提高产品的技术含量和附加值。四要建立维护股价稳定的市值管理方案，避免股价大幅波动对公司和投资者利益的损害。五要切实引入和健全有利于保护中小股东利益的决策机制，以抵消实际控制人现金流权和控制权分离度高可能对投资者利益的侵害。六要提高企业社会责任意识，履行企业社会责任，并重视企业社会责任报告的发布。另外还要重视上市公司信息编制和披露质量，减少发布补充或更正报告频次。

（四）大力发展债券票据融资，拓宽企业债务融资渠道

认真贯彻落实《借助银行间市场助推内蒙古自治区经济发展合作备忘录》和《内蒙古区域集优债务融资工作实施方案》，深入推动"双推双增"直接融资工程，积极创造条件，引导和支持自治区优质企业利用短期融资券、中期票据等债务融资工具扩大直接融资规模。鼓励上市公司通过发行公司债券、可转债等方式实施再融资。努力扩大企业债券融资规模，继续加大企业债券项目储备、上报工作力度。以盟市为单位，继续组织推动中小企业集合债、小微企业增信集合债券融资工作，落实财政贴息政策。推动小微企业利用中小企业私募债进行融资。鼓励金融机构为符合发债条件的企业担保，提供信用增级服务。积极促进信贷资产和企业资产证券化，盘活资金存量。开拓地方政府信用融资渠道，努力争取发行地方政府建设债券。

（五）支持证券期货机构发展壮大，增强服务地方经济发展的能力

一方面，要大力培育。加强政策支持和业务指导，帮助两家本地券商增强资本实力，在风险可控的前提下进行组织创新、业务创新和服务创新，优化收入结构，增强核心竞争力；引导证券公司加大投入、提升服务，快速发展投行业务，发挥贴近企业的优势，帮助地方企业改制上市。积极支持本地生产、仓储物流企

业申请煤炭、有色金属、化工、钢材、玉米等大宗商品期货交割库。充分利用自治区大宗商品产销地优势，促进大宗商品的现货市场规范发展，增强区域性大宗商品定价权。另一方面，要着重引进。引进在全国实力排名靠前的证券、期货、基金等机构在全区落户或设立分支机构，引进先进的经营理念和管理理念，增强行业整体实力。

（六）加快发展股权投资和创业投资

积极推动境内外股权投资基金在内蒙古自治区投资，扩大政府创业投资引导基金规模，认真落实促进创业投资企业发展的优惠政策。积极引导和鼓励民间资本进入股权投资和创业投资领域。

积极发展创业投资基金、产业投资基金、矿产资源开发投资基金、城市发展投资基金，推动设立并购重组基金，加大对优势特色产业、创新型和成长型投资力度，加快实施新兴产业创投计划，促进自治区经济结构调整。着力推动和支持战略性新兴产业基金以及生物产业、新能源和节能环保等创业投资基金的设立和发展。培育发起设立农牧业股权投资基金，扶持农牧业产业龙头企业和有增长潜力的农牧业生产加工企业的发展，并最终实现多层次资本市场的挂牌上市。

（七）大力推动期货市场发展，充分发挥期货公司服务实体经济的功能

首先，积极支持内蒙古自治区的企业，运用期货市场的套期保值功能规避现货市场价格风险，实现期货与现货互动、商品与金融互动、风险管理与财富管理互动。期货公司营业部应围绕资本市场的中介服务，积极引导与农产品、有色金属和能源化工等大宗商品生产、消费相关联的企业有效利用期货市场价格发现、套期保值功能，扩大经营规模，进一步发挥期货公司服务实体经济的功能。2013年我国相继上市了焦煤、动力煤、石油沥青、铁矿石、鸡蛋、粳稻、纤维板、胶合板8个商品期货品种和国债期货1个金融期货品种，期货部分品种已经从单一品种发展到产业链上下游，在服务国民经济的深度和广度上都有显著的延伸。作为内蒙古自治区油菜籽重要生产基地的呼伦贝尔市、兴安盟、通辽市等地区的相关企业以及内蒙古自治区煤炭行业、有色金属行业及化工行业要抓住时机，充分利用已有上市期货品种，进行价格风险管理，更好规避现货市场风险。

其次，积极探索期货市场服务实体经济的新模式和新路径，推动期货行业服务上市公司，实现期货公司和上市公司互利共赢。上市公司应从高管做起，转变观念、提高认识，加强制度落实、人才建设、合作交流，发展好、利用好期货及衍生品市场，有效保障上市公司稳健经营和可持续发展，为推动内蒙古自治区经济转型升级、加快发展做出积极的贡献。

最后，大力推动、积极培育期货市场。紧紧围绕自治区"五大基地"建设，力争将内蒙古自治区能源资源、有色金属和农畜产品中的铁合金、马铃薯、牛羊肉等产品列为期货品种上市交易。支持各盟市设立大宗农畜产品电子交易场所，鼓励各金融机构积极提供结算、融资等金融服务。协调相关期货交易所将内蒙古自治区农畜产品龙头企业列为期货交割库，实现期货市场与现货市场和实体经济的深度融合。

第 九 章

内蒙古自治区保险业发展报告

　　保险业是现代经济的重要产业和风险管理的基本手段，是社会文明水平、经济发达程度、社会治理能力的重要标志。现代保险具有经济补偿、资金融通和社会管理功能，是各类经济主体进行风险分散和损失补偿的市场化选择。加快发展现代保险服务业，对完善现代金融体系、带动扩大社会就业、促进经济提质增效升级、创新社会治理方式、保障社会稳定运行、提升社会安全感、提高人民群众生活质量具有重要意义。

一、内蒙古自治区保险业发展基本情况及特点

内蒙古自治区保险业起步于中华人民共和国成立初期，在计划经济时期，经历了几起几落的曲折发展历程，直到党的十一届三中全会后才迎来了真正的发展时期。改革开放以来，内蒙古自治区保险业快速发展，服务领域不断拓宽，为促进内蒙古自治区经济社会发展和保障人民群众生产生活做出了重要贡献。

（一）内蒙古自治区保险业发展概况

2007~2013年，内蒙古自治区保险业取得了巨大的发展成就，主要表现如下：

1. 保险市场主体不断增加，保险市场体系渐趋完善

2007年，全区共有保险公司省级分公司19家，其中财产险公司10家，人身险公司9家；地市级中心支公司（二级分公司）122家，支公司以下营业性机构1180家。

随着内蒙古自治区保险市场规模的不断扩大，内蒙古自治区保险市场主体不断增加。截至2013年底，全区有各类保险公司39家（含2家在筹），其中财产险省级分公司22家，地市级中心支公司124家，支公司及以下分支机构818家；人身险省级分公司17家，地市级中心支公司89家，支公司及以下分支机构789家，全区保险机构共2025家。全区保险代理机构119家，保险兼业代理共有4219家，保险从业人员9.14万人。保险市场主体数量明显增多，使得保险市场集中度逐步降低，市场格局正在发生显著变化。

2. 保险业务迅速发展，保险业贡献度不断提高

从保费收入来看，原保费收入从2007年的97.75亿元快速增长到2013年的274.69亿元，见图9-1和图9-2。从保险业增加值及所占比重来看，"十一五"以来，保险业增加值绝对量快速增加，由2006年的12.69亿元增加到2011年的46.96亿元，增长了近4倍。与此同时，相对量也发生着积极变化，保险业贡献度由2006年的2.57‰提高到2011年的3.30‰，增加了0.73‰，占第三产业增加值的比重由2006年的7‰提高到2010年的9.7‰，增加了2.7‰。

特别是近几年，内蒙古自治区保险业适应全区经济快速发展和新型产业项目投资大、风险高的特点，不断创新保险服务，通过为全社会提供风险保障，及时组织经济补偿。在重大灾害发生后，保险已经成为补偿经济损失、缓解政府救灾压力、维护社会稳定的重要手段。

3. 资产规模迅速扩大，综合实力明显增强

2007年底，全区保险公司总资产共计192.70亿元，较年初增长19.33%，

占全国保险总资产的 0.66%；负债总计 220.55 亿元，同比增长 19.12%。截至 2013 年底，全区各保险公司总资产达到 584.92 亿元，保险行业整体实力不断增强。

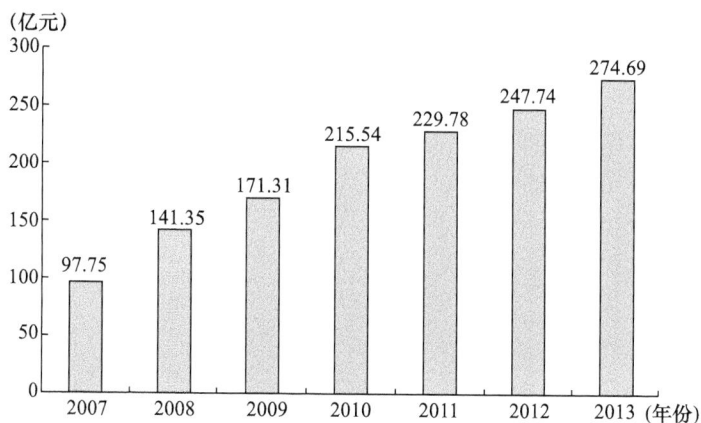

图 9 - 1　2007 ~ 2013 年度内蒙古自治区保费收入情况

资料来源：根据内蒙古自治区统计局编，中国统计出版社出版《2008 ~ 2014 内蒙古统计年鉴》整理。

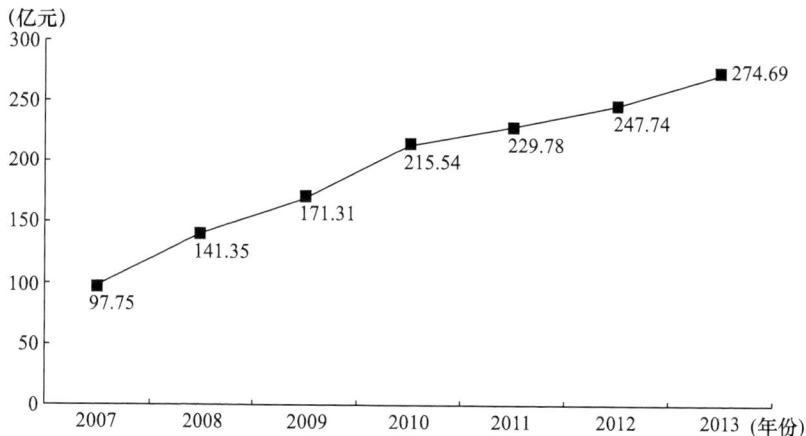

图 9 - 2　2007 ~ 2013 年度内蒙古自治区保费收入情况

资料来源：根据内蒙古自治区统计局编，中国统计出版社出版《2008 ~ 2014 内蒙古统计年鉴》整理。

4. 赔款和给付及时，保险保障功能不断增强

2007 年，全区保险业共支付赔款和给付 32.22 亿元，较 2006 年同期增加 15.02 亿元，同比增长 87.39%。其中财产保险赔款支出 19.32 亿元，同比增长

91.78%；人身保险业务赔付（给付）支出12.90亿元，同比增长81.19%。2013年，内蒙古自治区保险公司累计赔付支出100.56亿元，同比增长17.81%，如图9-2所示。

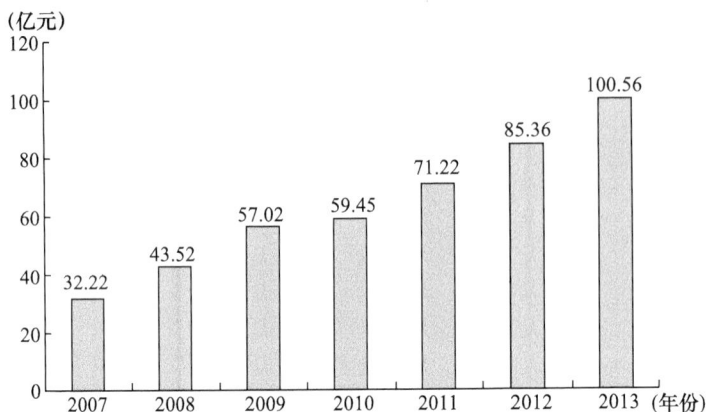

图9-3 2007～2013年度内蒙古自治区保险赔付支出情况

资料来源：根据内蒙古自治区统计局编，中国统计出版社出版《2008～2014内蒙古统计年鉴》整理（其中2007年数据来自《内蒙古自治区保险市场发展报告2008》）。

5. 市场秩序有所好转

保险公司依法合规经营意识不断增强，业务和财务数据真实性逐步提高，部分企业"拼费用、冲规模、抢市场"的非理性竞争势头得到有效遏制；继续加强消费者权益保护的制度建设。制定辖区保险业信访投诉工作量化考核办法，指导行业协会建立保险合同纠纷仲裁调解机制，加强信访督察催办和调查落实，及时妥善处理保险消费者的合理诉求。针对消费者反映的销售误导、理赔难等突出问题，加强综合治理。进一步完善车险承保理赔信息客户自主查询制度和理赔服务质量测评制度，推动理赔服务标准化。

6. 服务经济社会的能力不断提高

随着内蒙古自治区保险市场发展环境的变化，近年来内蒙古自治区保险业迅速发展，保险业在经济和社会发展中的重要性日益显现，在促进经济发展和社会稳定方面发挥着越来越重要的作用。

近5年来，保险业已累计为1527.68万辆次各类机动车辆提供保险承保服务，累计支付各类交通事故赔款179.57亿元，有力地支持了内蒙古自治区道路交通事故处理工作；累计为各类工程建设项目支付保险赔款2亿元，为各类企业财产损失事故支付赔款12.57亿元。2012年巴彦淖尔市和2013年呼伦贝尔市洪涝灾害，以及"8·26延安特大交通事故"发生后，保险业迅速反应，快速理赔，为缓解受灾群众的生产生活困难和促进当地社会稳定做出了贡献。

总之，2007~2013年，面对错综复杂和极为困难的国际国内形势，内蒙古自治区保险业积极进取，开拓创新，保险市场保持良好发展势头，现在保费规模稳步增长，市场结构有所改善，一个集农业、养老、健康等专业化保险公司与综合性保险公司共同发展、专兼业代理机构优势互补的多元化市场格局初步形成；产品业务结构进一步调整，保险深度、密度等指标与全国差距进一步缩小，见表9-1，行业资产总额接近600亿元，监管有度且市场环境有所改善，保险的保障功能日益提高，对经济发展的保驾护航功能充分发挥。

表9-1　2013年内蒙古自治区保险业基本情况

项目	数量
总部设在辖内的保险公司（家）	0
其中：财产经营主体（家）	0
人身险经营主体（家）	0
保险公司分支机构（家）	39
其中：财产险公司分支机构（家）	22
人身险公司分支机构（家）	17
保费收入（中外资，亿元）	275
其中：财产险保费收入（中外资，亿元）	130
人身险保费收入（中外资，亿元）	145
各类赔款给付（中外资，亿元）	—
保险密度（元/人）	1100
保险深度（%）	1.63

（二）内蒙古自治区保险市场运行的主要特点

随着内蒙古自治区经济社会发展变化，"保险"这一市场机制在"社会风险管理"资源配置中的决定性作用日益显著。内蒙古自治区保险业积极推进市场化改革，改善保险有效供给，满足社会多元化的保险需求。其主要表现如下：

1. 保险业务规模稳步增长，保险业服务经济社会的能力持续提高

内蒙古自治区保险业恢复至今发展迅速，在经济生活中发挥着越来越显著的作用。近年间，内蒙古自治区保险市场发展较快，除了2010年，其余年份保险业务增长速度均与全国平均持平，见图9-4。2001~2010年，年均增长26%，

全国排名由第26位升至第23位,保险业务规模大幅提高。2013年全区实现保费收入274.69亿元,同比增长10.88%。其中,财产险保费收入129.73亿元,同比增长8.25%;人身险保费收入144.96亿元,同比增长13.33%。图9-4反映了2007~2013年度内蒙古自治区保险业保费收入变化情况。

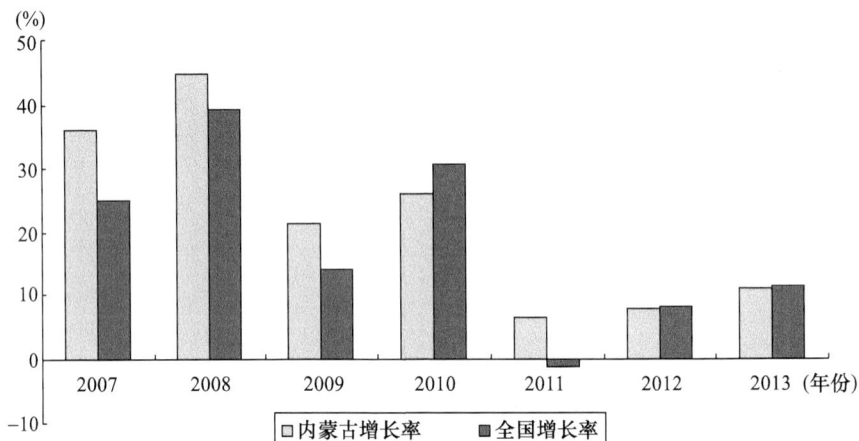

图9-4 2007~2013年度保费收入增长率对比

资料来源:根据内蒙古自治区统计局编,中国统计出版社出版《2008~2014内蒙古统计年鉴》整理。

2. 赔付、给付支出逐年提高,经济补偿和风险管理功能持续攀升

近年来,内蒙古自治区保险业对经济社会的贡献度显著提高,保险业支持经济发展的能力不断增强。"十一五"期间,全区保险业共承担各类风险13万亿元,支付赔款和给付194亿元,分别是"十五"时期的5倍和2.7倍。财产险赔款支出从2006年的10.07亿元攀升至2010年的42.04亿元;人身险赔付支出从2006年的7.12亿元上升至2010年的17.41亿元。2011年,全区保险业共承担各类保险金额达到3.69万亿元,保险业总赔付支出71.22亿元,同比增长19.80%。其中,财产保险赔款支出51.09亿元,同比增速22%;人身保险赔付支出20.13亿元,同比增速16%。

2012年,内蒙古自治区全区保险公司累计赔付支出85.36亿元,其中财产险赔付支出60.55亿元、人身险赔付支出24.81亿元。2013年,内蒙古自治区全区保险公司累计赔付支出100.56亿元,同比增长17.81%。其中财产险赔付支出67.61亿元,同比增长11.66%;人身险赔付支出32.95亿元,同比增长32.81%。图9-3反映了2007~2013年内蒙古自治区保险业原保险赔付支出情况。从图9-3可以看到,保险赔付支出逐年上升,说明保险业务基数不断扩大,增加了赔付客户的数量,有效满足了客户需求,保险业经济补偿作用的发挥越来

越显著。

3. 保险业渗透水平相对较低

对比内蒙古自治区经济发展，2010 年以来内蒙古自治区保险行业的总保费收入增速趋缓，保险行业发展稍滞后于整体经济发展。例如，从衡量一国或地区保险业发展水平的具有重要参考价值的保险深度和保险密度这两个基础性指标来看，内蒙古自治区保险业发展水平还是明显偏低的。

保险密度是按地区人口计算的人均保费收入，反映了该地区商业保险的普及程度和保险业的发展水平。表 9 - 2 是 2006～2013 年内蒙古自治区保险密度的变化情况。从表 9 - 2 中的数据来看，内蒙古自治区的保险密度逐年上升，且增速较快，但同全国的平均水平相比，除 2008 年外，各年份的保险密度值一直低于全国的平均水平，这表明内蒙古自治区运用保险机制的主动性还不够，全社会的保险意识还不强，居民的保险参保率处于较低水平。

保险深度是地区全部保费收入与地区的国内生产总值（GDP）总额的比值，该指标是衡量地区保险市场发展程度和潜力的指标之一，反映保险业在地区经济中的贡献率。表 9 - 2 最后一列为 2006～2013 年内蒙古自治区保险深度的变化情况。2006～2013 年内蒙古自治区保险深度波动不大，进入 2012 年保险深度的增长速度趋缓，反映了内蒙古自治区保险业对国民经济相关领域的覆盖程度较低，保险业务的发展相对滞后。

2013 年，中国的保费深度为 3%，保费密度为 1300 元/人，而发达国家的保费深度大多为 8%～12%，换算为人民币保费密度高达 15000～30000 元/人，内蒙古自治区保险市场仍有很大的挖掘潜力。

表 9 - 2　内蒙古自治区保险业发展指标各年度对照表

年份	保费收入（万元）	保险密度（元/人）	保险深度（％）
2006	719505	301.50	1.50
2007	977478	406.43	1.62
2008	858201	585.59	1.82
2009	1713104	707.29	1.76
2010	2155372	872.40	1.84
2011	2297800	926.00	2.00
2012	2477437	995.01	1.55
2013	2746909	1099.81	1.63

资料来源：根据内蒙古自治区统计局编，中国统计出版社出版《2007～2014 内蒙古统计年鉴》整理。

4. 机构延伸步伐加快，市场竞争趋势加强

截至 2013 年底，全区有各类保险公司 39 家（含 2 家在筹），其中财产险省级分公司 22 家，地市级中心支公司 124 家，支公司及以下分支机构 818 家；人身险省级分公司 17 家，地市级中心支公司 89 家，支公司及以下分支机构 789 家，全区保险机构共 2025 家。表明内蒙古自治区保险市场主体数量明显增多，保险市场集中度逐步降低，市场格局正在发生变化。市场主体的增加进一步提高了保险网络覆盖面，拓宽了保险服务领域，市场机制逐步形成，竞争效应开始显现。

从保险中介市场来看，全区保险代理机构 119 家，保险兼业代理共有 4219 家，保险从业人员 9.14 万人。形成了种类比较齐全、遍布全区、布局合理、运作规范的中介市场体系。伴随着中介市场的不断发育，一个主体结构比较完善、初具规模与活力的保险市场，已经在内蒙古自治区逐渐形成。

5. 险种结构明显改善，保险保障功能不断健全

1996 年按照《保险法》的要求，保险业实行产险、寿险分业经营。2011 年，内蒙古自治区产险与寿险业务比例为 52∶48，表明业务结构已开始改善，市场适应能力加强，寿险、非寿险业务趋于合理化。具体来讲，产险公司优化险种结构，降低高风险业务，增加了工程保险、责任保险等效益型险种业务。2011 年，产险公司车险与非车险保费收入分别增长 21.1% 和 21.9%，交强险与商业险保持稳定增长；农业险支农惠农作用进一步增强，保费收入达 17 亿元，排名全国第二，承担风险责任 226.2 亿元，受益农户 268.7 万户。2013 年，内蒙古自治区财产险业务结构不断优化。农业保险平稳推进，保费规模位居全国第二，林木保险居全国首位，养殖业保险排名第六。保证保险、信用保险、工程险和环境污染责任保险分别同比增长 220.16%、171.76%、49.48%、70.11%。人身险业务结构调整成效显著，缴费结构趋于合理，人身险内含价值不断提升。标准保费同比增长 33.37%，高于规模保费增速 12 个百分点，健康险增速达到 44.34%。在重大灾害事故发生后，内蒙古自治区保险业全力以赴开展抗灾救灾、保险理赔，为缓解灾区人民的生产生活困难和促进当地社会稳定做出了积极贡献。

6. 行业风险管理水平有所提升

以中国保监会 2012 年 3 月发布《中国第二代偿付能力监管制度体系建设规划》为标志，关乎保险业长远发展的重要制度探索，正式启动，计划用 3~5 年时间建成。为此，内蒙古自治区监管局出台了一些措施和文件，引导和促进保险行业的风险管理水平的提高。例如：首先是强化非现场风险监测。完善风险监测预警指标体系，按季度开展风险监测和分析，下发风险提示函 4 次。对 37 家保险公司开展分类评级，对 39 家保险专业中介法人机构进行分类评估，按照评估

结果实施分类监管。其次是全面开展风险排查。组织开展中介业务风险、资金风险、退保和满期给付风险排查，有效控制市场存量风险。对寿险费率改革新产品进行跟进，开展公司异常销售行为检查，预防市场增量风险。最后是积极防范案件风险。规范保险公司大案要案处置流程，通过案件风险排查主动发现保险公司违法案件 11 起，占新发现案件的 73.33%。采取有效措施，积极应对和妥善处置赤峰市元宝山区邮政网点群体退保事件。健全反保险欺诈行政执法和刑事执法合作机制，协助公安厅破获跨六省市车险诈骗案。

此外，内蒙古自治区监管局还广泛部署了保险消费者权益保护工作。

总之，随着保险业的迅速发展，保险业在内蒙古自治区经济和社会发展中的地位日益显现，保险业在促进经济增长和社会稳定方面发挥着越来越重要的作用。

二、财产保险市场发展现状、问题及对策

财产保险在内蒙古自治区保险业发展中发挥着举足轻重的作用。近年来，作为"经济助推器"和"社会稳定器"的内蒙古自治区财产保险业，在服务农牧业生产和新农村新牧区建设、参与和加强道路交通安全管理、支持社会管理机制创新、服务地方经济建设等领域均发挥了积极作用，服务领域不断拓宽，服务内涵不断丰富。

（一）财产保险市场的基本情况

2007～2013 年内蒙古自治区财产保险业取得了巨大成就，在促进改革、保障经济、稳定社会、造福人民生活方面发挥了重要作用。

1. 保费收入

2007 年，全区财产保险保费收入 37.36 亿元，同比增加 15.52 亿元，同比增长 71.09%，增速全国排名第一位。2013 年，内蒙古自治区全区共实现财产险原保险保费收入 129.73 亿元，同比增长 8.25%，如图 9 - 5 所示。

2. 赔付情况

2007 年，全区财产保险赔款支出 19.32 亿元，同比增加 9.24 亿元，同比增长 91.78%，占全区保险业总赔付支出的 60% 以上。2011 年，全区保险公司累计赔款和给付 71.22 亿元，比 2010 年同期增加 11.77 亿元，同比增长 19.80%，低于全国平均增速 7.79 个百分点。截至 2013 年底，内蒙古自治区全区保险公司累计赔付支出 100.56 亿元，同比增长 17.81%。其中财产险赔付支出 67.61 亿元，同比增长 11.66%，如图 9 - 6 所示。

(亿元)

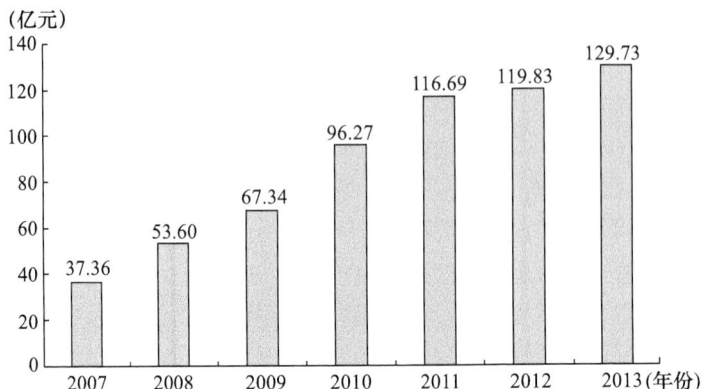

图9-5 2007~2013年内蒙古自治区财产保险保费收入情况

资料来源:根据内蒙古自治区统计局编,中国统计出版社出版《2008~2014内蒙古统计年鉴》整理。

3. 资产及市场主体

截至2007年末,全区财产保险公司总资产共计18.61亿元,较年初增长46.64%,占全国财产保险公司总资产的0.48%,占内蒙古自治区保险业总资产的9.66%;2011年末,全区财产险公司资产总计44.62亿元,较年初增长17.98%,占保险业总资产的11%;负债总计33.73亿元,较年初略降1.80%。

(亿元)

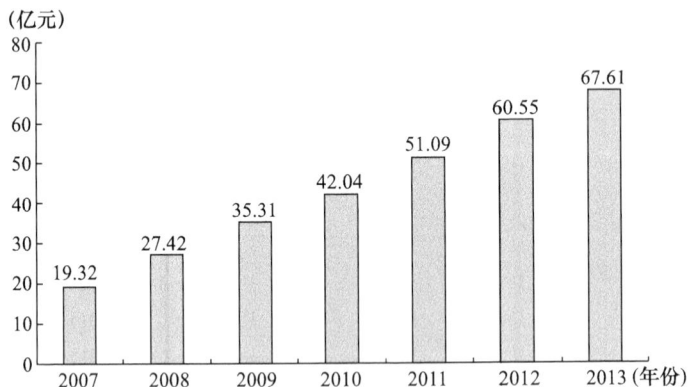

图9-6 2007~2013年内蒙古自治区财产保险赔付情况

资料来源:根据内蒙古自治区统计局编,中国统计出版社出版《2008~2014内蒙古统计年鉴》整理(其中2007年数据来自《内蒙古自治区保险市场发展报告2008》)。

2007年内蒙古自治区新增保险市场主体4家,截至2007年底,全区共有保险公司省级分公司19家,其中财产险公司10家。地市级中心支公司(二级分公司）122 家，支公司以下营业性机构 1180 家。2011 年，财产险新开业省级分公司 2 家（另有 1 家批筹），中心支公司 12 家、支公司及以下分支机构 51 家。截至 2013 年底，全区有财产险省级分公司 22 家，地市级中心支公司 124 家，支公司及以下分支机构 818 家。

4. 经营效益状况

近几年，全区财产保险经营情况不断改善，财产险公司承保利润率呈现"U"形发展态势，由 2001～2003 年高盈利至 2006 年、2007 年微利甚至负增长，近年又稳步提升，逐渐回归；2011 年，财产险公司经营效益持续向好，实现承保利润 11.72 亿元，同比增长 102.28%，承保利润率达 11.98%，同比提高 4.6 个百分点，高于全国平均水平 7 个百分点；综合赔付率、综合费用率均较 2010 年同期不同程度下降，盈利能力持续向好。16 家财产险公司中有 13 家实现盈利，主要险种实现全盈利，12 个盟市实现全盈利。

2013 年，内蒙古自治区财产险公司经营效益保持稳定，全年实现承保利润 12.38 亿元，全国排名第三；承保利润率 10.63%，高于全国平均水平 10 个百分点，全国排名第二；保险业经营风险得到有效防范，财产保险公司准备金提取充足，现金流比较宽裕，截至 2013 年末，未到期责任准备金余额 48.94 亿元，经营活动产生现金净流入 12.13 亿元。总之，全区财产险公司不断提高发展质量，在理赔投入加大、理赔成本上升的条件下仍然保持了持续盈利。

（二）内蒙古自治区财产保险市场运行的主要特点

2007～2013 年，内蒙古自治区财产保险业务长足发展，对经济社会的保障作用日益增强，保险主体增加，市场竞争趋势加强，业务结构不断变化，各险种协调发展，农业保障度大幅提升，支农、惠农作用发挥显著。

1. 财产保险业务长足发展，对经济社会的保障作用日益增强

内蒙古自治区财产保险业自 20 世纪 80 年代恢复至今发展迅速，在经济生活中发挥着越来越重要的作用。近几年，仍保持了快速发展态势，全区财产保险保费收入从 2007 年的 37.36 亿元增加到 2013 年的 129.73 亿元，几年间增长了 3 倍，如图 9-7 所示。保险的保障功能日益提高，对经济发展的保驾护航功能充分发挥，对人民群众生活安定和企业正常运作起到了重要的经济补偿与保障作用。

2. 保险主体增加，市场竞争趋势加强

保险市场主体延伸步伐加快，竞争趋势加强。1996 年之前，内蒙古自治区保险市场只有中国人民保险公司一家独揽业务，到 2010 年底，内蒙古自治区保险市场主体已大幅增加。其中财产保险公司 15 家，并且新老公司都加快了向各

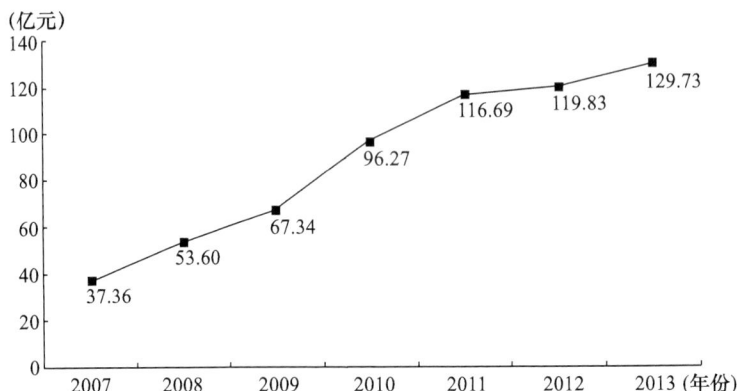

图 9 - 7 2007 ~ 2013 年内蒙古自治区财产保险保费收入情况

资料来源：根据内蒙古自治区统计局编，中国统计出版社出版《2008 ~ 2014 内蒙古统计年鉴》整理（其中 2007 年数据来自《内蒙古自治区保险市场发展报告 2008》）。

盟市延伸的步伐。市场主体的增加进一步扩大了保险网络覆盖面，拓宽了保险服务领域，市场机制逐步形成，竞争效应开始显现。此外，保险中介制度的实施初见成效。2010 年底内蒙古自治区有专业中介公司 49 家、保险兼业代理公司 2914 家。截至 2013 年底，全区有财产险省级分公司 22 家，地市级中心支公司 124 家，支公司及以下分支机构 818 家。形成了种类比较齐全、遍布全区、布局合理、运作规范的中介市场体系。伴随着中介市场的不断发育，一个主体结构比较完善、初具规模与活力的保险市场，已经在内蒙古自治区逐渐形成。

3. 业务结构不断变化，各险种协调发展

近年来，内蒙古自治区财产险公司各险种协调发展。一是车险与非车险协调发展。车险业务实现保费收入 86.51 亿元，同比增长 21.07%；非车险业务实现保费收入 33.31 亿元，同比增长 21.93%，占比 28%，较 2012 年同期略有上升。二是交强险与商业车险协调发展。商业车险实现保费收入 62.38 亿元，同比增长 21.42%，略高于交强险 20.17% 的增速，占比 72%，基本稳定。三是非车险业务多个险种发展步伐加快。2012 年，内蒙古自治区农业保险、责任保险等业务领域稳步拓展，森林保险、科技保险、环境污染责任保险以及保险支持文化产业等试点工作启动。

4. 大力开展农业保险，服务农牧业生产和新农村、新牧区建设

自 2007 年内蒙古自治区被国家确定为第一批农业保险保费补贴试点省份以来，6 年间已累计为 1467 万户次农牧民提供农牧业生产风险保障 1004 亿元，累计为近 754 万户次农牧户支付了 46.32 亿元的保险赔款，特别是"8·26"巴彦淖尔市洪涝灾害支付赔款 1.52 亿元，在补偿灾后经济损失、缓解政府救灾压力、

维护社会稳定等方面发挥了重要作用。与此同时，自 2008 年以来，内蒙古自治区财产保险业已累计为各类乡镇企业财产损失、农牧户家庭财产损失、农机具交通事故、农牧民意外伤害和疾病事故提供了近 1020 亿元的风险保障，已累计支付各类赔款 1.06 亿元，为农村牧区的平安建设和农牧民的安居乐业提供了基本保障。

5. 积极参与社会风险管理，成为政府公共服务的有益补充

一是农业保险成为政府落实支农惠农政策的有效手段，2013 年前三季度实现保费收入 26.05 亿元，同比增长 38.13%，增速创近五年来的新高，种植业、养殖业以及森林保险全面发展。二是责任保险成为化解社会矛盾纠纷、减轻政府管理压力的有效手段，实现保费收入 2.38 亿元，同比增长 36%，安全生产责任保险、校方责任保险、环境污染责任保险等险种实现突破性发展。三是商业保险成为社会保障体系的重要补充，特别是随着城乡居民大病保险制度的建立，带动了健康险的快速发展，实现保费 13.41 亿元，同比增长 39%。

（三）内蒙古自治区财产保险市场发展的主要问题

2013 年，内蒙古自治区保险业面对自治区经济下行压力加大、企业效益下滑等宏观经济不利形势，全行业认真贯彻党的"十八大"精神，积极应对挑战，扎实推进改革发展，保险市场呈现"稳中有进、进中向好"的发展态势。伴随着自治区经济发展不断迈上新台阶，全区财产保险业呈现出良好的发展态势，但在财产保险业务规模、险种结构、财险市场经营行为及财险产品和服务创新等方面，还有较大的提升空间。

1. 业务规模偏小，不能很好地满足经济社会发展需要

近年来，随着内蒙古自治区经济社会的快速发展，财产保险业取得了一定成绩，但市场开拓只是刚刚开始，开发的力度仍然不够，与全国平均水平相比也存在差距，见表 9-3 和表 9-4（未区分产、寿险）。2007 年财产险保险深度 0.62%，低于全国保险深度近 0.2%，保险密度 155.33 元/人，在内蒙古自治区人口密度较低的情况下财产险密度与全国水平基本相似。

近年来，内蒙古自治区财产保险业快速发展，保费收入增长较快，服务领域不断拓宽，赔付支出持续增加，财产保险业为促进经济社会发展和保障人民群众生产生活做出了重要贡献。但从保险密度与保险深度等重要指标来看，内蒙古自治区财产保险业仍处于发展的初级阶段，财产保险不能适应全面深化改革和经济社会发展的需要，与现代保险服务业的要求还有较大差距。

表9-3 2011~2013年度内蒙古自治区保险密度与全国水平比较

年份	内蒙古自治区保险密度（元/人）	全国保险密度（元/人）	差距（元/人）
2011	926	1064.4	138.4
2012	995.01	1143.8	148.79
2013	1099.81	1265.67	165.85

资料来源：根据内蒙古自治区统计局编，中国统计出版社出版《2012~2014内蒙古统计年鉴》整理。

表9-4 2011~2013年度内蒙古自治区保险深度与全国水平比较

年份	内蒙古自治区保险深度（%）	全国保险深度（%）	差距（%）
2011	2	3	1
2012	1.55	2.98	1.43
2013	1.63	3.03	1.5

资料来源：根据内蒙古自治区统计局编，中国统计出版社出版《2012~2014内蒙古统计年鉴》整理。

2. 保险业务险种结构尚不合理，结构调整需进一步加强

近几年，保险公司做调整，优化险种结构，降低高风险业务，增加了工程保险、责任保险等效益型险种业务。但在产品结构方面，财产险业务主要靠车险的局面已经持续多年，近两年由于农业保险保费大幅增长，机动车辆保险占比较往年有大幅度下降，但财产保险业务险种结构尚不合理，结构调整需进一步加强。

目前，内蒙古自治区财产保险业务中，各保险公司保费收入的主要来源仍是机动车辆保险、企业财产保险和货物运输保险，而责任保险、工程保险、高科技保险等还处于较低的水平。

3. 保险市场经营行为仍需规范，经营方式没有根本转变

受初级发展阶段销售模式、考核机制和管理体制等制度性安排和发展思维定式影响。业务发展模式粗放，设机构、铺摊子等传统的外延式发展模式仍在部分公司特别是新进入主体中比较盛行，经营方式没有根本改变。竞争手段单一，业务获取一定程度上依赖于价格和手续费、佣金，保险市场价格不时受到扭曲，影响了正常的市场秩序，将会出现不正当竞争甚至是恶性竞争，从而加剧保险公司的经营风险，阻碍财险行业可持续发展进程。

4. 产品和服务创新方面存在不足

近年来，内蒙古自治区各财险公司在产品开发方面做出了积极努力和探索，但受分支机构建制、发展思路、研发人员等因素制约，产品创新能力较弱，基本上都在销售由总公司基于全国保险市场需求设计的产品，从而导致目前内蒙古自

治区保险市场上的财险产品众多却同质化现象较严重，真正市场主打的产品有限，没有很好地满足地区特色发展的需要。因此，各财险主体如何创新观念，紧扣地方经济社会发展特点，充分发挥贴近市场、贴近消费者需要，开发适销对路的产品，以优质的产品在竞争中取胜成为当前亟须解决的重要课题。

（四）加快内蒙古自治区财产保险业发展的对策

加快内蒙古自治区财产保险业发展应优化市场主体结构，加快产品创新，优化渠道结构，以人为本，实施人才战略，实现财产保险业又好又快发展，从而更好地为自治区经济社会发展服务。

1. 优化市场主体结构

市场主体的优化，包括保险人、保险中介人数量和结构的多元化。只有当市场上有足够数量的保险人、中介人时，市场机制才能真正发挥作用。保险监管部门应鼓励刚刚进入内蒙古自治区保险市场的几家保险公司在全区各地、市设立分支机构。引导国内外保险公司涉足内蒙古自治区保险市场，增加批准进入保险市场的保险主体，引入竞争机制，这样有利于内蒙古自治区保险市场的进一步开发。

一是围绕农牧业产业化经营和专业化生产，适应畜牧业的规模化养殖和集约化经营，培育多元化的农业产业功能，积极开展内蒙古自治区政策性农业保险业务，着力培育内蒙古自治区农业保险法人机构，发挥法人机构资金、人才、技术的聚集效应，逐步在全区范围内建立政策性农业保险的长效机制，降低农牧户经营成本，提高农牧业经营效益。二是适应社会财富日益集中、社会发展日趋多元化趋势，大力发展机动车辆保险公司、责任保险公司、健康保险公司等专业保险公司，丰富市场主体种类，加快相关领域业务的发展，培育新的增长点。三是配合内蒙古自治区切实加大对北美、南美、欧洲及俄罗斯、蒙古国等市场的开拓力度，培育新的出口增长点，加快形成出口市场多元化格局。

2. 加快保险产品创新，满足社会对保险的需求

内蒙古自治区财产保险业在今后的发展中，既要借助于全国及国际经济大环境，又不能盲目跟随其他省、市，要依据地区的实际情况，借鉴国外先进经验，把握住消费者的心理与地区特征，根据市场变化灵活地开发适销对路的产品占领市场份额，开发适合的险种，建立适应经济结构的保险市场。

针对目前财险产品众多却同质化现象严重，真正市场主打的产品有限的现实情况，在产品发展上，实现以市场需求为导向的产品结构调整，即在现有效益和规模的产品基础上，拓宽保险市场的覆盖面。具体而言，一是积极争取政策支持，启动县域养老机构责任保险，制定内蒙古自治区、盟市、旗县三级财政补贴政策，构建由政府、养老服务机构和入住老人三方组成的保费分担机制。二是加快产品创新，开办涉农、涉牧小额贷款保证保险和信用保险业务，破解奶农、马铃薯种植户等特色农业生产经营者融资难题，探索建立农村信贷与农牧业保险相结合的互动体系。三是健全农村牧区保险服务体系。加快旗县保险分支机构设立，并向农村牧区延伸，扩大业务授权，提高服务广大农牧户和小微企业能力。

3. 优化渠道结构

阿里、腾讯等互联网公司正在摩拳擦掌进入金融保险领域。移动互联用户渗透速度远超想象。随着互联网公司的进入，消费者的消费习惯和期望都发生很大改变，财产险公司必须未雨绸缪，积极布局多渠道整合，打造数字化能力，才能立于不败之地。

引导财险公司合理配置销售渠道资源，巩固个人代理渠道，提升专业中介业务品质，探索和规范电话销售、网络销售等新型销售渠道，逐步形成不同渠道相互补充、共同发展的格局。积极稳妥地推进保险营销体制改革，鼓励保险公司探索符合自身实际的营销模式。

创新中介机构经营模式，健全和完善中介机构公司治理和内控制度。鼓励中介机构不断创新，突破现有的分工格局，增强核心竞争力。鼓励创新经营模式、鼓励创新合作方式，通过与保险公司签署协议，形成双方在品牌、人才资源、产品开发、市场开拓和客户服务等全方位、多层次的长期战略合作，整合双方资源，实现共赢。

4. 以人为本，实施人才战略

保险业真正的竞争不是资产实力上悬殊，而是人才流失的隐忧。保险人才的培养是一个循序渐进的积累过程，只有及早着手、多渠道培养和引进人才，才能尽早解决专门人才不足的问题。对于内蒙古自治区财产保险业来说，要想在人才争夺战中稳住阵脚，必须实施人才战略——不仅要注重保险人才的培养和引进，还要加强与高等院校的合作，逐步解决保险人才跟不上保险行业发展的问题。

（五）财产保险市场发展前景展望

2014年内蒙古自治区财产保险业将迎来良好的发展局面。经济社会转型为财产保险业发展提供广阔空间，产业结构优化升级为财产保险业提供巨大机遇，新技术推动渠道创新，着力保护保险消费者利益，市场秩序将更加规范。

1. 经济社会转型为财产保险业发展提供广阔空间

数据显示，从2000年到2009年，内蒙古自治区GDP年均增速达到惊人的18.7%，2010年，内蒙古自治区全区生产总值达11620亿元，迈入GDP"万亿元俱乐部"。内蒙古自治区目前的人均GDP也已经超过10000美元。另外，随着工业化和城镇化快速推进，社会流动速度在加快，社会风险在加速积累，迫切需要市场化、社会化的风险管理方式逐渐取代传统的风险分散模式，保险在社会风险管理中的作用日益突出。因为，随着居民收入水平和社会公众保险意识不断提高，消费结构将不断升级，保险需求更加多样化，居民的消费结构会随着货币财富的增加而变化，随着一些高额财产、文化娱乐、旅游等精神消费支出的增加而增加，诸如汽车保险、家庭财产保险、旅游保险会随着消费者可支配收入的增加而增加。

2. 产业结构优化升级为财产保险业提供巨大机遇

"十一五"期间，内蒙古自治区经济保持了较快发展，产业结构和投资结构更加合理，重大项目和重点工程建设速度加快，优势特色产业的地位更加突出，城乡居民收入不断提高，内蒙古自治区经济良好的增长态势，是财产保险业发展的坚实基础。"十二五"期间，内蒙古自治区继续保持和促进国民经济快速、协调、健康发展，综合实力进一步提高。内蒙古自治区经济发展呈现出总量扩大、结构优化、效益提高、后劲增强的良好态势。

根据内蒙古自治区社会经济发展规划，"十二五"期间内蒙古自治区新能源、新材料产业发展步伐加快。在促进新能源产业发展，创新发展可再生能源技术、节能减排技术、清洁煤技术，大力推进节能环保和资源循环利用，实现产业结构升级和结构进一步优化过程中，可再生能源的运输和机器安装方面，风力发电机安装和使用等领域对内蒙古自治区保险业提出新的需求，财产保险业发展存在重大机遇。未来几年，内蒙古自治区将加快推进传统产业新型化、新兴产业规模化、支柱产业多元化，大力发展煤炭高效清洁利用，促进钢铁、有色、农畜产品加工等产业延伸升级，做大做强装备制造、汽车、光伏、云计算、节能环保等新兴产业。内蒙古自治区财产保险业可围绕产业转型升级培育新的业务增长点。

3. 新战略带来新机遇

2013 年 9 月和 10 月，中国国家主席习近平在出访中亚和东南亚国家期间，先后提出共建"丝绸之路经济带"和"21 世纪海上丝绸之路"的重大倡议。中国国务院总理李克强参加 2013 年中国—东盟博览会时强调，铺就面向东盟的"海上丝绸之路"，打造带动腹地发展的战略支点，加快"一带一路"建设，有利于促进沿线各国经济繁荣与区域经济合作，加强不同文明交流互鉴，促进世界和平发展，是一项造福世界各国人民的伟大事业。

"一带一路"沿线各国资源禀赋各异，经济互补性较强，彼此合作潜力和空间很大。以政策沟通、设施联通、贸易畅通、资金融通、民心相通为主要内容，重点在以下方面加强合作：

内蒙古自治区可依托沿边陆运口岸，建设边境经贸合作高端平台。西部以策克、乌力吉、甘其毛都、满都拉口岸为重点，打造对蒙能源资源战略通道、加工和储备基地；中部以二连浩特、珠恩嘎达布其口岸为重点，打造集商贸流通、综合加工、国际物流、人文交往于一体的对蒙经济合作主示范区；东部以阿尔山、额布都格、阿日哈沙特口岸为重点，打造对蒙跨境旅游和生态产业合作区；东北以满洲里、黑山头、室韦口岸为重点，打造集商贸流通、综合加工、国际物流、跨境旅游、人文交往于一体的对俄经济合作主示范区。

内蒙古自治区财产保险业紧紧围绕国家战略，开展双边跨境保险业务合作。一是积极推动中蒙双方机动车辆保险、货物运输保险、工程保险、旅游保险等合作，为对方保险公司开展风险评估、资信调查和理赔提供便利。二是鼓励保险机构发展出口信用保险，研究开展边境贸易出口业务和跨境人民币结算业务承保试点。三是鼓励引导保险资金以债权、股权、基金、资产支持计划等方式投资实验区基础设施项目建设。

4. 着力保护保险消费者利益，市场秩序将更加规范

保险消费者保护是保险业持续发展的基础。保险监管的最大职责是保护保险消费者的合法权益，而不仅仅是推动保险业的发展。保险业对经济社会发展的可能破坏作用，不是体现在保费增速放缓上，而是体现在偿付能力不足、销售误导、理赔纠纷等对保险消费者权益侵害问题上。保险监管部门将继续以保护保险消费者利益为目的，加大监管力度，着力解决市场秩序和行业诚信等突出问题，确保行业健康、持续发展。公众保险消费教育是保险消费者保护的重要防线。要用专业知识武装消费者，让消费者增强自我保护能力。正确把握保险消费者保护与反保险欺诈的关系。不保护保险消费者中的少数保险欺诈者的"权益"，实际是对大多数保险消费者的保护；今后将加大对重点业务领域和市场违规行为的整治力度，维护良好的市场秩序。通过进一步加强车险业务监管，促进车险市场有序、健康发展。逐步加强非车险业务监管，规范大型商业项目保险。切实提高公司内控水平，不断增强财产保险公司防范风险的内在驱动力。加强公司防范风险的机制建设，通过加强财险公司内部稽核，做到事后审计与事中审计相结合，监督评价与整改处理并重。监管部门将把促进内控制度建设作为防范、化解风险的一项重要任务来抓，建立内部控制定期检查制度，推动公司夯实基础、稳健经营、提高财险公司核心竞争力。

5. 新技术推动渠道创新和服务，新渠道快速发展

随着通信技术的日益现代化，金融保险服务业对新技术的利用业在快速跟进，保险业借助新技术力量正不断提升行业的竞争力。从销售角度来看，电话营销、网络营销等新渠道开始启动并形成规模。与此同时，传统营销渠道借助新技术的应用，也可以为客户带来全新的购买体验。从服务的角度来看，借助互联网

实现随时随地保全、理赔等服务项目，给客户带来更加及时、方便的服务体验。

目前网络化销售模式主要包括：保险公司自建的互联网营销平台或电商销售平台，主要保险公司大多建立自有互联网销售平台；互联网保险中介平台，如慧择网、大童网等；兼业代理机构，是指代理机构在从事自己业务的同时，根据保险人的委托，向保险人收取保险代理手续费，在保险人授权的范围内代办保险业务；第三方电子商务销售模式，第三方电子商务平台巨头具有海量用户，且用户更乐于接受互联网金融产品，具有高转化率，淘宝、京东、苏宁、腾讯等都开辟了互联网保险销售模块。

能够实现渠道互联网化的保险产品的特点归结为条款简单、保费低廉、交易便利。条款越简单的产品，越容易标准化，客户需要得到的咨询越少，互联网化的模式越适合，最典型的产品就是车险和人身意外伤害险；保费要低廉，保费越低，客户的敏感性相对越低，越容易达成交易；交易便利，包括场景便利和支付便利。第三方支付使交易变得更加便捷，保险网络化被进一步推进。为此，财产保险公司需要采用多种维度的定价方式对保险产品碎片化设计，实现简单化定价。比如，在网络意外险的购买中，就需要细化到一人一天一次旅行的保险产品标准化设计与定价。

三、人身保险市场发展现状、问题及对策

人身保险是以人的寿命和身体为保险标的的保险，其中包括人寿保险、人身意外伤害保险和健康保险。人身保险通过提供经济给付保障被保险人、受益人等主体的财务安全。人身保险市场是指人身保险供求双方对于产品交换与服务的各种关系的总和。在人身保险市场上，保险公司提供人身保险产品，人身保险的投保人支付一定的保费取得人身保险产品，双方交易的对象是保险人为保险消费者提供的人身保险产品。

（一）人身保险市场发展基本情况

2007～2013 年，内蒙古自治区人身保险业务保持了较稳健的发展态势，保费规模较快增长、赔款和给付不断增长、业务及产品结构逐步调整、资产规模和市场主体持续扩大，人身保险功能作用有效发挥，服务内蒙古自治区经济社会的能力不断增强。

1. 保费收入

2007 年，全区人身险保险原保险费收入 60.39 亿元（其中包括财产保险公司经营的意外险、短期健康险原保费收入 1.59 亿元），占总保费的 61.78%，同

比增长 20.50%,增幅比 2006 年提高了 5.25 个百分点。其中寿险业务实现原保险保费收入 53.50 亿元,同比增长 20.73%;2011 年,全区人身险保险原保险费收入 113.09 亿元,占总保费收入的 48%;2012 年,全区人身险保险原保险费收入 127.91 亿元;2013 年,全区实现人身险原保费收入 144.96 亿元,同比增长 13.33%。如图 9-8 所示。

2. 赔款和给付支出

2007 年,全区人身保险赔款和给付支出 12.90 亿元,同比增长 81.19%,其中寿险业务给付金额为 10.28 亿元,同比增长 110.49%;健康险赔款支出为 1.37 亿元,同比增长 3.81%;人身意外伤害赔款支出 1.25 亿元,同比增长 36.32%。2011 年,在全区保险业总赔付支出 71.22 亿元中,人身保险赔付支出 20.13 亿元,同比增速 16%。2012 年人身保险赔付支出 24.81 亿元,2013 年全区人身保险赔付支出 32.95 亿元,其中人身意外伤害保险赔付支出 15916.12 万元、健康保险赔付支出 66918.79 万元和人寿保险赔付支出 246705.30 万元。

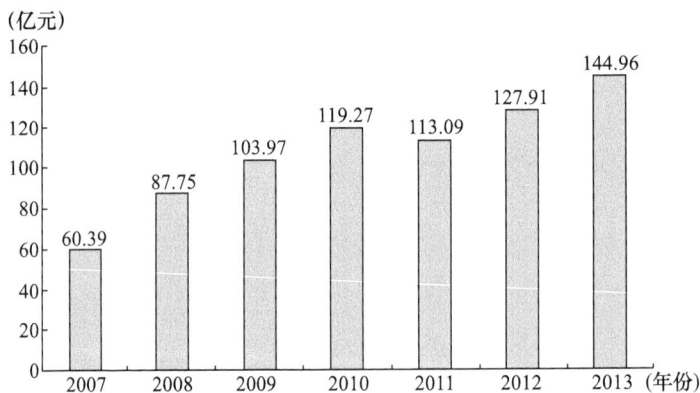

图 9-8 2007~2013 年内蒙古自治区人身保险保费收入情况

资料来源:根据内蒙古自治区统计局编,中国统计出版社出版《2008~2014 内蒙古统计年鉴》整理。

人身保险赔款与给付的不断增长,表明人身保险业经济保障作用的发挥越来越显著,如图 9-9 所示。

3. 业务及产品结构

2011 年,内蒙古自治区保险保费收入 229.8 亿元中,寿险保费收入为 98.1 亿元,占保费总收入的 42.7%;意外险保费收入 5.6 亿元,占保费总收入的 2.42%;健康险保费收入为 9.4 亿元,占保费总收入的 4.09%。2012 年内蒙古自治区原保险保费收入为 247.7 亿元,同比增长 7.82%,占全国总保费用收入的

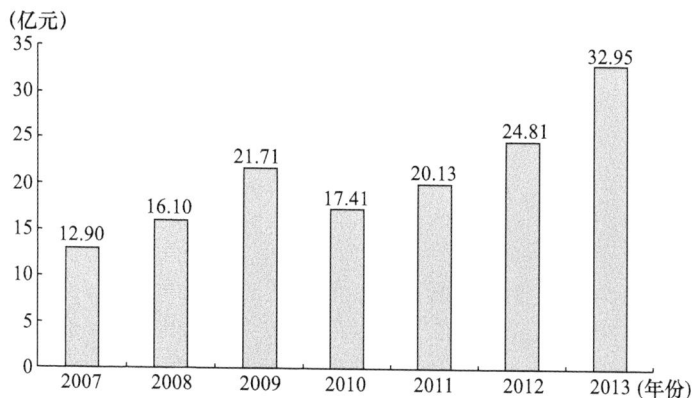

图 9 - 9　2007 ~ 2013 年内蒙古自治区人身保险赔付支出情况

资料来源：根据内蒙古自治区统计局编，中国统计出版社出版《2008 ~ 2014 内蒙古统计年鉴》整理（其中 2007 年数据来自《内蒙古自治区保险市场发展报告 2008》）。

1.6%。其中，财产保险保费收入为 119 亿元，占总保费用收入的 48.37%；人身险公司保费收入 127.9 亿元，其中寿险保费收入为 109.4 亿元，占总保费用收入的 44.18%；意外险保费收入为 5.8 亿元，占总保费用收入的 2.36%；健康险保费收入为 12.6 亿元，占总保费用收入的 5.08%。

2013 年实现人身保险保费收入 144.96 亿元，其中人寿保险 121.38 亿元、人身意外伤害保险 6.4 亿元，健康保险保费收入为 17.1 亿元（中国保险监督管理委员会内蒙古自治区保监局网站公布数据）。如表 9 - 5 所示。

表 9 - 5　内蒙古自治区各年度人身险保费收入及构成情况

单位：万元

年份	人身保险	寿险	意外险	健康险
2011	1130859.73	981151.26	55672.64	94035.93
2012	1279067.68	1094517.78	58578.70	125971.20
2013	1449615.24	1213780.64	64583.99	171250.61

资料来源：根据内蒙古自治区统计局编，中国统计出版社出版《2012 内蒙古统计年鉴》及中国保险监督管理委员会内蒙古保监局网站公布数据整理。

4. 资产规模和市场主体情况

2011 年，全区保险公司总资产达到 416.09 亿元，较年初增长 17.80%；负债总计 463.41 亿元，较年初增长 18.09%。其中人身险公司资产总计 371.47 亿元，较年初增长 17.78%；负债总计 429.68 亿元，较年初增长 20.0%。

2011 年，新开业省级分公司 3 家（另有 2 家批筹），中心支公司 22 家、支公司及以下分公支机构 96 家。其中人身险新开业省级分公司 1 家（另有 1 家批筹），中心支公司 10 家、支公司及以下分公支机构 45 家。截至 12 月末，全区已开业保险省级分公司 32 家，中心支公司（分公司）211 家、支公司及以下分公支机构 1522 家。截至 2013 年底，全区有人身险省级分公司 17 家，地市级中心支公司 89 家，支公司及以下分支机构 789 家，全区保险机构共 2025 家。

（二）人身保险市场发展主要特点

2007～2013 年，内蒙古自治区人身保险市场处于较快发展阶段，主要体现如下：

1. 人身险业务持续较快增长，增速基本保持平稳

2007 年，全区人身险业务实现原保费收入 60.39 亿元（其中包括财产险公司经营的意外险、短期健康险原保费收入 1.59 亿元），占总保费的 61.78%，同比增长 20.50%，增幅比 2006 年提高了 5.25 个百分点。2011 年，全区人身险保险原保险费收入 113.09 亿元，占总保费收入的 48%，保费收入同比有所下降，表明在宏观经济主动调控、经济增长速度放缓、监管政策变化等影响下，人身保险业发展暂时受挫，增长速度有所回落。

2012 年，实现人身险保费收入 127.91 亿元，扭转了业务增速下滑势头，2013 年人身险保费收入继续保持增长态势，业务规模达到 144.96 亿元。如图 9 - 10 所示。

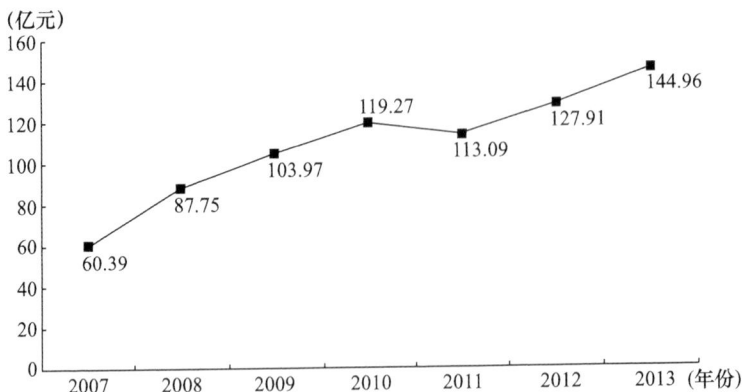

图 9 - 10　2007～2013 年内蒙古自治区人身保险保费收入情况

资料来源：根据内蒙古自治区统计局编，中国统计出版社出版《2008～2012 内蒙古统计年鉴》、中国保险监督管理委员会内蒙古保监局网站公布数据整理。

2. 业务结构不断变化，内含价值不断提升

人身险公司业务结构日益优化，一是标准保费持续增长，人身险内含价值提高。2011 年人身险公司结构调整取得进展。内蒙古自治区人身险业标准保费同比增长 6.5%，高于 2010 年同期 7.55 个百分点，较全国平均增速高 8.45 个百分点。二是缴费结构改善尤为明显，新单期缴占比 54.61%，较 2010 年同期提高 8.5 个百分点，较全国平均水平高 27 个百分点；十年期以上新单期交保费占比 67.56%，高于 2009 年同期 5 个百分点。三是产品结构呈现理财趋势，普通型产品占比下降明显，新型产品占比大增。

2013 年，内蒙古自治区人身险内含价值不断提升。标准保费同比增长 33.37%，高于规模保费增速 12 个百分点，健康险增速达到 44.34%。

3. 给付支出及时，人身险保障及补偿功能明显增强

人身险给付支出从 2007 年的 12.90 亿元上升至 2013 年的 32.95 亿元，人身保险补偿及保障功能进一步增强，如图 9-11 所示。同时，人身保险在服务构建多层次养老医疗保障体系中的作用越来越突出。近几年来，人身险保障度、商业养老保障度以及健康险保障度明显提高。2011 年，内蒙古自治区人均拥有人身险保障 6.09 万元、商业养老保障 2.08 元/年、商业健康险保障 8828 元，分别较 2006 年提高了 65%、75% 和 44%，人身保险逐步成为服务民生、改善民生、保障民生的重要手段。随着内蒙古自治区经济社会的快速发展和转型，人身保险业已成为金融体系的重要支柱，成为社会保障体系的重要组成部分和社会管理体系的重要参与者。

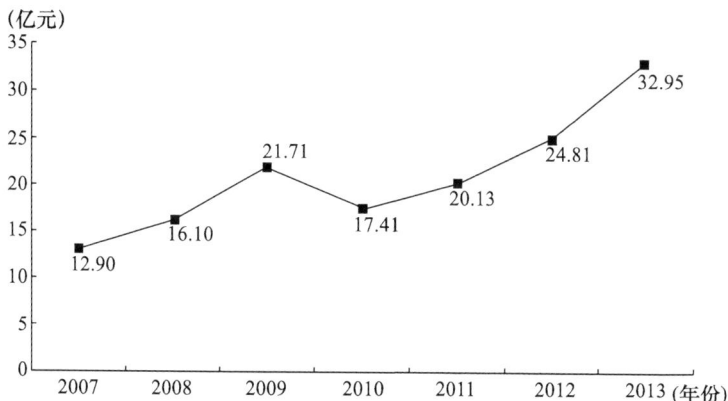

图 9-11　2007～2013 年内蒙古自治区人身保险赔付（给付）支出情况

资料来源：根据内蒙古自治区统计局编，中国统计出版社出版《2008～2014 内蒙古统计年鉴》整理（其中 2007 年数据来自《内蒙古自治区保险市场发展报告 2008》）。

4. 积极参与社会保障体系建设，成为政府公共服务的有益补充

内蒙古自治区人身保险业通过提供经办服务、补充医疗和养老保险，积极发展商业健康和养老保险等方式，主动参与社会保障体系建设，正成为政府公共服务体系的有益补充。特别是城乡居民大病保险工作开展以来，已经覆盖10个盟市、94个旗县，共承保大病保险项目22项，实现保费收入2.71亿元，为837.92万人提供了大病保险保障，累计支出医疗费用补偿金额1.26亿元，补偿3.02万人次。

（三）人身保险市场发展中存在的问题

尽管近年来内蒙古自治区人身保险业保持了较好的发展态势，但与经济社会发展的要求和人民群众的期望相比，还有很大差距。

1. 经济发展稳中有进、稳中向好，寿险业务企稳回升

经济发展是保险业发展的根基。GDP增长和保费收入之间有一定的相关，见图9-12。随着经济总量的不断增大，资源的投入和消耗也快速增长，经济发展中的不平衡因素也随之增多，维持经济高速增长面临越来越多的制约因素。因此，经济增长速度呈现出主动放缓的态势。人身险业作为国民经济的有机组成部分，业务发展受到了宏观经济形势的影响，发展速度趋缓，2011年，全区人身险保险原保险费收入113.09亿元，比2010年有所减少（2010年人身险原保费收入119.27亿元）。

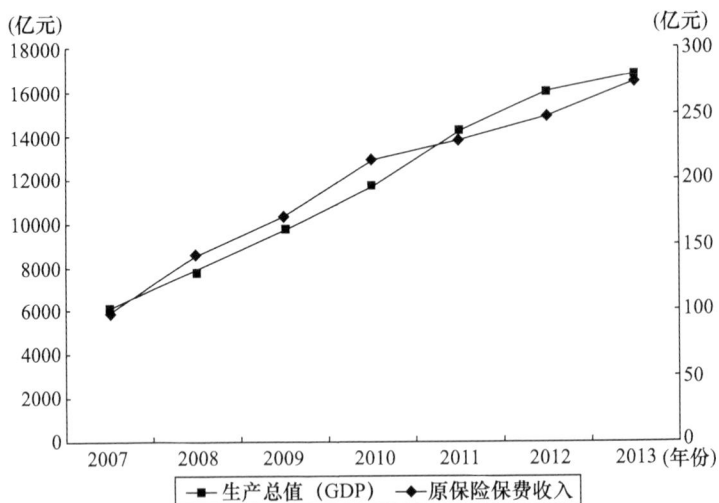

图9-12　2007~2013年内蒙古自治区保费收入与生产总值（GDP）对比

资料来源：根据内蒙古自治区统计局编，中国统计出版社出版《2008~2014内蒙古统计年鉴》整理。

2013 年，全区各地深入贯彻党的"十八大"精神，全面落实自治区"8337"发展思路和工作部署，着力克服经济下行压力，积极推进经济转型升级，经济发展实现了稳中有进、稳中向好，全年实现保费收入 247.74 亿元，其中人身险公司保费收入 124.11 亿元，同比增长 12.87%，扭转了业务增速下滑势头。

2. 金融政策调整给寿险市场带来冲击

2010 年底，面对持续的物价上涨压力，我国货币政策从"适度宽松"转为"稳健"。2011 年以来，中国人民银行通过 6 次上调、1 次下调存款类金融机构人民币存款准备金率、3 次上调金融机构人民币存贷款基准利率，给人身保险业发展带来了压力。因为，相对其他金融资产而言，投资性的寿险产品变得缺乏竞争力。

近年来，在内蒙古自治区乃至我国人身险保费收入中，投资型产品所占的比重迅速走高，多家保险公司都开始力推投资型产品拉升业绩。投资型寿险产品除了保障功能外，还增加了投资功能，保险企业发展该类业务有利于增强资金融通功能。然而该产品要求较高的保费、无预定利率或有较低的预定利率。且此类产品对投资收益和利率变化比较敏感，保障程度偏弱，特别是在资本市场下行、利率走高的环境下，2011 年寿险行业整体投资收益都面临较大压力，保险产品的分红水平、万能产品的结算利率会低于客户预期，与同期定期存款、银行理财产品相比，寿险公司主打的分红险、万能险的吸引力进一步降低，难以与其他金融产品形成竞争优势，销售难度进一步增大，导致保费收入增长趋缓。

随着金融改革的推进，利率市场化将是长期趋势。2013 年 8 月，中国保险监督管理委员会《关于普通型人身保险费率政策改革有关事项的通知》颁布，寿险市场的费率改革在利率市场化的大背景下顺势出台。未来在寿险市场上依旧是投资储蓄类产品走销，虽然传统保障型产品的预定费用率的放开会进一步拉低价格、提升保障、刺激寿险消费，但传统保障型产品并不能取代投资型产品的主流地位，储蓄存款利率和存款替代产品的收益率依然是左右客户金融消费取向的关键因素。当前，虽然贷款利率的市场化尚未对寿险的发展带来实质影响，但是银行储蓄存款利率市场化改革带来的影响将是深远的，及时转型发展将是行业的重要课题。

3. 行业内部竞争压力加大寿险公司经营风险

随着寿险公司主体不断增加，保险市场的竞争进一步激烈，可以预期"十二五"期间随着市场主体的急剧扩张，内蒙古自治区寿险市场竞争更加激烈。同时，由于寿险公司创新不足，许多公司在销售模式、产品设计等方面均有较强的同质性，竞争手段局限于价格竞争等发展初级阶段的特征较为明显。而低水平上的过度竞争将有可能造成对保险资源破坏性的开发，降低保险业整体服务水平，加大行业的经营风险，最终会影响消费者的利益，进而将阻碍行业长足发展。

4. 产品竞争力不强，创新不足，保障功能未能充分发挥

内蒙古自治区人身保险业自身发展的能力，虽然经过"十一五"期间的快速发展，行业能力发展的实力也有明显的增强，但是寿险产品和服务方面还存在不足。在产品结构方面，人身险业务主要靠同质化理财产品的局面已经持续多年，保险业在产品和服务创新方面严重不足，越来越不能满足消费者多样化的保险需求。一是寿险产品定位缺陷。许多寿险产品轻保障，重储蓄投资，与银行储蓄投资产品差别不大，所以宏观形势一变，就可能出现所谓"与银行理财产品竞争乏力"的问题。二是寿险产品设计缺陷。一些应当纳入保障范围的责任没有纳入保障范围，比如消费者抱怨意外险的责任免除太多。三是寿险公司服务缺陷。最突出的是销售误导和理赔难，让部分消费者对寿险失去信心。

5. 销售渠道和模式亟待升级

2010 年以来，全区各家寿险公司由于受业务结构调整政策和资本市场变化的影响，三大销售渠道发展情况各不相同。一是个人代理渠道发展突出。2011年，个人代理渠道占比 73.17%，高于 2010 年同期 3.7%，高于全国平均水平 28.5%。二是银行邮政代理业务受银保监管政策影响，出现短期回落后银邮渠道新单期交率继续提高，达到 28.11%，高于 2010 年同期 1.14%，高于全国平均水平 15.36%。三是直销业务占比仍小，状态不佳。

个人营销员制度曾经在提高保险服务效率、推动行业发展方面发挥了积极作用。但随着经济社会的发展，现行体制的弊端也逐步显现，管理粗放、大进大出、素质不高、关系不顺等问题越来越突出。内蒙古自治区人身险保费收入个人营销占比偏高，在中国经济面临"刘易斯拐点"的长期趋势下，寿险营销队伍发展即将面临瓶颈，个险渠道增员速度将明显放缓，增员难、留存难，成为影响寿险公司个险业务发展的重要因素。

当前移动互联用户渗透速度远超想象，社交网络影响越来越大，云计算极大地降低了计算成本。伴随着技术领域的变革，消费者的行为正在发生深刻改变。在线方式已成为保险销售过程中越来越重要的渠道。可以看出，客户其实是通过不同渠道逐步明确购买意向的，而非通过单一渠道。保险业务作为客户互动低频业务，在移动互联时代必须通过某些手段与客户建立联系，防止被移动互联网"脱媒"而沦为单纯产品供应商，而被迫将寿险产品创造的利润让渡给移动互联分销商。对比传统的依赖代理人销售人寿保险的方式，寿险业应积极思考如何将保险销售的过程逐渐数字化和在线化，如何让原有的寿险代理人接受并充分利用数字化渠道，以更好地适应新情况、新形势，这是寿险公司应对消费者行为变化的主要难题之一，既是机遇，也是挑战。

（四）推进内蒙古自治区人身保险市场发展的主要措施

在新形势下，内蒙古自治区人身保险业应发挥核心竞争优势，回归寿险产品的保障性，鼓励和支持销售渠道、销售模式创新，加强和完善保险市场监管体系，鼓励保险产品和业务创新，争取税收政策支持，释放潜在寿险需求，实现行业稳步发展。

1. 加快产品创新，满足消费者多元化需求

针对目前寿险产品众多却同质化现象严重，在寿险领域保险产品的定位有错位的现实，在人身保险产品发展上，应以市场需求为导向来进行产品结构调整，在现有效益和规模的产品基础上，拓宽人身保险市场的覆盖面。短期而言，在寿险产品设计方面，应重点开发抗通货膨胀能力强、低风险型、保障型产品。因为，寿险产品的结构及其为客户所提供的各项保障，与当时的社会经济环境是无法分开的，投资联结等新型寿险产品要求相对稳定的资本市场，而这一条件在内蒙古自治区乃至全国都并不具备。现阶段资本市场不发达，金融工具有限，保险公司资金运用的规模与灵活性均不够，加上各种法规在完善过程中难免会产生修正问题等，这些情况与变化会给寿险经营带来一定的困难，尤其是投资联结等产品对政策变化非常敏感，当政策法规及税收政策由于宏观经济调整而发生变化时，可能会给此类保险业务带来严重的负面影响，可能会在市场上失去竞争力，造成大量的解约退保，给寿险公司偿付能力带来压力。因此，长远来看，寿险公司不仅要着眼于寿险产品的"投资"功能，更应关注"风险补偿"功能，树立"大保障"的概念，立足消费者多元化需求统筹考虑集"保障、理财、养老、储蓄"等"一揽子功能"，才能顺应市场，寿险业发展道路才会越走越宽。

2. 鼓励和支持销售渠道、销售模式创新

个险销售是我国寿险销售的重要渠道。多年来这种模式在做大寿险市场规模方面功不可没，但个险销售也暴露出弊端。营销员与保险公司之间权责不明、关系不顺、从业人员大进大出，稳定性较低。为此，应进一步完善个人营销制度。应从提升素质、提供产能、增加收入、改善形象等方面着手，寿险公司应加大力度探索适合自身情况的营销改革方式和路径；适当调整或放开营销员销售佣金比例限制，提高营销员收入。

寿险公司加大银保深层次合作。促进银保合作向更深层次发展的关键问题是银行与保险这两类金融机构要有长远发展目标和整体经营思路，必须立足长远，从战略的高度来剖析彼此合作所能带来的规模经济、范围经济的优势效益，而不是将手续费高低视为确定合作的重要条件。这需要保险公司与合作的银行从加深服务深度，提高客户忠诚度等战略发展高度认识，扎实地做好各项基础工作，才

能避免因短期效应不明显而中途停止合作的行为。

目前寿险公司已经通过银行代理的形成成功销售了一些保险产品，但是从总体而言，针对银保合作的创新产品还很不够。现有的保险产品主要适于直销和个人代理销售，适合银行柜台的不多而且开发力度不足，从而影响了银保合作的深度和广度，成为制约其进一步发展的重要障碍。金融创新是金融业之间相互合作的保证，没有适合银行特点的保险产品，就无法有效发挥银行保险业务的优势，因此在银行和保险共同利益趋向的基础上，开发适于银行销售的新产品已经成为当务之急。银行保险的产品应该简易标准、操作方便，适于柜台销售，同时又要与银行的传统业务相联系，从而增加对银行客户的吸引力，调动银行进行代理的积极性。银行和保险公司应组成市场拓展专家小组，对银行客户进行市场细分，确定相应的目标市场，根据不同需求层次的客户设计相应的保险产品，制定相应的销售策略，力求在保险产品和客户服务等方面进行创新。

2011年8月发布的《中国保险业发展"十二五"规划纲要》提出鼓励保险电子商务发展。2014年4月的《关于规范人身保险公司经营互联网保险有关问题的通知（征求意见稿）》，指出互联网保险是指通过互联网技术和移动通信技术订立保险合同、提供保险服务的相关业务，人身保险公司应以总公司名义经营互联网保险，实现集中运营和管理。

总之，当前传统保险销售渠道面临较大的瓶颈，在未来新增保费市场中的作用会越来越有限，网络渠道将成为重要的销售方式。随着"80后"和"90后"逐渐成为保险的重要消费人群，互联网所能承载的市场增量空间还将扩大。不难看出，互联网之于寿险公司而言早已不是渠道，而是关乎未来发展战略。

3. 加强和完善保险市场监管体系，鼓励保险产品和业务创新

要加强对保险代理人的监管。保险公司在选择保险代理人时，应该通过颁发《展业证书》的机会选择高素质的人员，通过《保险代理合同》明确双方的委托代理关系，发挥调整代理与被代理关系及约束彼此行为的作用。另外还要坚持政府监管和行业自律相结合。在运用监管机构进行监管的同时，应充实保险行业协会的力量，充分发挥保险行业协会的自律作用，利用制定公约或守则等形式对保险公司的经营行为进行自我约束，以增强保险公司遵纪守法的自觉性和自我约束性。

择机放开健康险、养老险的费率，通过市场竞争机制实现产品的合理定价，让利于消费者，促进保障型产品发展。鼓励保险公司参与养老社区、养老机构、医疗机构的投资建设，搭建养老、健康综合服务平台，发展风险保障型和长期储蓄型产品，实现寿险业从提供单一保险产品的传统经营模式向提供综合保险服务的创新经营模式转变。

4. 争取税收政策支持，释放潜在寿险需求

从成熟寿险市场经验看，养老、健康险业务的发展离不开税收政策支持。在

世界主要国家的税法中，对企业补充养老保险的雇主缴费部分大都给予在企业所得税税前列支的优惠，但允许扣除的额度有所不同。同时，大多数国家规定，雇主为职工所做的企业年金计划缴费虽属于一种实物津贴，但它不计入职工当期应税所得缴纳个人所得税。目前，我国仅在上海提出"适时开展个人税收递延型养老保险产品试点"，在整体上还缺乏对商业养老险的税收优惠，在购买环节的税收优惠都比较少，难以刺激企业和个人购买商业养老保险，因而亟须政府增加对于商业养老保险的税收优惠力度和试点范围，促进商业养老保险的快速发展。

内蒙古自治区人身保险业应紧紧围绕服务"保民生"积极参与社会保障体系建设，大力推动医疗、养老保险发展，争取相关部门支持，推动个人税收递延型养老保险试点成为可能。人身保险业只有不断提高服务经济社会的能力和水平，才能巩固行业发展的基础，实现科学发展。

（五）内蒙古自治区人身保险市场发展前景展望

过去，内蒙古自治区人身保险市场快速发展主要得益于内蒙古自治区经济的快速增长。过去几年，全区经济呈现强劲的发展势头，综合经济实力大为增强，城乡居民可支配收入显著提高，对寿险业发展起到了提振作用。未来几年内蒙古自治区经济仍处于平稳快速增长时期，为寿险业发展提供根本驱动力。从人身保险与经济发展之间的关系看，未来内蒙古自治区人身保险市场仍有很大的发展潜力；近期，宏观经济与政策将对人身保险市场产生诸多积极的影响。

1. 人口老龄化

当今时代人口老龄化成为各国必须面对的重要议题。根据人口老龄化的定义，我国在2000年老龄人口比例超过7%，正式成为老龄化国家。而且人口老龄化还将呈现加快的趋势，人口平均寿命增长速度也不断超出社会预期。预计到2020年我国65岁及以上老年人口总数为1.73亿，到2050年，65岁及以上老年人口总数为3.23亿，65岁及以上老年人口比重将达到23.3%，超过世界平均水平6.9个百分点。

可见，虽然我国的人口老龄化起步较晚，但是发展速度却很快，这与我国20世纪70年代开始实行计划生育政策有关，加快了人口转变的进程和人口老龄化的步伐，使人口年龄结构由年轻型迅速过渡到老年型。预计2055年65岁及以上老年人口数将会达到峰值，随后开始逐年减少，至2100年约为3亿，这就意味着我国在21世纪将保持数量庞大的老年人口。我国是目前唯一在经济不发达情况下进入老龄化社会的人口大国。21世纪前半叶，我国人口老龄化速度快、程度高、规模大，导致我国基本养老保险面临巨大的保障缺口。因此，迫切需要加快发展商业养老保险、健康保险等来完善社会保障体系，满足城乡居民不同层次的保障需求。

2. 收入分配改革

努力扭转收入差距扩大趋势是社会稳定的基础。在经济发展的同时，不断增加城乡居民的收入，完善社会保障体系，逐步缩小城乡和地区发展差距，努力解决收入分配不公的问题，是关系到国计民生的。

改变当前收入分配制度，提高中低收入居民的收入，使消费水平提高、消费结构升级、消费意识增强，将影响人身保险市场的发展。根据 S 曲线可知，当人均 GDP 在 1000～10000 美元时，保险的收入需求弹性最大，保险密度对人均 GDP 的弹性呈现递增趋势，保险的边际消费倾向在提高。从 2000 年到 2009 年，内蒙古自治区 GDP 年均增速达到惊人的 18.7%，2010 年人均 GDP 已经近 7000 美元，此时保险的边际消费倾向大于 1，收入分配的改革使人们收入增加的同时带动保费的增加。2012 年，按内蒙古自治区常住人口计算的人均 GDP 为 64319 元，增长 11.3%，折合 10189 美元。内蒙古自治区人均 GDP 首次突破万美元大关，这标志着内蒙古自治区国民经济综合实力进一步增强，国民经济综合水平又跃上一个新的台阶。

经济发展的同时收入分配差距增大已成社会关注的热点。从人口老龄化的加快、人口负担率上升、家庭规模变小、赡养率下降，养老问题形势严峻；医疗和农民工保险、城市化进程和民生的重视、GDP 达 3000 多美元后保险需求的增长以及人民币升值和通胀预期等态势看，人身保险需求因上述因素牵引将发生一定的变化。另外，人身保险潜在和现实的消费者，随着保险意识的增强，可支配收入的改善，自身风险管理的需要以及对未来的预期等，对人身保险需求有内在的诉求，这种诉求是人身保险发展需长期关注的对象，也是今后人身保险改革发展中值得考虑的现实问题。

3. 城镇化进程

党的十八届三中全会提出，坚持走中国特色新型城镇化道路，推进以人为核心的城镇化。内蒙古自治区近年来稳步推进新农村与新牧区建设，全区城镇化率已经达到 55%，累计新增城镇人口 211 万，城市建成区面积扩大了 161 平方公里。"十二五"期间内蒙古自治区将继续加快推进城镇化，促进区域协调发展，坚持走多极发展、多中心带动的城镇化路子，力争使城镇化率达到 60%，城镇新增就业人数平均每年超过 25 万。

城镇化进程的推进将改变城乡收入差距，而随着内蒙古自治区城市化进程的加快，大量农村牧区人口将转变为城镇居民，农村牧区居民城镇化后收入的提升、家庭财产的增加等生活条件的改善和保险意识的强化，将促使潜在市场扩大和现实保险需求增加，农村牧区蕴藏的保险需求在城镇化过程中逐步得到释放，拉升总体的保险密度和保险深度。

4. 金融政策

自 1996 年央行在同业拆借市场启动利率市场化改革以来，我国在货币市场、债券市场和外币利率已基本实现利率市场化，人民币贷款利率也于 2013 年 7 月全面放开。虽然贷款利率市场化尚未对寿险业产生显著影响，但随着未来存款利率逐步实现市场化，金融业的竞争、业态格局将更加复杂，也会对寿险业的经营与发展产生重要影响。

从目前看，市场化利率有利于保险销售。从 2013 年 8 月 5 日起，普通型人身保险费率政策改革启动。改革之后，普通型人身保险预定利率由保险公司按照审慎原则自行决定，不再执行 2.5% 的上限限制。保险公司迅速反应，纷纷推出了费率改革后的新产品。据不完全统计，建信人寿、农银人寿、中英人寿、中德安联人寿等公司相继推出了迎合市场化利率的新产品，预定利率均升至 3.5%，新华人寿、平安人寿等大型险企也随后推出了新产品。

费率政策改革将激励保险公司加强产品和服务的创新，向市场提供质优价廉的保险产品，更好地满足消费者的真实需求。

5. 互联网将重塑寿险业

互联网是新型的"基础设施"，互联网带来的最大的价值是数据，其储存了大量的数据，而通过云计算去挖掘这些数据，将产生更大的价值。

在互联网时代，保险作为金融服务的重要组成部分，必然需要寻求从经营理念到管理方式的大转变。而寿险因其专业性强、保险条款的复杂性，很难被普通消费者所了解和主动购买。互联网将交易的去中介化推向极致，主体交易在满足消费者需求的同时将会激发消费者对衍生交易的需求，拉近消费者与衍生交易的距离。比如，在携程等旅游网站上销售旅行意外险。携程是一家专业的旅行类电子商务网站。在传统的旅行交易场景中，客户对意外险的需求其实并非刚性，但是在互联网的场景中客户进行机票、酒店等预订的同时，还会收到旅行意外险的销售推送，激发这部分需求。

互联网金融经过近两年的发展，金融网络化深入人心，加上受众是年轻一代，他们逐渐成为社会财富的主力，对于风险的容忍程度较高，对网络金融的接受程度更高。因此，互联网时代，寿险需求将从"被动销售"到"主动需求"转变。一方面，城镇化、人口老龄化加剧，新一代财富主力年轻一代将面临比前几代人更大的生活压力，合理的分配财产来应对已是迫切的需求；另一方面，人寿保险具有先天的理财优势，比如税收优惠等，都使得寿险从被动销售的品种转化到主动需求的金融品类。

第 十 章

内蒙古自治区信托公司发展报告

内蒙古自治区信托公司主要包括华宸信托公司和新时代信托公司,本报告主要对其经营发展状况进行分析、找出其发展中存在的主要问题,并提出对策建议。

一、内蒙古自治区信托公司发展状况

（一）内蒙古自治区信托公司的盈利能力情况

盈利能力指标是考核信托公司业绩表现的衡量指标，主要包括资本利润率、信托报酬率和人均净利润。

1. 资本利润率

2013 年内蒙古自治区信托业资本利润率比 2012 年平均下降了 18.42%，其中，华宸信托公司的资本利润率为 1.36%，下降了 16.98%；新时代信托公司的资本利润率为 11.51%，下降了 1.44%，见表 10－1。

表 10－1　2009～2013 年度内蒙古自治区信托公司资本利润率统计表

公司名称	指标 \ 年份	2009	2010	2011	2012	2013
华宸信托	资本利润率（%）	14.30	18.08	17.19	18.34	1.36
	增长率（%）	0.06	3.87	－0.89	1.15	－16.98
新时代信托	资本利润率（%）	20.01	15.20	11.29	12.95	11.51
	增长率（%）	46.12	－4.81	－3.91	1.66	－1.44

资料来源：2014 年中国信托公司经营蓝皮书，两公司的年度报告。

2. 信托报酬率

2013 年内蒙古自治区信托公司的信托报酬率比 2012 年平均下降了 0.40%，其中，华宸信托的信托报酬率为 1.08%，下降了 0.24%；新时代信托公司的信托报酬率为 0.34%，下降了 0.16%，见表 10－2。

表 10－2　2009～2013 年度内蒙古自治区信托公司信托报酬率统计表

公司名称	指标 \ 年份	2009	2010	2011	2012	2013
华宸信托	信托报酬率（%）	0.73	0.69	0.75	1.32	1.08
	增长率（%）	0.01	－0.04	0.06	0.57	－0.24
新时代信托	信托报酬率（%）	1.08	0.78	0.96	0.50	0.34
	增长率（%）	0.64	－0.30	0.18	－0.46	－0.16

资料来源：2014 年中国信托公司经营蓝皮书，两公司的年度报告。

3. 人均净利润

2013年内蒙古自治区信托公司的平均人均净利润比2012年下降了34.63%。其中，2013年华宸信托公司的人均净利润为11.36万元，比2012年下降了143.64万元，降幅为62.67%；新时代信托公司的人均净利润为125.80万元，比2012年上升了27.55万元，增长了28.04%，见表10-3。

表10-3 2009~2013年度内蒙古自治区信托公司人均净利润统计表

公司名称	指标＼年份	2009	2010	2011	2012	2013
华宸信托	人均净利润（万元）	102.05	148.44	157.00	155.00	11.36
	增幅（万元）	-9.43	46.39	8.56	-2.00	-143.64
	增长率（%）	-8.46	45.46	5.77	-1.27	-62.67
新时代信托	人均净利润（万元）	152.65	105.95	76.53	98.25	125.80
	增幅（万元）	347.20	-46.70	-29.42	21.72	27.55
	增长率（%）	178.46	-30.59	-27.77	28.38	28.04

(二) 内蒙古自治区信托公司信托资产的分布与运用情况

信托资产的分布与运用情况主要涉及信托资产规模、信托资产行业分布以及信托资产的运用三部分。

1. 信托资产规模分析

2013年，华宸信托公司的信托资产为1271355万元，与2012年相比下降了378766万元，降幅为22.95%；新时代信托公司的信托资产为15842342万元，与2012年相比增长了3188359万元，增幅为25.20%，见表10-4。

表10-4 2009~2013年度内蒙古自治区信托公司信托资产规模统计表

公司名称	指标＼年份	2009	2010	2011	2012	2013
华宸信托	信托资产（万元）	1228130	1446250	1539374	1650121	1271355
	增幅（万元）	—	218120	93124	110747	-378766
	增长率（%）	—	-22.93	6.44	7.19	-22.95
新时代信托	信托资产（万元）	1546597	3001443	5627409	12653984	15842342
	增幅（万元）	—	1454846	2625966	7026575	3188359
	增长率（%）	—	94.07	87.49	124.86	25.20

2. 信托资产行业分布分析

信托公司的信托资产可以分为基础产业资产、房地产资产、证券业资产、实业资产以及金融机构五大行业类别。内蒙古自治区信托公司的信托资产分布情况如表 10-5 和表 10-6 所示。

（1）基础产业。2013 年，华宸信托的基础产业为 133210 万元，占比 10.48%，比 2012 年的 14.94% 上升了 4.46%；新时代信托的基础产业为 1513628 万元，占比 9.55%，比 2012 年的 2.92% 上升了 6.63%。

（2）房地产。2013 年，华宸信托的房地产为 340835 万元，占比 26.81%，比 2012 年的 19.11% 上升了 7.70%；新时代信托的房地产为 1030189 万元，占比 6.50%，比 2013 年的 5.04% 上升了 1.46%。

（3）实业资产。2013 年，华宸信托的实业资产为 334160 万元，占比 26.28%，比 2012 年的 44.26% 下降了 17.98%；新时代信托的实业资产为 12351667 万元，占比 77.97%，比 2012 年的 84.54% 下降了 6.57%。

（4）证券业。2013 年，新时代信托的证券业资产是 12409 万元，占比 0.08%，比 2012 年的 1.81% 下降了 1.73%；华宸信托 2011 年无此项业务。

表 10-5 2009~2013 年度华宸信托公司信托资产行业分布

项目	年份	2009	2010	2011	2012	2013
基础产业	规模（万元）	620228	545229	401809	246600	133210
	占比（%）	—	37.70	26.10	14.94	10.48
房地产	规模（万元）	38906	130500	350058	315311	340835
	占比（%）	—	9.02	22.74	19.11	26.81
证券业	规模（万元）	20000	20000	0	18000	0
	占比（%）	—	1.38	0	1.09	0.00
实业	规模（万元）	309099	538100	509674	730382	334160
	占比（%）	—	37.21	33.11	44.26	26.28

资料来源：2012 年、2014 年中国信托公司经营蓝皮书，两公司的年度报告。

表 10-6 2009~2013 年度新时代信托公司信托资产行业分布

项目	年份	2009	2010	2011	2012	2013
基础产业	规模（万元）	—	717317	164520	370000	1513628
	占比（%）	—	23.90	5.83	2.92	9.55

续表

项目	年份	2009	2010	2011	2012	2013
房地产	规模（万元）	—	182810	108358	637649	1030189
	占比（%）	—	6.09	4.02	5.04	6.50
证券业	规模（万元）	11156	4165	3484	228748	12409
	占比（%）	14.98	0.14	0.03	1.81	0.08
实业	规模（万元）	—	1808117	4828383	10697087	12351667
	占比（%）	—	60.24	83.59	84.54	77.97

资料来源：2012年、2014年中国信托公司经营蓝皮书，两公司的年度报告。

3. 信托资产的运用分析

信托公司的运用方式可以分为货币资产、贷款、长期投资以及交易性金融资产等。内蒙古自治区信托公司信托资产运用情况如表10-7和表10-8所示。

（1）货币资产。2013年，新时代信托的货币资产为74655万元，占比0.47%，比2010年的1.34%下降0.87%，比全国61家信托公司货币资产平均值占比13.60%低了13.13%；新时代信托货币资产的排名为第40名，占比排名第52名（见表10-7、表10-8）。

（2）贷款。2013年，新时代信托的贷款为8818681万元，占比55.67%，比2012年的36.99%上升了18.68%；华宸信托的贷款为698395万元，占比54.93%，比2012年的50.58%上升了4.35%。

（3）长期投资。2013年，新时代信托的长期投资为319549万元，占比2.02%，比2012年的1.66%上升了0.36%；华宸信托的长期投资为39000万元，占比3.07%，比2012年的16.47%下降了13.40%。

（4）交易性金融资产。2013年，新时代信托的交易性金融资产为482706万元，占比3.05%，比2012年的3.63%下降了0.58%；华宸信托的交易性金融资产为416380万元，占比32.75%，2012年无此项业务。

表10-7　2009~2013年度新时代信托公司信托资产运用占比

项目	年份	2009	2010	2011	2012	2013
货币资产	规模（万元）	81470	63976	59583	48421	74655
	占比（%）		1.34	0.83	0.38	0.47

续表

项目	年份	2009	2010	2011	2012	2013
贷款	规模（万元）	655958	885787	738318	4680303	8818681
	占比（%）		18.62	11.17	36.99	55.67
长期投资	规模（万元）	418042	294550	177396	209905	319549
	占比（%）		4.74	5.98	1.66	2.02
交易性金融资产	规模（万元）	10826	4165	3484	459532	482706
	占比（%）	—	—	0.03	3.63	3.05

资料来源：2014 年中国信托公司经营蓝皮书，两公司的年度报告。

表 10 – 8　2009 ~ 2013 年度华宸信托公司信托资产运用占比

项目	年份	2009	2010	2011	2012	2013
货币资产	规模（万元）	—	—	16826	49777	23586
	占比（%）			1.09	3.02	1.86
贷款	规模（万元）	624259	536526	581216	834615	698395
	占比（%）		37.10	37.76	50.58	54.93
长期投资	规模（万元）	368502	827502	657720	271700	39000
	占比（%）		57.22	42.73	16.47	3.07
交易性金融资产	规模（万元）	0	0	0	0	416380
	占比（%）	0	0	0	0	32.75

资料来源：2012 年、2014 年中国信托公司经营蓝皮书，两公司的年度报告。

（三）内蒙古自治区信托公司信托资产的理财能力分析

信托公司的理财能力分析涉及信托收入、收入结构、利润、项目收益等几方面的分析。

1. 信托收入与结构分析

（1）信托收入分析。2013 年，新时代信托公司的信托收入是 1295934 万元，与 2012 年相比，增幅为 451538 万元，增长了 53.47%；华宸信托公司的信托收入是 166621 万元，与 2012 年相比，降幅为 10848 万元，下降了 6.11%，见表 10 – 9。

表10-9　2009~2013年度内蒙古自治区信托公司信托收入统计表

公司名称	指标 \ 年份	2009	2010	2011	2012	2013
华宸信托	信托收入（万元）	127068	116273	174029	177469	166621
	增幅（万元）	—	-10795	57755	3440	-10848
	增长率（%）	—	-14.37	49.67	1.98	-6.11
新时代信托	信托收入（万元）	40330	144455	283225	844396	1295934
	增幅（万元）		104125	138770	561171	451538
	增长率（%）	—	258.18	96.06	198.14	53.47

资料来源：2012年、2014年中国信托公司经营蓝皮书，两公司的年度报告。

（2）信托业务收入结构分析。内蒙古自治区信托公司的信托收入结构主要涉及利息收入、投资收入和公允价值收益三项，根据表10-10和表10-11分析如下：

1）利息收入。2013年，新时代信托公司的利息收入为626588万元，占比48.35%，比2012年的25.81%上升了22.54%；华宸信托公司的利息收入为146186万元，占比87.74%，比2012年的63.07%上升了24.67%。

2）投资收入。2013年，新时代信托公司的投资收入为724531万元，占比55.91%，比2012年的69.49%下降了13.58%；华宸信托公司的投资收入20435万元，占比12.26%，比2012年的36.93%下降了24.67%。

3）公允价值收益。2013年，新时代信托公司的公允价值变动收益比2012年下降了55187万元，占比比2012年下降了4.26%；华宸信托公司的公允价值变动收益无此项。

表10-10　2009~2013年度新时代信托公司信托结构统计表

项目 \ 年份		2009	2010	2011	2012	2013
利息收入	利息收入（万元）	15079	87337	49861	217969	626588
	占比（%）	—	60.46	17.60	25.81	48.35
投资收入	投资收益（万元）	17191	2732	40357	586783	724531
	占比（%）		1.89	14.25	69.49	55.91
公允价值收益	变动收益（万元）	52	-410	-284	39639	-55187
	占比（%）	—	-0.28	-0.10	4.69	-4.26

资料来源：2012年、2014年中国信托公司经营蓝皮书，两公司的年度报告。

表 10 – 11　2009～2013 年度华宸信托公司信托结构统计表

项目	年份	2009	2010	2011	2012	2013
利息收入	利息收入（万元）	—	—	82419	111927	146186
	占比（%）	—	—	47.36	63.07	87.74
投资收入	投资收益（万元）	—	—	90268	65542	20435
	占比（%）	—	—	51.87	36.93	12.26
公允价值收益	变动收益（万元）	—	—	0	0	0
	占比（%）	—	—	0	0	0

资料来源：2012 年、2014 年中国信托公司经济蓝皮书，两公司的年度报告。

2. 信托利润分析

信托公司的利润分析主要包括每年实现的利润额、利润增长幅度和利润增长率三个方面。

内蒙古自治区信托公司信托利润情况如下：2013 年，华宸信托公司的信托利润为 143019 万元，比 2012 年下降了 8335 万元，下降率为 5.51%；新时代信托公司的信托利润为 1122416 万元，比 2012 年增长了 381014 万元，增长率为 51.39%，见表 10 – 12。

3. 信托项目收益率

信托项目收益率主要包括集合类信托项目收益率、单一类信托项目收益率和财产管理类信托项目收益率三方面。内蒙古自治区信托公司的信托项目收益率情况如下：

（1）集合类信托项目收益率分析。2013 年，新时代信托的集合类信托项目收益率是 8.79%，比 2012 年的 8.45% 上升了 0.34%；华宸信托的集合类信托项目收益率是 10.41%，比 2012 年的 10.16% 上升了 0.25%，见表 10 – 13。

表 10 – 12　2009～2013 年度内蒙古自治区信托公司信托利润统计表

公司名称	指标	年份	2009	2010	2011	2012	2013
华宸信托	信托利润（万元）		102056	86733	135239	151354	143019
	增幅（万元）		—	–15323	48506	16115	–8335
	增长率（%）		—	–15.01	55.93	11.92	–5.51

续表

公司名称 \ 指标 \ 年份	2009	2010	2011	2012	2013
新时代信托 — 信托利润（万元）	27495	108726	222772	741402	1122416
增幅（万元）	—	81231	114045	518631	381014
增长率（%）	—	295.44	104.89	232.81	51.39

资料来源：2012 年、2014 年中国信托公司经营蓝皮书，两公司的年度报告。

表 10 – 13　2011 ~ 2013 年内蒙古自治区信托公司集合类信托项目收益率

单位:%

公司名称 \ 年份	2011	2012	2013
新时代信托	7.37	8.45	8.79
华宸信托	8.33	10.16	10.41

资料来源：2014 年中国信托公司经营蓝皮书。

（2）单一类信托项目收益率分析。2013 年，新时代信托的单一类信托项目收益率是 7.89%，比 2012 年的 9.08% 下降了 1.19%；华宸信托的单一类信托项目收益率是 8.44%，比 2012 年的 8.76% 下降了 0.32%，见表 10 – 14。

表 10 – 14　2011 ~ 2013 年内蒙古自治区信托公司单一类信托项目收益率

单位:%

公司名称 \ 年份	2011	2012	2013
新时代信托	7.12	9.08	7.89
华宸信托	7.14	8.76	8.44

（四）内蒙古自治区信托公司的新增信托项目分析

1. 新增信托项目情况比较

新增信托项目包括新增项目金额、平均规模和个数三方面。

内蒙古自治区信托公司的情况如下：2013 年，华宸信托公司的新增信托项目金额 581668 万元，平均规模 10576 万元，新增项目个数 55 个；新时代信托公司的新增信托项目金额 16650356 万元，平均规模 28414 万元，新增项目个数 586 个，见表 10 – 15。

表 10 – 15　2009 ~ 2013 年度内蒙古自治区信托公司新增信托项目规模和数量统计表

公司名称	年份 指标	2009	2010	2011	2012	2013
华宸信托	新增项目（万元）	1176377	928897	815866	840643	581668
	平均金额（万元）	17824	15482	15690	9137	10576
	新增项目个数（个）	66	60	52	92	55
新时代信托	新增项目（万元）	1220337	—	4212273	9931313	16650356
	平均金额（万元）	13265		15776	20690	28414
	新增项目个数（个）	92	—	267	480	586

资料来源：2012 年、2014 年中国信托公司经营蓝皮书，两公司的年度报告。

2. 新增集合类信托项目情况比较

新增集合类信托项目的分析包括集合类项目金额、规模占比和新增项目个数三方面。

内蒙古自治区信托公司的新增集合类信托项目的情况如表 10 – 16 所示。

2013 年，华宸信托公司的新增集合类信托项目金额是 235645 万元，与 2012 年相比减少了 47055 万元；在信托项目中占比为 40.51%，与 2012 年相比增长了 16.87%；新增项目个数 17 个，比 2012 年的 24 个减少了 7 个。

2013 年，新时代信托公司新增集合类信托项目金额为 4097648 万元，与 2012 年相比增加了 2066148 万元；在信托项目中占比为 24.61%，与 2012 年相比增长了 3.15%；新增项目个数为 319 个，比 2012 年的 288 个增加了 31 个。

表 10 – 16　2009 ~ 2013 年内蒙古自治区信托公司新增集合类信托项目统计表

公司名称	年份 指标	2009	2010	2011	2012	2013
华宸信托	项目金额（万元）	98690	191597	332038	282700	235645
	规模占比（%）	—	20.63	40.70	33.63	40.51
	新增项目个数（个）	15	13	18	24	17
新时代信托	项目金额（万元）	209313	—	1045009	2031500	4097648
	规模占比（%）	—	—	24.81	20.46	24.61
	新增项目个数（个）	21	—	156	288	319

3. 新增信托单一类项目情况比较

新增单一类信托项目的分析包括单一项目金额、规模占比和新增项目个数三方面。

内蒙古自治区信托公司的新增单一类信托项目的情况根据表 10 - 17 分析如下：

2013 年，华宸信托公司新增单一类信托项目金额是 346023 万元，与 2012 年相比减少了 211920 万元；规模占比 59.49%，比 2012 年的 66.37% 下降了 6.88%；新增项目个数 38 个，比 2012 年的 68 个减少了 30 个。

2013 年，新时代信托公司的新增单一类信托项目金额是 12552708 万元，与 2012 年相比增加了 4652895 万元；规模占比 75.39%，比 2012 年的 79.54% 下降了 4.15%；新增项目个数 267 个，比 2012 年的 192 个增加了 75 个。

表 10 - 17　2009 ~ 2013 年内蒙古自治区信托公司新增单一类信托项目统计表

公司名称	指标　　　　　　　　　　年份	2009	2010	2011	2012	2013
华宸信托	项目金额（万元）	1077687	737300	483828	557943	346023
	规模占比（%）	—	79.37	59.30	66.37	59.49
	新增项目个数（个）	51	47	34	68	38
新时代信托	项目金额（万元）	938024	—	3167265	7899813	12552708
	规模占比（%）	—	—	75.19	79.54	75.39
	新增项目个数（个）	69	—	111	192	267

4. 新增主动管理型信托资产情况比较

新增主动管理型信托项目的分析包括主动管理型信托项目金额、规模占比和新增项目个数三方面。

内蒙古自治区信托公司的新增主动管理型信托项目的情况根据表 10 - 18 分析如下：

2013 年，华宸信托公司新增主动管理型信托项目金额是 451735 万元，与 2012 年相比减少了 310493 万元；规模占比 77.66%，比 2012 年的 93.43% 下降了 15.77%。

2013 年，新时代信托公司新增主动管理型信托项目金额是 6918232 万元，与 2012 年相比减少了 2811755 万元；规模占比 41.55%，比 2012 年的 97.49% 下降了 55.94%。

表10－18　2009～2013年内蒙古自治区信托公司新增主动管理信托资产规模统计表

公司名称	指标 / 年份	2009	2010	2011	2012	2013
华宸信托	项目金额（万元）	693969	593897	398338	762228	451735
	规模占比（%）	—	63.94	48.82	93.43	77.66
新时代信托	项目金额（万元）	579719	—	4212273	4106477	6918232
	规模占比（%）	—	—	100	97.49	41.55

（五）内蒙古自治区信托公司的自营资产分布与运用情况

1. 自营资产、净资产、资产负债率分析

（1）自营资产规模分析。2013年，华宸信托公司的自营资产金额为98164万元，减幅为19613万元，减少了16.65%；新时代信托公司的自营资产金额为329924万元，增幅为154484万元，增长了88.06%，见表10－19。

表10－19　2009～2013年内蒙古自治区信托公司自营资产规模统计表

公司名称	指标 / 年份	2009	2010	2011	2012	2013
华宸信托	自营资产（万元）	153878	129088	138042	117777	98164
	增幅（万元）	—	－24790	8953	－20265	－19613
	增长率（%）	—	－16.11	6.94	－14.68	－16.65
新时代信托	自营资产（万元）	74470	90047	99596	175440	329924
	增幅（万元）	—	15577	9549	75843	154484
	增长率（%）	—	20.92	10.60	76.15	88.06

（2）自营净资产规模分析。2013年，华宸信托公司的自营净资产金额为87499万元，与2012年相比，增幅为3491万元，增长率为4.16%；新时代信托公司的自营资产金额为320156万元，与2012年相比，增幅为150399万元，增长率为88.60%，见表10－20。

（3）资产负债率分析。2013年，华宸信托公司的资产负债率为10.86%，与2012年相比下降了17.81%；新时代信托公司的资产负债率为2.96%，与2012年相比下降了0.28%，见表10－21。

表 10 - 20　2009~2013 年内蒙古自治区信托公司自营净资产规模统计表

公司名称	指标＼年份	2009	2010	2011	2012	2013
华宸信托	净资产（万元）	75984	92311	97755	84008	87499
	增幅（万元）	—	16327	5444	- 13747	3491
	增长率（%）		21.49	5.90	- 14.06	4.16
新时代信托	净资产（万元）	70918	83594	94232	169757	320156
	增幅（万元）		12676	10638	75525	150399
	增长率（%）		17.87	12.73	80.15	88.60

表 10 - 21　2009~2013 年内蒙古自治区信托公司资产负债率统计表

公司名称	指标＼年份	2009	2010	2011	2012	2013
华宸信托	资产负债率（%）	50.62	28.49	29.18	28.67	10.86
	增长率（%）	—	- 22.13	0.69	- 0.51	- 17.81
新时代信托	资产负债率（%）	4.77	7.17	5.39	3.24	2.96
	增长率（%）		2.40	- 1.78	- 2.15	- 0.28

2. 自营资产行业分布分析

自营资产行业分布包括基础产业资产、房地产业资产、证券业资产、实业资产和金融机构五部分，根据表 10 - 22 和表 10 - 23 分析如下：

（1）基础产业资产。2013 年，华宸信托和新时代信托在这一产业都为零。

（2）房地产业资产。2013 年，华宸信托和新时代信托在这一产业都为零。

（3）证券业资产。2013 年，华宸信托的证券业资产规模为 47553 万元，在自营资产中占比 48.44%，与 2012 年相比上升了 10.36%；新时代信托的证券业资产规模为 46786 万元，在自营资产中占比 14.18%，与 2012 年相比下降了 13.30%。

（4）实业资产。2013 年，华宸信托的实业资产规模为 13100 万元，在自营资产中占比 13.35%，与 2012 年相比上升了 5.28%；新时代信托的实业资产规模 12500 万元，在自营资产中占比 3.79%，与 2012 年相比上升了 0.94%。

（5）金融机构。2013 年，华宸信托的金融机构规模为 11901 万元，在自营资产中占比 12.12%，与 2012 年相比下降了 33.08%；新时代信托的金融机构规模为 262341 万元，在自营资产中占比 79.52%，与 2012 年相比上升了 15.02%。

表 10 – 22 2009~2013 年华宸信托自营资产行业分布分析表

项目 \ 年份		2009	2010	2011	2012	2013
基础产业资产	规模（万元）	6461	3000	0	0	0
	占比（%）	—	2.32	0.00	0.00	0.00
房地产业资产	规模（万元）	1090	0	0	0	0
	占比（%）	—	0.00	0.00	0.00	0.00
证券业资产	规模（万元）	6173	91217	111495	44848	47553
	占比（%）	—	70.66	80.77	38.08	48.44
实业资产	规模（万元）	127582	1500	3000	13500	13100
	占比（%）	—	1.16	2.17	8.07	13.35
金融机构	规模（万元）	7377	6201	15008	53232	11901
	占比（%）	—	4.80	10.87	45.20	12.12

资料来源：根据 2012 年、2014 年中国信托公司经营蓝皮书整理。

表 10 – 23 2009~2013 年新时代信托自营资产行业分布分析表

项目 \ 年份		2009	2010	2011	2012	2013
基础产业资产	规模（万元）	—	0	0	0	0
	占比（%）		0.00	0.00	0.00	0.00
房地产业资产	规模（万元）	—	0	0	0	0
	占比（%）		0.00	0.00	0.00	0.00
证券业资产	规模（万元）		10342	5480	48213	46786
	占比（%）		11.48	5.50	27.48	14.18
实业资产	规模（万元）		0	0	5000	12500
	占比（%）		0.00	0.00	2.85	3.79
金融机构	规模（万元）		0	0	113160	262341
	占比（%）		0.00	0.00	64.50	79.52

资料来源：根据 2014 年中国信托公司经营蓝皮书整理。

3. 自营资产运用分析

自营资产运用分析包括货币资产、贷款和长期投资三部分，根据表 10 – 24、表 10 – 25 做如下分析：

（1）货币资产。2013 年，华宸信托的货币资产规模为 1913 万元，比 2012

年的 5555 万元减少了 3642 万元；在自营资产中占比 1.95%，比 2012 年的 4.72% 下降了 2.77%。新时代信托的货币资产规模为 31861 万元，比 2012 年的 21520 万元增加了 10341 万元；在自营资产中占比 9.66%，比 2012 年的 12.27% 下降了 2.61%。

（2）贷款。2013 年，华宸信托的贷款规模为 23839 万元，比 2012 年的 14528 万元增加了 9311 万元；在自营资产中占比 24.28%，比 2012 年的 12.34% 增长了 11.94%。新时代信托的贷款规模为 14612 万元，比 2012 年的 3358 万元增加了 11254 万元；在自营资产中占比 4.43%，比 2012 年的 1.97% 增长了 2.46%。

（3）长期投资。2013 年，华宸信托的长期投资规模为 11901 万元，比 2012 年的 13257 万元减少了 1356 万元；在自营资产中占比 12.12%，比 2012 年的 11.26% 增长了 0.86%。新时代信托的长期投资规模为 43268 万元，与 2012 年相比没发生变化；在自营资产中占比 13.11%，比 2012 年的 24.66% 减少了 11.55%。

表 10－24 2009～2013 年华宸信托自营资产运用方式分布分析表

项目	年份	2009	2010	2011	2012	2013
货币资产	规模（万元）	2631	16599	4712	5555	1913
	占比（%）	—	12.86	3.41	4.72	1.95
贷款	规模（万元）	16440	8827	9734	14528	23839
	占比（%）	—	6.84	7.05	12.34	24.28
长期投资	规模（万元）	8201	8201	6201	13257	11901
	占比（%）	—	6.35	4.49	11.26	12.12

资料来源：根据 2012 年中国信托公司经营蓝皮书整理。

表 10－25 2009～2013 年新时代信托自营资产运用方式分布分析表

项目	年份	2009	2010	2011	2012	2013
货币资产	规模（万元）	12980	26681	21417	21520	31861
	占比（%）	—	29.63	21.50	12.27	9.66
贷款	规模（万元）	0	0	0	3358	14612
	占比（%）	—	0.00	0.00	1.97	4.43
长期投资	规模（万元）	40967	43268	43268	43268	43268
	占比（%）	—	48.05	43.45	24.66	13.11

资料来源：根据 2012 年、2014 年中国信托公司经营蓝皮书整理。

（六）　内蒙古自治区信托公司的公司收入结构分析

信托公司的收入结构分析包括信托公司的营业收入、利润、手续费、利息、投资收益等内容。

1. 信托公司营业收入

2013 年，华宸信托公司的营业收入为 21550 万元，与 2012 年的 30674 万元相比降低了 9124 万元，减少了 29.74%；新时代信托公司的营业收入为 67654 万元，与 2012 年的 50539 万元相比增加了 17115 万元，增长了 33.87%，见表 10 - 26。

表 10 - 26　2009～2013 年内蒙古自治区信托公司营业收入统计表

公司名称	指标　　　　　年份	2009	2010	2011	2012	2013
华宸信托	营业收入（万元）	17967	25347	28403	30674	21550
	增幅（万元）	—	7380	3056	2270	-9124
	增长率（%）	—	41.08	12.06	7.99	-29.74
新时代信托	营业收入（万元）	25310	26304	31141	50539	67654
	增幅（万元）	—	994	4837	19398	17115
	增长率（%）	—	3.93	18.39	62.29	33.87

2. 信托公司利润总额与净利润

2013 年，华宸信托公司的利润总额为 232 万元，与 2012 年的 20756 万元相比降低了 20524 万元，减少了 98.88%；其净利润为 1170 万元，与 2012 年的 16671 万元相比降低了 15501 万元，减少了 92.98%。新时代信托公司的利润总额为 42063 万元，与 2012 年的 27359 万元相比增加了 14704 万元，增长率为 53.75%；其净利润为 31308 万元，与 2012 年的 20044 万元相比增加了 11264 万元，增长率为 56.20%，见表 10 - 27、表 10 - 28。

表 10 - 27　2009～2013 年内蒙古自治区信托公司利润总额统计表

公司名称	指标　　　　　年份	2009	2010	2011	2012	2013
华宸信托	利润总额（万元）	12703	17416	19941	20756	232
	增幅（万元）	—	4713	2525	814	-20524
	增长率（%）	—	37.10	14.50	4.08	-98.88
新时代信托	利润总额（万元）	17263	16212	14090	27359	42063
	增幅（万元）	—	-1051	-2122	13269	14704
	增长率（%）	—	-6.09	-13.09	94.17	53.75

表 10 - 28　2009 ~ 2013 年内蒙古自治区信托公司净利润统计表

公司名称	指标 \ 年份	2009	2010	2011	2012	2013
华宸信托	净利润（万元）	10154	15215	16335	16671	1170
	增幅（万元）	—	5061	1120	336	- 15501
	增长率（%）	—	49.84	7.36	2.06	- 92.98
新时代信托	利润总额（万元）	14196	12715	10638	20044	31308
	增幅（万元）	—	- 1886	- 4533	9406	11264
	增长率（%）	—	- 10.44	- 16.339	88.42	56.20

3. 信托手续费收入

2013 年，华宸信托公司的信托手续费及佣金收入为 19671 万元，占比 87.68%，与 2012 年的 21830 万元相比减少了 2159 万元，下降了 9.89%；新时代信托公司的信托手续费及佣金收入为 52326 万元，占比 76.11%，与 2012 年的 40380 万元相比增加了 11946 万元，增长了 29.58%，见表 10 - 29。

表 10 - 29　2009 ~ 2013 年内蒙古自治区信托公司手续费收入统计表

公司名称	指标 \ 年份	2009	2010	2011	2012	2013
华宸信托	手续费（万元）	12778	15723	22670	21830	19671
	占比（%）	—	56.79	75.88	64.07	87.68
	增幅（万元）	—	2151	6948	- 840	- 2160
新时代信托	手续费（万元）	9544	未披露	35801	40380	52326
	占比（%）	—	—	114.60	79.32	76.11
	增幅（万元）	—	—	—	4579	11946

4. 信托公司利息收入

2013 年，华宸信托公司的利息收入为 1606 万元，占比 7.16%，与 2012 年的 1394 万元相比增长了 15.21%；新时代信托公司的利息收入为 884 万元，占比 1.29%，与 2012 年的 233 万元相比增长了 279.40%，见表 10 - 30。

5. 投资收益

信托公司的投资收益包括投资收益、股权投资收益、证券投资收益和公允值变动收益四部分。内蒙古自治区信托公司的投资收益情况根据表 10 - 31、表 10 - 32 分析如下：

表 10 - 30　2009 ~ 2013 年内蒙古自治区信托公司利息收入统计表

公司名称	年份 指标	2009	2010	2011	2012	2013
华宸信托	利息收入（万元）	1347	1181	864	1394	1606
	占比（%）	—	4.26	2.89	4.09	7.16
新时代信托	利息收入（万元）	94	未披露	878	233	884
	占比（%）	—		2.81	0.46	1.29

（1）投资收益。2013 年，华宸信托公司的投资收益为 954 万元，比 2012 年的 10687 万元减少了 9733 万元；占比为 4.25%，比 2012 年的 31.36% 下降了 27.11%。新时代信托公司的投资收益为 9321 万元，比 2012 年的 3163 万元增加了 6158 万元；占比为 13.56%，比 2012 年的 6.21% 增长了 7.35%。

（2）股权投资收益。2013 年，华宸信托公司的股权投资收益为 - 813 万元，与 2012 年的 - 747 万元相比减少了 66 万元；占比为 - 3.62%，比 2012 年的 - 2.19% 下降了 1.43%。新时代信托公司无此项收益。

（3）证券投资收益。2013 年，华宸信托公司的证券投资收益为 - 110 万元，比 2012 年的 5864 万元减少了 5974 万元；占比为 - 0.49%，比 2012 年的 17.21% 下降了 17.70%。新时代信托公司无此项收益。

（4）公允值变动收益。2013 年，华宸信托公司无此项收益。新时代信托公司的公允值变动收益为 1001 万元，比 2012 年的 959 万元增加了 42 万元；占比为 1.46%，比 2012 年的 1.88% 下降了 0.42%。

表 10 - 31　2009 ~ 2013 年华宸信托公司投资收益统计分析表

项目	年份	2009	2010	2011	2012	2013
投资	收益（万元）	6522	10640	6272	10687	954
	占比（%）	—	38.43	20.99	31.36	4.25
股权投资	收益（万元）	201	1066	853	- 747	- 813
	占比（%）	—	3.85	2.86	- 2.19	- 3.62
证券投资	收益（万元）	6321	8726	5259	5864	- 110
	占比（%）	—	31.52	17.60	17.21	- 0.49
公允值变动	收益（万元）	0	0	0	0	0
	占比（%）	0.00	0.00	0.00	0.00	0.00

表 10 – 32 2009～2013 年新时代信托公司投资收益统计分析表

项目	年份	2009	2010	2011	2012	2013
投资	收益（万元）	996	未披露	−4048	3163	9321
	占比（％）	—	—	−12.96	6.21	13.56
股权投资	收益（万元）	7287	未披露	0	0	0
	占比（％）	—	—	0.00	0.00	0.00
证券投资	收益（万元）	0	未披露	未披露	0	0
	占比（％）	—	—	0.00	0.00	0.00
公允值变动	收益（万元）	13703	未披露	−4314	959	1001
	占比（％）	—	—	−13.81	1.88	1.46

（七）内蒙古自治区信托公司的资产质量分析

信托公司资产质量的分析包括不良资产、不良资产率两个指标。内蒙古自治区信托公司资产质量分析情况如下：

2013 年，华宸信托公司的不良资产为 300 万元，与 2012 年相比无变化；不良资产率 0.88％，与 2012 年的 0.25％相比增长了 0.63％。新时代信托公司的不良资产为 2669 万元，与 2012 年的 669 万元相比增加了 2000 万元；不良资产率为 55.82％，与 2012 年的 0.38％相比增长了 55.44％，见表 10 – 33 和表 10 – 34。

表 10 – 33 2009～2013 年度内蒙古自治区信托公司自营不良资产统计表

公司名称	指标	年份				
		2009	2010	2011	2012	2013
华宸信托	不良资产（万元）	300	324	324	300	300
	不良资产率（％）	0.24	0.52	0.33	0.25	0.88
新时代信托	不良资产（万元）	—	498	494	669	2669
	不良资产率（％）	—	11.87	13.95	0.38	55.82

表 10 – 34 2013 年自营不良资产分布表

单位：万元、％

公司名称	正常	占比	关注	占比	次级	占比	可疑	占比	损失	占比
华宸信托	33233	97.46	567	1.66	0	0	0	0	300	0.88
新时代信托	2112	44.18	0	0	0	0	0	0	2669	55.82

二、内蒙古自治区信托公司发展中存在的问题

内蒙古自治区信托公司在盈利能力、信托资产分布、理财能力、新增信托项目、自营资产、收入结构、资产质量等方面存在如下问题：

（一）盈利能力有所下降

2013 年，内蒙古自治区信托公司的总体盈利能力与全国相比有所下降，具体表现：一是资本利润率下降幅度较大，华宸信托公司为 1.36%，新时代信托公司为 11.51%，与全国平均值相比分别下降了 18.95% 和 8.80%。二是信托报酬率不均，华宸信托公司为 1.08%，新时代信托公司为 0.34%，其中新时代信托公司比全国平均值的 0.88% 下降了 0.54%。三是人均利润较低，华宸信托公司为 11.36 万元，新时代信托公司为 125.80 万元，与全国相比分别降低了 378.25 万元和 263.81 万元，见表 10 - 35。

表 10 - 35　2009～2013 年度全国信托公司资本利润率统计表

项目	年份	2009	2010	2011	2012	2013
资本利润率	平均值（%）	12.97	14.61	18.25	20.90	20.31
	增长（%）	- 1.56	1.64	3.64	2.65	- 0.59
信托报酬率	平均值（%）	0.86	0.69	1.05	0.97	0.88
	增长（%）	- 0.22	- 0.17	0.36	- 0.09	- 0.09
人均利润	平均值（万元）	255.38	278.68	311.30	372.76	389.61
	增长（%）	3.92	9.12	11.71	19.74	4.52

（二）信托资产的行业分布集中

内蒙古自治区信托公司信托资产行业分布集中，从全国看主要分布在基础产业、房地产、证券业、实业和金融机构五个方面，华宸信托公司和新时代信托公司主要集中在基础产业、房地产和实业，其中新时代信托公司的实业占比为 77.97%，与全国的 27.05% 相比高出 50.92%，见表 10 - 36。

表 10-36　2009~2013 年度全国信托公司信托资产行业分布占比

指标	项目	2009	2010	2011	2012	2013
基础产业	规模（万元）	1652956	1804825	1580108	2851611	4256482
	占比（%）	36.18	28.77	20.79	25.58	25.49
房地产	规模	364188	820647	1122519	1061249	1721714
	占比（%）	12.04	17.28	14.77	9.52	10.31
证券业	规模	270654	556738	732216	1272525	1748212
	占比（%）	6.96	9.13	9.63	11.42	10.47
实业	规模	476385	1035482	1455973	2980858	4516831
	占比（%）	17.02	21.09	19.16	26.74	27.05
金融机构	规模	390277	338668	939302	1090494	1842148
	占比（%）	10.04	5.82	12.23	9.78	11.03

（三）新增信托项目不均

2013 年内蒙古自治区两家信托公司的新增信托项目不均，表现如下：一是在项目总量上，华宸信托公司新增项目个数 52 个，新时代信托公司新增项目个数 586 个。二是在新增集合类信托项目上，华宸信托公司新增项目个数 17 个，新时代信托公司新增项目个数 319 个。三是在新增单一类信托项目上，华宸信托公司新增项目个数 38 个，新时代信托公司新增项目个数 267 个。

（四）自营资产的行业分布较集中

2013 年内蒙古自治区两家信托公司的自营资产行业分布较集中，全国信托公司的自营资产行业分布在基础产业、房地产、证券业、实业和金融机构五个领域，其中占比较高的金融机构为 40.28%。而华宸信托和新时代信托主要集中在证券业、实业和金融机构这三个领域，其中华宸信托公司主要集中在证券业，在自营资产中占比 48.44%；新时代信托公司主要集中在金融机构，在自营资产中占比 79.52%，见表 10-37。

（五）资产质量下降

2013 年，内蒙古自治区两家信托公司的资产质量均有所下降，其中华宸信托公司的不良资产率 0.88%，比 2012 年增长了 0.63%。新时代信托公司的不良资产率为 55.82%，比 2012 年增长了 55.44%。

表 10 – 37　2009～2013 年全国信托公司自营资产行业分布统计分析表

指标	项目	2009	2010	2011	2012	2013
基础产业资产	平均规模	7638	10189	7776	11138	10830
	平均占比（%）	4.32	5.22	2.62	3.19	2.50
房地产业资产	平均规模	11691	18629	18375	26690	34556
	平均占比（%）	4.88	5.71	6.19	6.05	7.99
证券业资产	平均规模	36364	56345	43168	58022	47177
	平均占比（%）	17.32	22.49	15.55	16.60	10.90
实业资产	平均规模	30139	26329	23682	26482	33051
	平均占比（%）	10.27	5.97	7.98	7.31	7.64
金融机构	平均规模	78624	95995	118412	131486	174267
	平均占比（%）	35.13	35.10	39.92	37.01	40.28

三、内蒙古自治区信托公司经营发展的对策建议

内蒙古自治区信托公司应在业务拓展、风险防范、信息化、企业文化、内控制度等方面进一步加强管理，以使公司可持续发展。

（一）应转变主营业务盈利模式

尽管近几年信托公司主营业务（信托业务）收入占比处于绝对优势地位，但并不意味着未来信托业务依然能够保持这种优势，特别是在进入泛资管竞争时代后，银行、证券、基金和保险的相继加入，已经对信托业务构成了较大的威胁，即使不能有效蚕食信托业务，也会拉低行业的平均利润水平。同时，银行去杠杆化的政策导致银信合作空间越来越窄，信托业务正在经受前所未有的挑战。因此信托公司要想保持信托业务相对化优势，应大力开展差异化业务和服务，转变主营业务模式，提高资产管理的主动性，如开展新型私募投行业务、另类投资管理业务以及私人财富管理业务，基于此进一步培育核心盈利能力。

（二）加强风险管理，提高资产质量

资产质量反映了公司的风险管理水平和经营效率，2013 年两信托公司的统计数据显示，两信托公司整体资产质量有所下降，特别是新时代信托公司的不良资产率极高，这说明信托公司风险控制能力需进一步加强：一是信托公司应建立

严格的、全面的、可估计的风险控制系统来严格把控经营活动中包括信用风险、市场风险等在内的各种风险；二是将岗位中的责任和权利相对等，明晰每个岗位的责任，做到责任到人，在积极激发出每个员工创造性的基础上，也培养员工责任感和全局风险意识；三是分层建立风险管理组织机构，确保公司的风险管控战略能够有效实施；四是建立内部风险缓冲预警系统，建立客户评级信息系统，加大实际工作中的管理，强化过程控制。

（三）加大信托产品创新力度

随着国家政策对信托业务转型的指引，信托公司更应该积极设计出能反映公司主动管理特性、个性化的产品。一方面，信托公司可以借鉴国际信托业务发展的经验，并结合自身特点加以再创造，还可以加强与信托研究机构的合作，组建一个出色的产品研发团队，立足客户需要，依托市场发展，结合自身政策优势，坚持诚信经营的方针来设计新产品；另一方面，信托公司应提升服务质量，打造公司专业化自有品牌，培育优秀人才组建金鹰销售团队，积极开拓客户，开发新渠道。

（四）推动信息化建设

应当使风险管理与信息技术有机结合起来，做到风险管理信息化、网络化，提高风险管理的质效。公司应当设立推动信息化建设的专门部门，加强信息系统建设，推动信息化服务。

（五）健全内部控制机制

要不断完善公司的内控制度，这些制度不仅要涵盖信托业务、固有业务、中介业务、业务创新、财务管理、信息系统、客户服务与管理、人力资源管理等各个环节，应明确具体的风险量化标准、尽职管理指引、操作流程、风险控制点、责任人等，确保制度控制的针对性、有效性。

第十一章

内蒙古自治区新型金融机构发展报告

本书中的新型金融机构是指由中国银行业监督管理委员会批准设立的三种类型的新型农村金融机构，即贷款公司、村镇银行、农村资金互助社等。

贷款公司是指经中国银行业监督管理委员会依据有关法律、法规批准，由境内商业银行或农村合作银行在农村地区设立的专门为县域农民、农业和农村经济发展提供贷款服务的非银行业金融机构。贷款公司是由境内商业银行或农村合作银行全额出资的有限责任公司（《贷款公司管理暂行规定》银监发〔2007〕6 号）。

村镇银行是指经中国银行业监督管理委员会依据有关法律、法规批准，由境内外金融机构、境内非金融机构企业法人、境内自然人出资，在农村地区设立的主要为当地农民、农业和农村经济发展提供金融服务的银行类金融机构（《村镇银行管理暂行规定》银监发〔2007〕5 号）。

农村资金互助社是指经中国银行业监督管理委员会批准，由乡（镇）、行政村农民和农村小企业自愿入股组成，为社员提供存款、贷款、结算等业务的社区互助性银行类金融机构（《农村资金互助社管理暂行规定》银监发〔2007〕7 号）。

随着我国金融机构体系改革的推进，从 2005 年开始，大型银行大面积撤并旗县以下的乡镇营业网点，使得许多偏远乡镇无法获得最基本的金融服务，内蒙古自治区农牧业经济也因无法得到相应的融资服务而放慢了前进的步伐。2006 年，国家提出建立农村牧区新型金融机构政策才使得这一情况有机会得以改善。在国家政策引导下，内蒙古自治区银监局、内蒙古自治区政府、内蒙古自治区金融办从 2006 年开始至今，出台了一系列发展地区新型金融机构的配套政策措施，有力支持和推动了内蒙古自治区村镇银行、贷款公司、资金互助社等新型金融机构的规范、健康、可持续发展。

一、内蒙古自治区新型金融机构运行的外部环境

从国家经济金融环境来看，2013年是全面贯彻落实中央十八大精神的开局之年，是经济转型背景下加快转变经营方式的关键之年。这艰巨的一年，在积极财政政策和稳健货币政策的框架下，国家采取了一系列的调控措施，使2013年国家经济在整体上保持了平稳增长，不仅总量有增长，结构也趋于优化，无论是国内生产总值的数据，还是产业结构的数据，都表现出了同比增长的好局面。金融市场也运行良好，金融总量合理增长，融资结构在不断优化，2013年，广义货币（M2）同比增长13.6%，狭义货币（M1）同比增长9.3%，流通中货币（M0）同比增长7.1%，人民币贷款余额同比增长14.1%，并占全年社会融资规模的51.4%，其中，小微企业、涉农贷款增速均高于2012年。

从内蒙古自治区经济金融环境来看，2013年全区经济发展从之前的快速增长态势进入了平稳增长时期。第一产业、第二产业、第三产业都表现出同比平稳增长的局面，同比增长率分别为5.2%、10.7%、7.1%。三次产业结构比例由2000年的22.8:37.9:39.3调整到2013年的9.5:54.0:36.5，第二产业的比重明显上升。金融方面也表现出稳健发展态势，2013年，内蒙古自治区货币信贷运行稳健，各项贷款余额同比增长14.61%，高于全国水平0.51个百分点。信贷结构逐步优化，大型银行存款份额下降，中小银行存款份额增长较快，地方法人金融机构贷款增长加快，全国性银行贷款占比下降，流向经济结构调整和转型升级行业和领域的信贷比重加快增长，其中涉农涉牧贷款同比2012年增长23.04%，高于同期全部贷款增速8.33个百分点，新增涉农牧贷款895.21亿元，占全部新增贷款的54.73%。但2013年，全区银行业机构不良贷款呈"双升"的态势，不良贷款余额同比增长60.84%，不良贷款率同比增长0.64个百分点，中断了2005年以来不良贷款不断下降的局面。

从新型金融机构政策环境来看，2004年"中央一号文件"首次提出：鼓励有条件的地方在严格监管、有效防范金融风险的前提下，通过吸引社会资本和外资，积极兴办直接为"三农"服务的多种所有制金融组织的决定。随后银监会于2006年12月22日为解决部分农村地区"金融真空"和农村金融服务不足等问题，发布了《关于放宽农村地区银行业金融机构准入政策，更好支持社会主义新农村建设的若干意见》（以下简称《意见》）文件，提出了以"低门槛、严监管；先试点、后推开"的原则开展新型农村金融机构试点工作的安排，由此拉开了我国农村新型金融机构发展的帷幕。2007年，试点省内新型金融机构陆续成立并迅速发展。为了促进新型金融机构规范、健康、可持续发展，银监会自2007

年后发布了一系列跟进文件，主要有 2007 年的《贷款公司管理暂行规定》、《农村资金互助社管理暂行规定》、《村镇银行管理暂行规定》等管理条例；2008 年的《中国人民银行中国银行业监督管理委员会关于村镇银行、贷款公司、农村资金互助社、小额贷款公司有关政策的通知》；2009 年 7 月的《新型农村金融机构 2009 ~ 2011 年总体工作安排》；2010 年 4 月的《关于加快发展新型农村金融机构有关事宜的通知》；2010 年 6 月，由财政部发布的优惠文件《新型农村金融机构定向费用补贴范围扩大到基础金融服务薄弱地区的通知》，该文件决定了对村镇银行、贷款公司、农村资金互助社等三类新型农村金融机构，按年度贷款平均余额的 2% 给予补贴，在同时发布的《中央财政农村金融机构定向费用补贴资金管理暂行办法》中对补贴条件和标准做出了详细的说明。2013 年，中央一号文件《中共中央国务院关于加快发展现代农业进一步增强农村发展活力的若干意见》中关于完善新型金融机构的管理和发展方面提出了意见，首次提出了进一步拓宽小额信贷公司的融资渠道和接入征信系统的监管政策，提出资金互助等金融机构由地方政府承担的意见。2013 年"一号文件"的出台意味着新型金融机构将被纳入规范的监管体系。

二、内蒙古自治区新型金融机构运行的基本情况

（一）贷款公司的运行情况

由包商银行全资发起，成立于 2007 年 3 月 16 日的包商惠农贷款有限责任公司是内蒙古自治区第一家非银行类新型金融机构，也是截至 2013 年末内蒙古自治区唯一的一家贷款公司。在 2013 年，公司运行稳定增长（见表 11 - 1），注册资本金保持了 2012 年的 3000 万元，同业资金来源 2.7 亿元，同比增长 17%；总资产约 3.24 亿元，同比增长 10%；总贷款规模约 3.1 亿元，同比增长 21.7%，其中农户贷款从 2012 年约 1.88 亿元到 2013 年约 1.74 亿元，占总贷款比率略比 2012 年下降，从 64% 下降至 54%，但占比依然在半成以上（见图 11 - 1），较好体现了"服务三农三牧"的经营宗旨。公司资本收益率也呈现出同比上升的态势，资本收益率为 23.89%，同比增长 3.43 个百分点，见图 11 - 2。

2013 年，包商惠农贷款公司继续践行"包商惠农、惠及三农"的宗旨，积极推动达茂旗地方经济和地方金融事业发展，进一步扩大农贷覆盖面，贷款公司将农户贷款单户限额由 2 万元提升到 3 万元，成立至今累计发放贷款 29169 笔，累计发放金额 12.5 亿元，惠及达茂旗七镇两乡三苏木总人口的 42%，所有发放的贷款笔均贷款金额为 4.30 万元，对农牧民春耕生产、水利设施建设、农业生

产机具购置、农民工进城创业、返乡农民工回乡创业等各个方面起到了积极的促进作用。

2013 年贷款公司继续以"全国送金融知识下乡服务站"为桥梁，向农牧民群众宣传金融知识，进行科普教育，使贷款公司更加深得民心，同时包商惠农贷款有限责任公司继续加大对农村牧区弱势群众的支持力度，以农户贷款、下岗失业人员贷款，青年创业贷款等方式进行支持。

表 11 - 1　2009 ~ 2013 年包商惠农贷款有限责任公司资金运行情况

单位：万元、%

项目	时间	2013 年末	2012 年末	2011 年末	2010 年末	2009 年末
负债	同业来源	27000	23000	20000	20000	9000
资产	总资产	32358.27	29307.38	24370.65	23644.4	10300.08
	贷款	31006.20	25472	22321	20126	10166
	农户贷款	17408.75	18837.67	13523.68	12636.76	8115.63
不良贷款率		0.52	0	0	0	0
注册资本		3000	3000	1200	1200	1200
资本比率		15.55	20.99	11.52	9.7	13.46
资本收益率		23.89	20.46	48.81	39.36	5.9

资料来源：根据内蒙古自治区银监局公布数据整理。

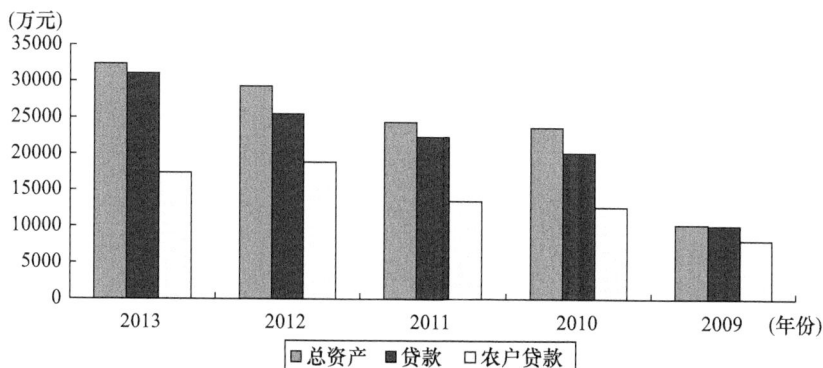

图 11 - 1　2009 ~ 2013 年包商惠农贷款有限责任公司资产结构

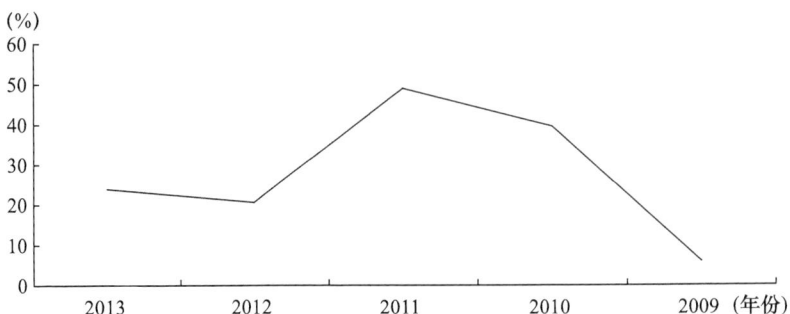

图 11-2　2009～2013 年包商惠农贷款有限责任公司资本收益率情况

2013 年是贷款公司优化管理结构，深入开展案件防控深化年。一是完善了组织架构，进行条线管理，实现互相制约机制；二是深入开展了案件防控工作，由风险管理部牵头在公司中开展了"工作回头看"检查，力争把风险扼杀在萌芽期间；三是借助活动搞教育，寓教于乐。先后开展了"金融知识进万家"、"道德讲堂"、"金融知识下乡"等活动进行宏观的学习，增强了员工荣誉感和激发了员工的正能量。

（二）村镇银行的运行情况

继包商惠农贷款有限责任公司成立之后，2007 年 4 月 28 日内蒙古自治区又一类新型金融机构成立，即固阳包商惠农村镇银行。这是内蒙古自治区第一家银行类新型金融机构，并且自成立以来发展迅速。截至 2013 年末，全区共设立村镇银行 61 家，其中 2013 年间新设两家，同比增长 3.4%。从地区分布来看，各盟市均有村镇银行的成立，并逐年在增设，其中"呼包鄂"地区成立较多，最多的是在鄂尔多斯市，共 15 家，占比 24%（见表 11-2、图 11-3）。从资产负债情况来看，截至 2013 年末，资产总额为 295.96 亿元，同比增长 48.1%，各项贷款累计余额 149.50 亿元，同比增长 58.9%，其中农户贷款累计余额 68.23 亿元，同比增长 69.3%，占比从 2012 年的 43.89% 提高至 45.7%。负债总额为 254.93 亿元，其中存款余额 221.75 亿元，占负债总额的 87%，同业拆借 5000 万元，同比下降 96.5%，中央银行再贷款 15.60 亿元，同比增长 226.5%。从盈利情况来看，截至 2013 年末，资本收益率 14.35%，同比增长 20%，见表 11-3、图 11-5。

内蒙古自治区村镇银行是队伍最庞大、发展最快、为农村牧区金融需求提供最多金融支持的新型金融机构，为解决自治区农牧区贷款难问题做出了重要贡献。但 2013 年经济下行压力对全国金融机构产生了一定的负面影响，尤其对中

表 11 - 2　2009 ~ 2013 年内蒙古自治区村镇银行法人机构数量及地区分布状况

单位：家

项目 \ 年份		2013	2012	2011	2010	2009
总数量		61	59	50	26	8
地区分布	呼和浩特市	8	7	4	2	2
	包头市	6	5	5	2	1
	乌海市	1	1	1	1	1
	巴彦淖尔市	5	5	5	2	—
	鄂尔多斯市	15	15	11	7	1
	阿拉善盟	2	2	2	1	1
	锡林郭勒盟	4	5	4	2	—
	赤峰市	5	3	3	2	1
	乌兰察布市	6	6	6	1	—
	通辽市	3	4	3	3	—
	兴安盟	3	3	3	1	—
	呼伦贝尔市	3	3	3	2	—

资料来源：根据内蒙古自治区银监局公布数据整理。

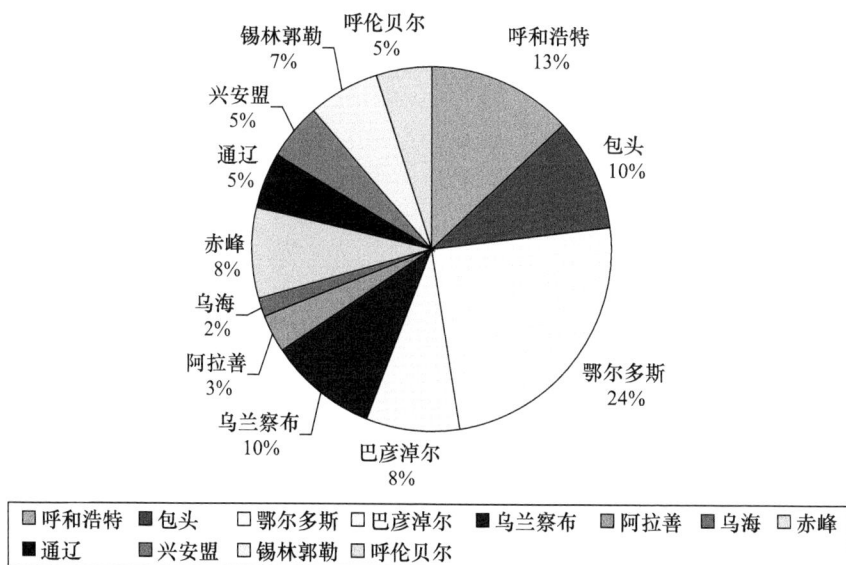

图 11 - 3　2013 年内蒙古自治区村镇银行法人机构地区分布比例状况

小型金融机构的影响更为明显。内蒙古自治区村镇银行作为本地区的新型小型金融机构也受到了影响,其2012年的不良贷款状况为4387.73万元,见表11-3,在2013年并没有得到改善,反而有了明显的增加(由于受风险控制指标信息公开制度的限制相关部门没有提供具体的数据)。

表11-3 2009~2013年内蒙古自治区村镇银行资金运行情况

单位:万元、%

项目 / 年份			2013	2012	2011	2010	2009
负债	负债来源	总数	2549326.11	1679471.0	889809.4	422616.81	86279.02
		存款	2217467.14	1434938.37	749795.75	289860.05	79441.97
		同业拆借	5000	141057.61	64232.24	90782.26	1658.7
		央行再贷款	156019.00	47790	18000	10000	0
		其他	0	0	0	0	0
资产	贷款	资产	2959591.34	1998507.21	1050799.83	486638.44	93820.75
		贷款	1494968.08	941061.64	490925.72	241636.83	44831.67
		农户贷款	682249.02	403622.42	191630.76	104837.37	16501
资本金		总数	329004.4	280283.71	149560	63760	7860
		比率	24.86	28.82	27.5	24.38	18.26
不良贷款			—	4387.73	46.92	0	0
资本收益率			14.35	11.96	9.24	1	-2.11

资料来源:根据内蒙古自治区银监局公布数据整理。

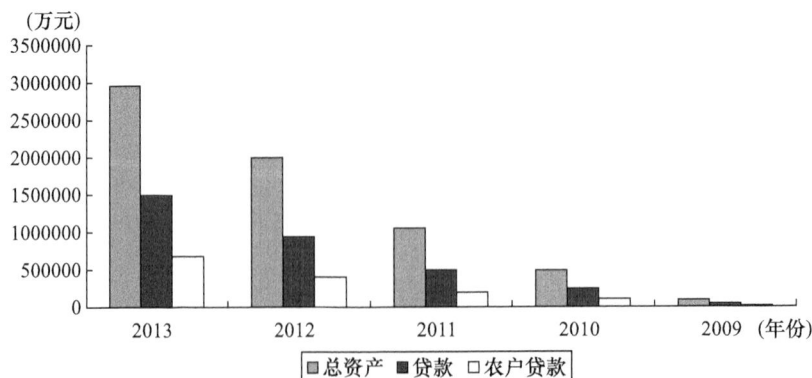

图11-4 2009~2013年内蒙古自治区村镇银行资产结构

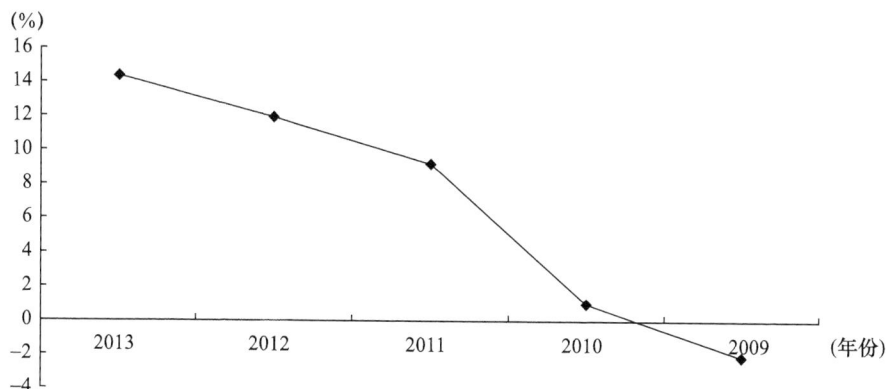

图 11 – 5 2009～2013 年内蒙古自治区村镇银行资本收益率情况

（三）农村资金互助社的运行情况

自 2007 年内蒙古自治区成立两家资金互助社以来，截至 2013 年法人机构数量依旧两家（通辽市辽河镇融达农村资金互助社，2007 年 5 月 9 日成立；锡林浩特市白音锡勒牧场诚信农村资金互助社，2007 年 5 月 18 日成立）。从规模来看，6 年来两家资金互助社发展缓慢或处于停止状态。截至 2013 年末，两家资金互助社（见表 11 – 4）资本金合计 543.66 万元，同比下降 8.8%，其中两家的注

表 11 – 4 2009～2013 年内蒙古自治区资金互助社资金运行状况

单位：万元、%

项目	年份	2013	2012	2011	2010	2009
资本金	总数	543.66	595.92	730.28	746.32	598.91
	比率	20.49	13.27	15.58	11.32	15.7
负债	总数	2989.05	5106	5022.01	6941.77	4366.78
	存款	2767.28	4893.57	4881.75	6841.69	4279.26
	同业拆借	0	0	0	0	0
	央行再贷款	0	0	0	0	0
	其他	0	0	0	0	0
资产	总资产	3737.58	5868.1	5896.61	7802.37	5044.95
	贷款	1855.40	2787	3966.9	4247	2641.8
	农户贷款	1445.4	2057	3706.9	4247	2641.8
	不良贷款	0	0	0	0	0
资本收益率		26.13	20.17	14.57	13.76	21.38

资料来源：根据内蒙古自治区银监局公布数据整理。

册资本金都没有变化，融达农村资金互助社注册资金仍为成立时的 30 万元，发起人为 15 个自然人，白音锡勒牧场诚信农村资金互助社的注册资金仍是初始的 360 万元，股东仍为最初的锡林郭勒盟白音锡勒牧场和 93 个自然人股东。平均资本金比率 20.49%，同比上升了 7 个百分点，资本金比率较高，达到了 20.5%。从资产规模来看，2013 年合计 3737.58 万元，同比下降 36.3%，其中贷款总额 1855.40 万元，同比下降 33.4%；农户贷款 1445.4 万元，同比下降 29.7%，农户贷款占总贷款比率为 78.2%，同比略有上升，为 4.4%。负债总额为 2989.05 万元，同比下降 41.5%，负债结构主要由存款构成，占比 92.6%，同比下降 3.2%。从资产质量来看，不良贷款率为 0，资本收益率 26.13%，同比增长 29.5%。由此可见，虽然 2013 年两家资金互助社的资产和负债规模都在下降，但经营能力并没有下降。

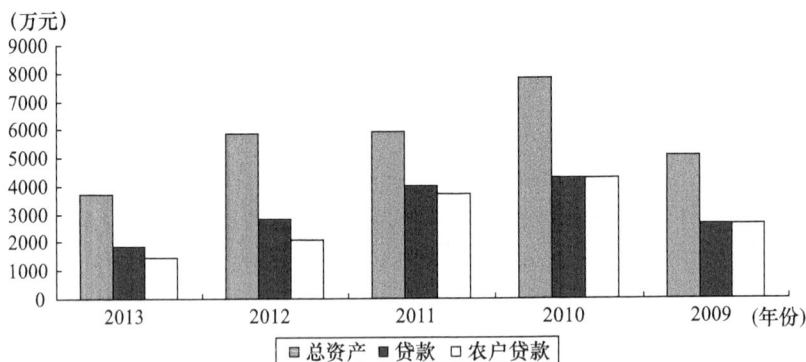

图 11-6　2009~2013 年内蒙古自治区资金互助社资产结构

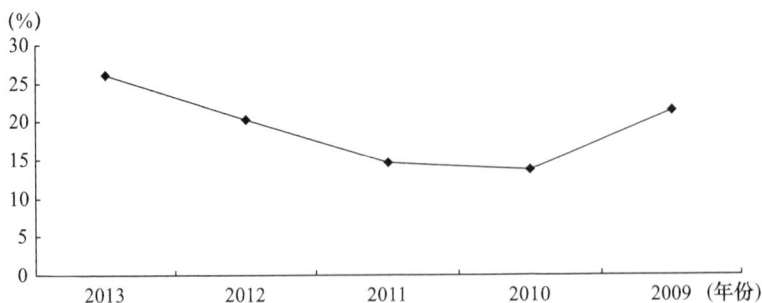

图 11-7　2009~2013 年内蒙古自治区资金互助社资本收益率情况

三、内蒙古自治区新型金融机构运行中存在的问题

2013 年，内蒙古自治区新型金融机构总体实现了规范、健康、有序的发展，运行状况良好，实现了较高的资本收益率，展现了较强的经营能力。目前，三类新型金融机构已成为支持自治区县域经济和非公经济发展的一支不可替代的、重要的新生力量，已是推动自治区农牧业经济整体发展不可或缺的金融机构。因此，保证它们的可持续发展就显得尤为重要。然而客观面对发展中存在的问题，并积极采取措施予以解决是保证其可持续发展的根本。

（一）贷款公司存在的问题

从内蒙古自治区唯一的一家贷款公司——包商惠农贷款有限责任公司 2013 年运行情况来看，总体良好，但依然面临以下一些问题：

1. 分支机构设立或转制村镇银行工作推进困难

贷款公司历经 6 年发展，在达茂旗可以说是家喻户晓，声名远扬，但是限于网点单一，贷款规模与营销成本已经严重不成比例，仅在达茂旗百灵庙拥有一处机构，业务辐射能力有限，同时，基于贷款公司资金来源单一、筹资成本相对较高，利润空间被压缩严重，可持续发展堪忧，转制村镇银行又遇到监管部门政策瓶颈。

2. 贷款风险程度加重，风险控制难度加大

虽然目前贷款公司风险防控意识和风险防控能力有了一定提高，但由于信贷人员维护数量和发放贷款数量较大，专业人才的缺乏和信息的相对闭塞，风险防控能力较同行业存在差距，以及 2013 年经济下行压力等原因，使贷款公司信贷潜在风险增加，贷款公司进行风险控制的难度进一步加大，从表 11 - 1 来看，2013 年之前公司没有不良贷款，但从 2013 年开始出现了不良贷款的状况，不良率为 0.52%。

3. 专业人员短缺，信贷队伍建设稳定性差

达茂旗百灵庙地处包头市北疆，距离包头市及呼和浩特市都在 150 公里以上，长久以来，限于各方面条件，达茂旗专业人才都极为短缺，而在贷款公司这一问题显得尤为突出。贷款公司培养一个合格的信贷员需要两年，但往往当两年时间过去后，信贷员各方面能力都已具备，具备了较强的专业素质后就跳槽离开，而贷款公司既不能及时地补充人员，也不能在短期内培养出足够的后备力量。

4. 资金成本较高，实现商业可持续困难

贷款公司进驻达茂旗几年来，有力地支持了地方经济的发展，真正实现了城

市反哺农村，但是贷款公司的资金拆借成本较高，利差小，利润空间有限的矛盾难以解决，贷款公司实现商业可持续发展，实现对地方经济有效支持面临着严重的困难。

（二）村镇银行存在的问题

2013 年，内蒙古自治区新型金融机构中村镇银行队伍运行情况表现出强劲活力，资产负债规模相比其他两类机构都有大幅度增加。但同时也存在或面临着以下几个方面的问题：

1. 市场筹资能力下滑

2013 年，内蒙古自治区村镇银行总体资金来源虽然上升，但从表 11 – 3 的数据来看，存款同比增加了 54.5%，而同业拆借又同比降低了 96.5%，这等于市场吸收资金的整体能力下降了 42%。资金来源重头转向了中央银行再贷款，央行再贷款同比增加了 226%。虽然这说明中央银行资金扶持力度提高，但即便是政策性金融机构，过度依赖央行的资金也不是长久之计，应加大市场主体的投资。

2. 业务开展难，金融产品单一

因农村牧区网络建设滞后、信息不畅通而形成的结算业务瓶颈问题，在 2013 年依然是制约村镇银行发展的重要阻碍之一。目前村镇银行无法通存通兑，也无法发行银联卡，虽然目前中国人民银行允许村镇银行接入现代化支付系统，但规定只能间接接入，中间还必须设一个清算银行。大多数村镇银行的异地汇划必须通过代理行、信用社的结算网络，导致支付渠道不畅，汇划款项难以实时到账。加之目前村镇银行受硬件环境和人员素质软件环境差的影响只能开展传统的吸收存款、发放贷款以及结算、承兑、部分贴现业务，而对代理类的中间业务还无法涉及，村镇银行业务单一，影响其可持续发展。

3. 面临多种风险的威胁

银监会建立村镇银行的宗旨是扶农，由此内蒙古自治区村镇银行的业务普遍集中于农牧业相关的贷款业务。如表 11 – 3 所示，2013 年内蒙古自治区村镇银行总贷款中农户贷款比例占到 45.6%，近一半的比例。而农牧业自身的弱质性和在我国缺乏自然灾害风险补偿机制和保险制度环境下，村镇银行面临的自然风险更加突出，从而使村镇银行面临着更大系数的市场风险的威胁。尤其对处于不断扩张状态的村镇银行队伍来说，规模带动效应就会更加明显。表 11 – 3 中 2011 年开始出现的不良贷款状况不乏自然风险因素所致。

究其村镇银行 2013 年不断扩大的不良资产原因，还有信用风险的存在。依目前我国信用体系的建设阶段，对经济实力不足的农牧民信贷的信用信息征集、披露、评估等工作很乏力，村镇银行发放的信用贷款自然缺乏完善的信用体系的支撑，导致信用风险时有发生，加大了信用风险产生的概率。

2013 年，对于大多数村镇银行而言，基本上就是两级管理的扁平结构，而其从业人员的素质比较低，合规操作意识差，风险意识相对淡薄。加之从业人员数量较少，容易形成"认人不认制度"的怪现象，从而加大了操作风险发生的可能性。

（三）农村资金互助社存在的问题

2013 年，从内蒙古自治区两家农村资金互助社运行的几项代表性指标数据来看，整体发展缓慢或停滞状态，折射出的问题主要有以下几个方面：

1. 资金来源乏力

2013 年，从两家农村资金互助社运行情况（见表 11-4）来看，负债总额明显下降，其中存款资金来源同比下降 43.45%，而存款来源又占到了整个负债来源的 92.6%。究其原因除了经济下滑因素以外，还有以下几个方面的因素：第一，国家政策限制。目前《农村资金互助社管理暂行规定》指出，资金互助社只能通过吸收社员存款、接受社会捐赠资金和向其他银行业金融机构融入资金作为资金来源，并且规定严格，单个农户或单个农村小企业向农村资金互助社入股其持股比例不得超过农村资金互助社股金总额的 10%。这样就从政策上限制了资金互助社的融资渠道，资金来源渠道狭窄。第二，同业融资难。目前人民银行还没针对资金互助社出台具体支农贷款扶持政策，政策性银行也没有开展相关业务，商业银行（农业银行、邮政储蓄银行、内蒙古银行）虽有合作意向，但因没有上级机构或监管机构相关融资规定办法而无法操作实施（见表 11-4），同业资金来源的缺乏使资金互助社解决资金短期能力乏力。第三，公信度低。资金互助社作为新型金融机构之一，从建立到现在经历的时间较短，所以社会认知度并不高，加之资金互助社数量较少，政府对其宣传上的片面性和实践上的误导性使很多农牧民对资金互助社的认识存在偏差，抱怀疑态度，处于观望状态，不会贸然加入资金互助社把大额资金存入资金互助社，这使资金互助社吸引公众资金能力乏力。

2. 相关政策法规不完善

由于资金互助社现行审批手续较为复杂烦琐，注册资本金的高门槛等限制了资金互助社的成立。加之缺乏专门的合作金融法律、法规引导和规范，势必导致监管部门无法可依，不利于资金互助社的良好发展。另外，相应法律法规的不健全，也会带来政府对资金互助社的不正当干预，资金互助社的参与者也不能从立法中明确了解各自的基本权利、义务和风险，参与者之间无法形成相互制约和促进的关系，这些都势必成为资金互助社良性运转的障碍。

3. 人员素质不高

内蒙古自治区是欠发达地区，农牧民普遍文化水平低，人才匮乏。据内蒙古自治区银监会统计，截至2012年12月，两家资金互助社共有16名员工，其中本科学历1人，大专学历9人，高中以下16人，与《农村资金互助社管理暂行规定》要求的管理人员素质相比，差距比较大，这一状况在2013年并没有得到改善。人员素质不高也是制约农村资金互助社进一步发展壮大的因素之一。

四、进一步推进内蒙古自治区新型金融机构发展的政策建议

在分析2013年内蒙古自治区村镇银行、信贷公司、农村资金互助社等三种新型金融机构运行情况的基础上，对进一步推进三者发展提出以下几个方面政策建议：

（一）拓宽融资渠道，确保充足的营运资金

1. 需要同业的积极合作与支持

各类商业银行，尤其是大型商业银行作为我国有绝对竞争优势和收益能力强的金融机构，鉴于当前农牧区金融体系薄弱，资金供需失衡的现状，有责任、有义务对农村新型金融机构的发展给予支持，商业银行应该为新型金融机构提供一些利率方面和贷款期限上的优惠政策。尤其考虑到2013年经济下行压力的惯性影响，商业银行通过与新型金融机构合作的加强，不仅可解决新型金融机构2014年可能出现的资金不足的困境，也可趁国家对新农村、新牧区建设的加强势头，开辟自身资金使用的新渠道，寻找新的盈利点，与新型金融机构形成互惠局面。

2. 需要政策性银行提高重视度

农业发展银行作为国家专门服务于农业的政策性银行，对于这样服务"三农三牧"的新型金融机构，应该安排一定量的支持贷款。

3. 需要中央银行加大再贷款力度

2013年，中央银行大力支持了村镇银行，对村镇银行的再贷款增幅同比提高200%以上。而对贷款公司、农村资金互助社的再贷款扶持政策大门尚未打开。考虑2013年经济大环境给新型金融机构带来的负面影响和2014年的经济形势下滑的预测以及新型金融机构的可持续发展的必要性，建议中央银行加大对新型金融机构的再贷款支持，尤其考虑对贷款公司、农村资金互助社的支持。

4. 需要加大地方政府的宣传力度

地方政府要为新型金融机构搭建宣传平台，帮助其提高社会知名度，新型金

融机构也要采取有效措施加大业务营销宣传力度，进一步用优质、高效、诚信的实际行动来提高社会公众对其信任度，以此减少农牧区资金外流，增加农牧区资金向农村新型金融机构的流入。

（二）补充员工，加强员工培训，全面提高员工素质

已有从业人员素质不高、人员素质参差不齐是目前各类新型金融机构面临的普遍问题，这一状况在2013年并没有得到改观。从业人员的素质高低是推动机构发展的关键要素，因此，2014年进一步推动发展新型金融机构还需要对新型金融机构的从业人员进行全面培训，迫使其进行专业知识和业务程序的学习，以提高从业人员的金融基础知识水平，熟悉业务操作，增强从业人员的业务创新能力和业务处理能力，为新型金融机构的长远发展奠定基础。

专业从业人员短缺也是新型金融机构在发展中所面临的另一个突出的问题。由于新型金融机构是新发展的金融机构，认知度不高，而且未来发展有太多的不确定因素，很多具备专业知识的从业人员不愿意到这类机构就职。因此新型金融机构需要提供良好的工作环境，丰厚的薪金待遇，以吸引高品质的员工。另外，政府相关部门给予其政策上的优惠，调配一些专业人员到新型金融机构工作。在对高校就业指导上加大宣传力度，引导内蒙古自治区高校毕业学生去新型金融机构工作。

（三）提高政策扶持力度，确保政策执行的时效性

1. 加强政策扶持

政策扶持包括加强财政政策和金融政策两方面的扶持。在财政方面，实行税收减免和费用补贴等财政政策，降低其经营成本，增加收益，支持其发展壮大。还建议从财政预算中拿出一定规模的资金，成立农户贷款风险补偿基金，专项用于补偿新型金融机构发放支农贷款时由于自然风险和市场风险等原因形成的贷款损失。在金融方面，降低存款准备金比率，加大支农再贷款力度等货币政策以及引导鼓励同业拆借合作，缓解新型金融机构融资成本高、渠道不畅等问题。

2. 强化政策实施的时效性

就目前而言，国家和内蒙古自治区政府已经制定了一些政策和建议，但很多政策在实施之前就已到期结束，出现了政策期限不匹配的问题。因此要使国家配套政策与地方配套政策落到实处，地方政府就需要延长政策的有效时限，同时相应的监管部门加强政策执行阶段的监督，及时发现问题，给予正确的引导，确保政策的有效实施。

（四）加快法律法规的建设，确保制度保障

2013 年，内蒙古自治区新型金融机构稳健发展，同时新的问题也在不断出现。2014 年，还需要加快相应的法律法规建设的跟进，使新型金融机构在发展中有法可依，确保机构的合规性发展。

（五）从长计议，加快加强自我建设

各类新型金融机构应该加强制定符合自身的信贷管理、财务管理、支付计算、内部审计制度、主要业务流程和操作规程、风险防范机制，健全各项规章制度，严格规范内部管理，加强信息系统建设，以提高自身"素质"，为可持续发展创造健全的内部环境。

同时要考虑从长计议，努力进行产品创新，继续加大对农牧区经济支持。新型金融机构可以在开办专业合作社贷款、土地流转贷款方面多做工作，农牧区专业合作社、土地流转一直以来都是新型金融机构想做而不敢做的领域，随着十八届三中全会的结束，在土地流转方面一定会有相关的政策保障，而专业合作社也会逐渐步入正轨，所以 2014 年，加大对涉农龙头企业贷款力度。

（六）需要加快农牧业保险业务的开辟和农牧区社会保障体系的建设

由于农牧业生产受自然条件约束较大，有大量不确定性特征的自然灾害。因此，必须加快发展政策性农牧业保险，加大政策性农牧业保险的财政投入力度。同时尽快建立健全农牧区社会保障体系，避免农牧民因看病、子女教育等致贫而拖欠贷款，以减轻新型金融机构面临的风险压力。

下篇　专题报告

第十二章

内蒙古自治区固定资产投资分析报告

　　2014年以来，内蒙古自治区深入贯彻落实党的"十八大"和十八届三中、四中全会精神，坚持以习近平总书记系列重要讲话和考察内蒙古自治区重要讲话精神为统领，深入实施"8337"发展思路，紧密结合内蒙古自治区实际，分析研究"经济新常态"带来的趋势性变化，牢牢把握稳中求进的工作总基调，积极化解经济持续下行带来的困难和风险，狠抓改革攻坚，突出创新驱动，坚持把稳投资作为稳增长的关键，全社会固定资产投资达到12074.2亿元，增长15.6%，高于全国增速0.3个百分点。在注重保持适度投资规模的同时，发挥大项目的引领带动作用，全年内蒙古自治区500万元以上项目完成固定资产投资11920.3亿元，增长15.7%。

一、内蒙古自治区固定资产投资运行的特点

（一）更加注重适应经济新常态下投资的支撑作用

受世界经济复苏缓慢、国内宏观经济下行、市场需求不足、产能过剩和企业投资意愿不足等影响，2014年全区固定资产投资增速有所放缓，比2013年回落2.8个百分点，是"十二五"以来同期最低增速。随着国家一系列"稳增长"政策的及时出台，内蒙古自治区党委、政府准确把握"三期叠加"的阶段性特征，主动适应经济发展新常态，狠抓项目落实，保持定力、顶住压力，很大程度上稳住了全区固定资产投资增速。

（二）更加注重优化投资结构

经济发展进入新常态以来，内蒙古自治区更加注重优化投资结构。从三次产业看，第一产业完成固定资产投资840.1亿元，同比增长20%，占全社会固定资产投资的7.0%；第二产业完成固定资产投资5657.8亿元，同比增长16.5%，占比47.0%；第三产业完成固定资产投资5576.4亿元，同比增长18.6%，占比46.2%。从具体行业来看，制造业、三大基础设施和采矿业依然是支撑固定资产投资的主要行业，三者合计占近70%。其中，制造业占全部固定资产投资比重达到30%以上；三大基础设施（包括电力、燃气及水的生产和供应业，交通运输、仓储及邮政业，水利、环境和公共设施管理业）占全部固定资产投资总额的29.1%；采矿业和房地产开发比重分别为9.6%和7.7%。信息产业、科技服务业等行业投资增长较快，信息传输、软件和信息技术服务业投资增长97.1%，科学研究和技术服务业投资增长86.9%，都远远超过全社会固定资产投资增速。

（三）更加注重重大项目支撑

近两年来，内蒙古自治区围绕"五大基地"建设，已累计新开工亿元以上项目1200多个，投资总额近2万亿元。2014年，内蒙古自治区以扩投资、扶企业为重点，启动实施了一批基础设施建设、资源加工转化和保障改善民生重大工程项目。全区城乡50万元以上施工项目21987个，同比增长11.4%。其中，新开工项目17702个，同比增长9.12%。新开工亿元以上项目1307个，增长15%。全年新开工项目计划投资增长5.68%，重大项目极大地支撑了内蒙古自治区经济平稳增长。

（四）更加注重投资效益

投资反映社会资金的使用，GDP反映价值的创造，GDP与固定资产投资比

值反映投资的经济效益。2010 年全区固定资产投资是 8971.63 亿元，投资产出率为 130%（假设忽略消费等因素）。2014 年全区投资产出率为 147%，比 2010 年提高 17 个百分点。

二、内蒙古自治区固定资产投资中存在的主要问题及面临的压力

（一）增速放缓与调整结构压力并存

随着国内外形势的变化，内蒙古自治区经济增长从 21 世纪前十年的年均增长 17.3% 下降到 2013 年的 9%，再到 2014 年的 7.8%，从 2002 年到 2009 年的速度"八连冠"，下降到 2014 年的全国第 22 位。随着经济转入中高速增长，全社会固定资产投资增速也呈放缓趋势，2014 年，内蒙古自治区全社会固定资产投资总额和增速分别排在全国第 13 位和第 19 位。同时，内蒙古自治区产业结构单一、层次较低等问题依然存在。2014 年三次产业结构比为 9.1∶51.9∶40.0，第二产业比重仍然偏大，第三产业比重仍待提高。从工业投资来看，支撑全区工业投资快速增长的依然是能源、化工、冶金、建材等资源类产业，占全区工业投资的比重达到 70% 以上，而机械装备、高新技术产业占比不足 17%；从服务业来看，2014 年内蒙古自治区服务业增长 6.7%，低于全国平均水平 1.4 个百分点。尤其是生产性服务业总体规模小、比重低、发展层次不高、内部结构不合理、专业分工体系尚未形成等，与工业化、信息化、城镇化和农牧业现代化快速发展的形势不相适应。随着全国经济增速换挡，市场低迷不振，价格持续走低，给全区经济发展带来了极大的困扰。内蒙古自治区产业转型升级刻不容缓，但是，结构调整势必要淘汰落后产能，压缩"两高"行业和产能过剩行业的投资和产出，短期内新兴产业投资和产出的增加又不足以弥补前者的减少，经济增速必然受到影响，致使很多原来在高速增长时期被掩盖的风险也暴露出来，导致结构调整的动力不足。

（二）外部市场需求不足与投资意愿不强并存

进入新常态后，随着我国经济增速下行换挡，能源、冶金、水泥、化工等行业的市场需求受到抑制，内蒙古自治区以能源为主的支柱产业面临市场需求不足的严峻挑战。以煤炭为例，国家正在推动能源消费结构调整，将减少石化能源消费比重，大力削减煤炭消费量。据中国煤炭工业协会预计，全国煤炭消费增速将由前 10 年平均 10% 左右回落到 3% 左右，市场需求空间将进一步缩小。但是，煤炭产能全国性过剩却趋于严重，2014 年全国煤炭产量 38.7 亿吨，消费 35.1 亿吨，加上煤炭进口及上年剩余，一年库存约 5 亿吨，而生产能力高达 46 亿吨。从国际

上看，国际市场仍然复苏乏力，石油价格下跌，也对煤炭等资源价格产生打压作用。同时，由于各传统投资领域市场需求不足、持续产能过剩、融资环境趋紧、新的消费亮点尚未形成，加之房地产市场深度调整带动房地产投资持续下行，政府税收和土地出让收入减少、偿债进入高峰期，政府投资能力受限，致使外部市场需求不足与投资意愿不强并存和叠加，给全区经济发展带来诸多挑战。

（三）非公经济发展活力不强与民间投资支撑不足并存

2014年非公经济市场主体超过148万户，占全区市场主体的98%以上；非公有制企业完成固定资产投资占全社会固定资产投资额的近六成。虽然非公经济总体保持了较好发展势头，但内蒙古自治区非公经济发展水平仍然偏低，发展活力和竞争力不强。2014年，全区非公经济完成增加值约11303亿元，占全区地区生产总值的比重达到55%左右，而同期西部省市四川省和重庆市这一比重已经达到60%以上。内蒙古自治区非公有制企业规模普遍偏小，非公经济地域和行业分布也不均衡。"呼包鄂"地区集中了全区近一半的个体私营企业，实现的增加值占全区非公经济的一半以上。2013年中国民营500强企业户均营业收入209.93亿元，内蒙古自治区只有两家非公有制企业达到了这一水平；且入选500强的17家民营企业中，煤炭行业占65%，"一煤独大"特征明显。此外，"融资难、融资贵"这一制约内蒙古自治区非公经济发展的突出问题尚未根本解决，非公经济服务环境仍然亟待优化。据调查，目前内蒙古自治区存在着融资难和资金缺口的中小微企业达到85%以上。在市场准入、税费等优惠政策落实方面不到位，公共服务体系也不健全。非公经济进入领域非常有限，产业层次也不高。如在金融、交通、通信、环保、教育、卫生等领域仍存在较高的隐性进入壁垒，民间投资进入的深度和广度明显不足。加之当前市场竞争压力加剧，全球经济形势尚未根本好转，外部需求显著减少，国内宏观经济增速放缓、产能过剩、生产要素成本上升，传统竞争优势逐步减弱。面对这些压力，非公经济市场主体投资信心和动力不足，部分企业对项目投资前景存在顾虑，由非公经济发展活力不足导致的民间投资意愿减弱，启动民间投资面临巨大压力。

三、优化内蒙古自治区固定资产投资的政策建议

（一）围绕强化投资支撑，抓好重大项目实施

从内蒙古自治区区情和发展阶段来看，当前乃至今后较长一个时期，坚定不移地推进重点项目建设，不仅仅是应对经济下行压力、稳定经济运行的重要手段

和现实途径,更是突破瓶颈制约,推动转型升级,打基础、利长远的战略需要和主要动力。要发挥好重大项目在稳增长、调结构中的支撑作用。一是抓好重大项目的谋划和实施。确保内蒙古自治区2015年安排的631个重大项目顺利开工落地。对于正在开展前期工作的重点项目,要明确工作时限和要求,尽快落实相关支撑文件。对于尚未获批的重大项目,要帮助项目方协调组织,尽快取得批复;对于新开工的重点项目,要排出项目开工时间表,尤其要突出抓好国家已核准和发放路条的40多个重大工业项目。对于应开工但未能及时开工的项目,查明原因促进项目及早开工。对已经获得核准但是无力继续投资建设的,要调整变更项目业主,对确实难以开工建设的,严格执行项目退出机制,限期收回已经取得的用水、用地、污染物排放等指标,为新上项目腾出空间;对于续建和已开工项目,在保证工程质量的前提下,加大建设力度,争取早日竣工。特别是加快推进呼张客专、四条特高压通道及配套项目、国家支持东北振兴涉及内蒙古自治区的29个项目、国家安排的保障性住房和"十个全覆盖"等民生工程项目。二是完善重大项目推进机制,继续落实重大项目专项推进和领导干部联系重大项目责任制,简化程序,为重点项目创造良好的建设环境。属于内蒙古自治区本级所属审批事项和各盟市旗县所属审批事项,要按照2014年12月国务院办公厅印发的《精简审批事项,规范中介服务,实行企业投资项目网上并联核准制度的工作方案》的要求,进行梳理规范,确保把明确取消的审批事项落实到位。三是进一步加大减排治污力度和淘汰落后产能工作,通过大力压缩落后产能,为新上项目腾出环境空间,确保重大项目所需。全力保证重大项目用地需求,在积极争取国家增量用地指标的同时,最大限度地盘活存量土地,特别是加强已供土地的调度使用,着力提高土地集约利用水平。四是对重大项目优先考虑在水资源较好或能够进行水权置换的地方布局,进一步扩大盟市间黄河干流水权转换二期试点范围,确保重大项目的用水需求。

(二) 围绕释放民间投资活力,深化投融资改革

进一步完善和落实鼓励民间投资的各项政策措施,深化投融资体制改革。重点破解民间投资准入难、融资难、落地难等问题。一是落实2014年11月至2015年5月国务院关于支持小微企业发展的系列政策,以及内蒙古自治区关于扶持小微企业发展的八条措施,从税收政策、融资方式、简政放权、产业发展等方面促进小微企业发展,有效撬动社会资本参与投资,形成政府投资、社会投资、招商引资的聚合效应,不断壮大民间投资规模。提高民间投资在交通基础设施、清洁能源工程、现代煤化工、铁路建设等领域的投资比重。二是发挥内蒙古自治区首批50个鼓励社会资本参与的示范项目的带动作用,按照国家要求,继续推出一

批示范项目，扩大社会资本参与重点项目建设的领域和规模。全面排查中央和内蒙古自治区鼓励民营经济投资创业的一系列政策措施的落实情况，坚决消除"中梗阻"、"肠梗阻"。以简政放权扩投资、稳增长、推转型，提高全区投资的自主增长能力。三是围绕释放民间投资活力，深化投融资改革，降低企业融资成本，推动融资渠道市场化，通过发展非银行金融和非贷款融资来实现金融机构和金融产品的市场化，提高全社会融资效率，为企业投资提供有效率的资金支持。四是抓住国家搭建中小企业股份转让系统有利契机，加快培育多层次资本市场，提高直接融资的比重，鼓励民间资本发起设立产业投资和股权投资基金，通过发行债券筹集建设资金。加大信贷支持力度、完善信用担保体系等方式，拓宽民间投资主体的融资渠道。

（三）围绕五大基地建设，调整优化投资结构

要依托"五大基地"建设着力调整三次产业结构，实现农牧业提质增效、工矿业转型升级、服务业比重提升。以提高资源综合利用率和产业精深加工为方向，推进现代煤化工向下游产品生产、有色金属生产加工和装备制造向中高端发展、农畜产品向最终消费品延伸。大力发展非煤产业和战略性新兴产业，加快发展文化、旅游、物流、金融等服务业，推动传统产业新型化、新兴产业规模化、支柱产业多元化，调整优化内蒙古自治区投资结构。围绕建成保障首都、服务华北、面向全国的清洁能源输出基地，搞好资源转化，加强通道建设，做大产业规模；围绕建成全国重要的现代煤化工生产示范基地，坚持抓试验示范，争取让更多的试验示范技术在内蒙古自治区"生根发芽"；围绕建成有色金属生产加工和现代装备制造等新型产业基地，着力于有色金属产业延伸升级和特色领域装备制造业；围绕建成绿色农畜产品生产加工输出基地，加强农村牧区基础设施建设，推进农牧业稳定发展，最大限度地发挥好内蒙古自治区农畜产品绿色无污染优势；围绕建成体现草原文化、独具北疆特色的旅游观光、休闲度假基地，推进文化、旅游、物流、金融、信息等服务业加快发展，培育内蒙古自治区经济新的增长点。因此，需要围绕产业结构优化调整投资结构，一是继续扩大"三农三牧"、社会事业、市政建设、生态环保等基本公共服务领域投资，将资金投向重点交通运输通道、能源外送通道和水利基础设施工程，投向具有全局性、战略性意义的基础设施工程，促进产业规模扩大和素质提升。二是落实好西部大开发优惠政策，利用好中央财政加大对西部地区一般性转移支付规模的政策，实施优惠的准备金率政策，适当加大内蒙古自治区支农支牧、支小再贷款、再贴现支持力度。抓住国家基础设施建设投资继续向西部地区倾斜的机遇，推进内蒙古自治区以快速铁路、煤运通道为主的区际联系通道等重大项目的前期工作，争取尽快开

工建设。抓住国家支持能源资源类项目向中西部地区、民族地区优先布局的重大机遇，积极推进新型煤化工、装备制造、稀土新材料、云计算等新兴产业争取中央资金支持，启动实施一批基础设施建设、资源加工转化和保障改善民生重大工程项目，努力扩大金融机构信贷规模，充分发挥政府投资的引导作用。

（四）围绕扩大投资规模，拓宽资金来源渠道

新常态下，要发挥好传统投资渠道的作用，更要创新投融资方式，有效释放社会投资的潜力。发挥好政府投资的引导作用，由直接支持具体项目转为设立投资基金，营造良好投资环境，吸引社会资金投入。具体如下：一是在公用事业领域，加快完善公共产品价格形成机制，通过特许经营、投资补助、政府购买服务等多种方式，吸引社会资本参与市政基础设施和社会事业建设。二是加快培育多层次的资本市场，鼓励民间资本发起设立产业投资和股权投资基金，通过发行债券筹集资金，支持有条件的中小企业通过创业板、中小企业板进行股权融资。三是创新贷款融资模式，加大政府性担保资金投入力度，发挥信用担保、贷款贴息等政策工具的作用。积极开展排污权、收费权、土地承包经营等质押贷款，深入推进土地、矿业权抵押融资，鼓励金融机构支持实体经济发展。四是支持非公有制企业参与国有企业改制上市、重整组合，加快内蒙古自治区产权交易市场建设，提升市场服务功能，完善监管体系，为推进中小企业健康发展搭建平台。五是积极推广 PPP 模式，提高财政资金使用效益，更好地扩大民间资本投资规模。

第十三章

内蒙古自治区农村金融发展报告

近年来，内蒙古自治区农牧业持续发展，农村经济全面繁荣，农畜产品产量大幅度提高，实现了粮食等主要农畜产品由长期短缺向成为国家重要商品粮基地和畜产品基地的历史性跨越。农村金融服务正在发生着积极的变化，但依然存在农村地区银行业金融机构网点覆盖率低、金融供给不足、竞争不充分等问题，一些偏远地区还存在着金融服务空白，造成农牧民贷款难和农村中小企业贷款难，严重制约农村经济的发展。深化内蒙古自治区农村金融体系改革，建立多层次、多体系的农村牧区金融服务体系，既需要发挥金融市场固有的自由竞争机制，又要充分发挥国家财政金融政策扶持农村金融发展的作用，既需要包括政策性金融进而由政府财政间接补偿农牧业，也需要包括商业金融、合作金融、民间金融、保险、投资基金等在内的完整体系。针对内蒙古自治区农村牧区金融体系存在的问题及产生问题的根源，吸取世界各国成功经验，应从加快培育农村牧区金融市场竞争机制、突出政策性金融主导作用、强化合作性金融主体作用、发挥商业银行金融支持作用、加快邮政储蓄改革、完善农牧业保险体系、引导民间融资规范发展和加大农村牧区金融监管力度等方面推进内蒙古自治区农村金融发展。

一、内蒙古自治区农村金融发展历程

内蒙古自治区农村金融的发展与我国农村金融发展相辅相成，因此，在历史阶段的划分上也与中国农村金融发展的历程并行交织，大致可分为四个阶段：农村金融的重构阶段、农村金融的拓展阶段、农村金融的调整阶段、农村金融的改革深化阶段。

（一）内蒙古自治区农村金融重构阶段（1978～1983年）

1978～1983年是我国农村经济体制改革的重要时期，也是农村金融发展的关键时期。这一时期国家为了适应农村经济发展的需要着手重新构建农村金融体系，经过恢复和发展，形成了由农业银行统一管理、农业银行与农村信用社分工协作的农村金融体制。此间，内蒙古自治区农村金融体系也得以重建。

1. 中国农业银行恢复成立

1979年2月，国务院决定恢复中国农业银行，下发了《关于恢复中国农业银行的通知》，对中国农业银行的性质、任务、业务范围、资金来源、机构设置、企业化经营和领导关系等问题做出明确规定。中国农业银行作为国务院的直属机构，由中国人民银行代管，其主要任务是统一管理支农资金，集中办理农村信贷，领导农村信用社，发展农村金融事业。

1979年2月，中国农业银行正式成立。恢复后的农业银行业务范围有所扩展，不仅办理农村各项存款和农业贷款，而且同时办理农村的工业贷款、农副产品收购贷款和供销合作社系统贷款。当时，中国农业银行集财政拨款管理、商业性信贷业务和合作制金融组织管理于一身，其"官办"性质及在农村金融中的垄断地位逐步确立。

2. 农村信用社逐步恢复合作金融性质

1981年，农业银行总行下达了《关于改革农村信用社体制，搞活信用社工作的意见》，在基本体制不变的前提下，试行了营业所与农村信用社合署办公、所、社联营的方案。同时根据农村经济发展的需要，扩大信用社贷款范围，增加信用社网点，增强信用社利率的灵活性，以解决利率倒挂和亏损问题。此外，推行了以试办信用社县联社、强化民主管理等为内容的信用社改革。截至1982年底，全国共有信用分社和信用站33万个。内蒙古自治区农村信用合作社在这一时期亦得到恢复性发展。这些基层信用社网点在办理农村牧区社员存款、贷款业务中发挥了积极的作用。但由于没有独立的发展空间，农村信用社逐步失去自主权，逐渐走上"官办"的道路，信用合作社的民间性、合作性没有充分体现。

（二）内蒙古自治区农村金融拓展阶段（1984～1995 年）

1984 年以后，中国经济改革重心由农村转向城市，城市金融得到快速发展。同时，农村个体经济和乡镇企业发展迅猛，商品化程度大幅提高，对农村金融的需求明显增加，客观上要求农村金融不断提升经营规模和服务质量，更好地服务和支持农村经济社会的持续发展。自此，内蒙古自治区农村金融进入拓展阶段。

1. 中国工商银行、中国银行、中国建设银行等国有专业银行进入农村金融市场

1984 年以后，中国人民银行根据形势发展的需要，出台了专业银行业务可以适当交叉和"银行可以选择企业、企业也可以选择银行"的政策措施，鼓励四家国有专业银行之间开展适度竞争，从而打破"统收统支"的"供给制"，并将农副产品收购业务确定为中国农业银行的自营业务。根据这一政策措施，中国工商银行、中国银行、中国建设银行等国有专业银行开始将其分支机构延伸至农村，为当时蓬勃发展的乡镇企业提供贷款，中国农业银行在农村金融中的垄断地位逐渐被削弱。多家国有专业银行在农村开展金融业务，进一步完善了农村金融服务体系，促进了农村金融的适度竞争。

2. 农村信用社稳步改革

1984 年 8 月，国务院批转中国农业银行《关于改革信用社管理体制的报告》，要求在符合宏观经济的条件下谨慎改革农村信用社，农业银行加强对信用社的领导，农村信用社要在国家方针、政策的指导下，实行独立经营、独立核算、自负盈亏。1986 年前后，又逐渐组建了县级联社，行使其对信用社进行管理、指导、调剂的职能。农村信用社的自主权有所扩大，无论在机构还是在业务上都有了较快发展。截至 1995 年底，全国共有县级联社 2409 个，独立核算农村信用社 5021 个，在职职工 63.42 万人，各项存款余额 7173 亿元，各项贷款余额达到 5176 亿元，实收资本 377.7 亿元，总资产 9857 亿元。

3. 邮政储蓄机构成立并快速发展

1986 年 1 月，在国务院主持下，邮电部与中国人民银行分别以投资者和业务监管者的身份，联合签署了《关于开办邮政储蓄的协议》，决定在北京、天津等12 个城市试办邮政储蓄业务。同年 3 月，邮电部成立了邮政储蓄局，各省、自治区、直辖市邮电管理局也成立相应机构。1986 年底通过《中华人民共和国邮政法》，将邮政储蓄业务法定为邮政企业的业务之一，从而使邮政储蓄遍布全国，成为在农村开展邮政业务的一支重要力量，极大地促进了农村邮政储蓄业务的发展。截至 1995 年底，全国共有邮政储蓄网点 30130 个，其中农村网点 20513 个；

存款余额 1615.8 亿元，其中农村存款余额 546.9 亿元。10 年间，农村储蓄业务得到快速发展。但是，邮政储蓄只存不贷，资金全部转存，扮演了农村资金"抽水机"的角色。

4. 农业发展银行的组建

为了贯彻落实国家产业和区域发展政策，促进农业和农村经济的健康发展。1994 年 4 月，国务院批准并成立了中国农业发展银行，其主要职责是筹集农业政策性信贷资金，并承担国家规定的农业政策性金融业务，代理财政性支农资金的拨付，并专门负责管理农副产品收购贷款等业务。经过积极的筹建准备，中国农业发展银行于 1994 年 11 月正式运行，1995 年 4 月中国农业发展银行完成省级分行的组建。农业发展银行内蒙古自治区分行在这一时期得以组建。中国农业发展银行的成立，使政策性农村金融与商业性农村金融的剥离成为可能。

（三）内蒙古自治区农村金融调整阶段（1996～2002 年）

1996 年 8 月，国务院颁布《关于农村金融体制改革的决定》，农村信用社与农业银行脱离行政关系，农村金融体制进一步理顺。但由于农村金融积累的历史性风险不断显现，国家不得不对农村金融机构实行收缩、整顿和清理，内蒙古自治区农村金融发展进入一个调整时期。

1. 中国农业发展银行机构和业务调整

1996 年 8 月，中国农业发展银行增设分支机构工作开始在全国范围内展开。截至 1996 年底，中国农业发展银行共增设分支机构 1806 个，机构总数达到 1836 个，职工总数由 1995 年底的 2299 人增加到 38564 人。截至 2002 年中国农业发展银行在内蒙古自治区共有 84 家分支机构，职工人数达到 1972 人。

为了适应新一轮粮食流通体制改革，1998 年 3 月，国务院决定将中国农业发展银行承担的农业综合开发、扶贫等专项贷款业务，以及粮食企业加工和附营贷款业务划转到有关国有商业银行，中国农业发展银行专门履行粮棉油收购资金封闭管理职能。2002 年，为适应农业经济结构调整和粮棉流通体制改革政策的需要，经国务院批准，中国农业发展银行对业务经营种类进行了适当调整：一是开办粮食购销企业与加工企业联营业务试点；二是开办粮食合同收购贷款业务；三是将种子企业收购种用大豆贷款列入农业发展银行的贷款范围；四是将新疆生产建设兵团出口棉花所需收购资金贷款纳入贷款范围；五是从 2002 年 8 月起开办国家储备肉活体储备贷款业务。经过一系列的调整，中国农业发展银行资产负债结构逐步改善，业务经营状况总体良好。

2. 国有商业银行从农村市场收缩

面对 1997 年爆发的亚洲金融危机和通货紧缩的冲击，国家在强调继续深化金融体制改革的同时，也开始高度重视金融风险控制问题。1997 年，中央金融工作会议明确了"国有商业银行收缩县（及以下）机构，发展中小金融机构，支持地方经济发展"的基本策略，包括农业银行在内的国有商业银行开始逐步收缩县（及以下）机构，业务开始向大城市、大企业、大项目集中。据初步统计，1998～2002 年初国有商业银行共撤并 3.1 万个县（及以下）机构。国有商业银行逐步撤出县以下区域后，农村金融资源日益向农村信用社和邮政储蓄集中。

3. 农村信用社的风险防范与改革调整

1996 年 8 月，国务院颁布《关于农村金融体制改革的决定》，其核心内容是恢复农村信用社的合作性质，把农村信用社逐步调整为农民入股，由社员民主管理，主要为入股社员服务的合作金融组织。农村信用社与中国农业银行脱离行政隶属关系，对其业务管理和金融监管分别由农村信用社县联社和中国人民银行承担。

2000 年中国人民银行开始在江苏省进行农村信用社改革试点，这项改革旨在保持农村信用社合作金融性质，将各个具有法人资格的农村信用社、县（市）联社合并为单一法人机构，并组建省信用联社。此间，改革举措在内蒙古自治区也在积极准备，最终在 2005 年在内蒙古自治区全面推广。2001 年 12 月中国人民银行选择 8 个单位进行农村信用社浮动利率试点，推动农村利率市场化。改革试点后，内蒙古自治区农村信用社业务继续扩大，存款余额由 2000 年的 126.67 亿元增加到 2002 年的 204.9 亿元，各项贷款余额由 2000 年的 91.62 亿元增加到 2002 年的 146.35 亿元。可见，改革试点工作使得内蒙古自治区农村信用社的发展状况有所好转，但总体上看，内蒙古自治区农村信用社仍然存在许多体制和内部管理问题，需要进一步解决。

（四）内蒙古自治区农村金融改革深化阶段（2003 年至今）

2003 年 6 月，国务院颁布《深化农村信用社改革试点方案》，标志着新一轮农村信用社改革全面展开。自 2002 年至 2008 年，中央连续五年在"一号文件"中提出，要加快推进农村金融改革，加大对农村金融的政策支持，大力推进农村金融产品和服务创新。2007 年初全国金融工作会议明确提出，农村金融改革的总体要求是加快建立健全适应"三农"特点的多层次、广覆盖、可持续的农村金融体系。内蒙古自治区农村金融发展进入了全面深化的阶段。

1. 农业发展银行调整职能

2004 年 7 月，国务院对农业发展银行职能调整做出部署，要求农业发展银行在深化改革和坚持做好粮棉油储备贷款的供应和封闭运行管理的基础上，根据粮食流通体制改革的新情况，审慎调整业务范围。2006 年 7 月，农业发展银行在继续办好粮棉油产业龙头企业贷款服务的基础上，进一步将该项贷款业务对象范围扩大到农、林、牧、副、渔范围内，从事生产、流通和加工转化的产业化龙头企业，并开办农业科技信贷服务。2006 年 12 月农业发展银行开办农村基础设施贷款和农业综合开发贷款。同时在人民银行的推动下，农业发展银行资金来源渠道也得到拓宽。从 2004 年起开始市场化发债筹资，并通过开办同业拆借、组织企业存款、与办理协议存款等方式开展市场化融资，逐步摆脱对中央银行在贷款上的依赖，降低资金成本，改善负债结构。2011 年，内蒙古自治区农发行再接再厉，锐意进取，加大信贷支农力度。推动全区农村牧区经济社会平稳较快发展。全年累计发放贷款 407.3 亿元，同比增加 148.6 亿元。以支持政策性粮油收储为重点，及时足额投放粮油贷款 130.2 亿元，支持收购粮油 122.7 亿斤；加大对农业、农村基础设施建设的支持力度，累计发放贷款 144.2 亿元，支持贷款项目 84 个，其中投放水利贷款 16.2 亿元，支持项目 12 个；投放土地储备整理、农牧民集中住房、棚户区改造等新农村建设贷款 85.9 亿元，支持项目 38 个；投放农牧业综合开发、农村基础设施建设和县域城镇建设贷款 42.1 亿元，支持项目 34 个；积极稳妥支持产业化龙头企业及加工企业，累计发放贷款 74.8 亿元。中国农业发展银行内蒙古自治区分行现辖盟市二级分行 12 个（含区分行营业部），直属支行 1 个，旗县级支行 70 个。全行干部职工人数为 1932 人。

中国农业发展银行内蒙古自治区分行认真贯彻落实国家宏观经济政策和总行决策部署，积极推动"两轮驱动"发展战略，着力打造支持粮棉油全产业链发展主导银行品牌，着力打造支持新农村建设主导银行品牌，强化经营管理，提升员工素质，各项工作取得良好成效。截至 2014 年 11 月末，全行贷款余额 917.1 亿元，比年初增加 23.4 亿元；各项存款余额 201.1 亿元，比年初增加 27.9 亿元；实现账面盈利 10.6 亿元，同比增加 5.82 亿元。

2. 中国农业银行确立面向"三农"的市场定位

2004 年，农业银行将全行涉农贷款归口农业信贷部门管理，理顺了涉农贷款管理体制。2005 年，根据农业产业化、工业化、城镇化和城乡一体化发展趋势，农业银行成立小企业业务部，加强对县域内小企业的支持力度。2007 年全国金融工作会议上明确了农业银行面向"三农"、整体改革、商业运作、择机上市的改革原则，要求农业银行进一步强化为"三农"服务的市场定位和责任，充分利用在县域的资金、网络和专业等方面的优势，更好地为"三农"和县域经济服务。2007 年，农业银行提出了旨在以县域为营销重点的"蓝海战略"，制定了《农业银行服务"三农"总体实施方案》，并从当年 7 月开始在福建、安徽、湖南、吉林、四川、广西、甘肃、重庆 8 家省（自治区、直辖市）分行开展"三农"金融服务试点，标志着服务"三农"迈出了实质性步伐。2007 年中国农业银行内蒙古自治区分行实现各项存款余额 845.97 亿元，各项贷款余额达到 561.85 亿元，其中农林牧副渔业贷款余额 32.68 亿元，改革初见成效。2009 年 1 月，农业银行整体改制为股份有限公司。2010 年 7 月，农业银行分别在上海证券交易所和香港联合交易所挂牌上市，完成了向公众持股银行的跨越。作为中国主要的综合性金融服务提供商之一，农业银行致力于建设面向"三农"、城乡联动、融入国际、服务多元的国际一流大型商业银行。本行凭借全面的业务组合、庞大的分销网络和领先的技术平台，向最广大客户提供各种公司银行和零售银行产品和服务，同时开展金融市场业务及资产管理业务，业务范围还涵盖投资银行、基金管理、金融租赁、人寿保险等领域。截至 2014 年末，农业银行总资产 159741.52 亿元，发放贷款和垫款 80980.67 亿元，吸收存款 125333.97 亿元，资本充足率 12.82%，全年实现净利润 1795.10 亿元。境内分支机构共计 23612 个，包括总行本部、总行营业部、3 个总行专营机构、37 个一级（直属）分行、353 个二级分行（含省区分行营业部）、3515 个一级支行（含直辖市、直属分行营业部、二级分行营业部）、19647 个基层营业机构以及 55 个其他机构。境外分支机构包括 8 家境外分行和 2 家境外代表处。本行拥有 14 家主要控股子公司，其中境内 9 家，境外 5 家。2014 年，农业银行首次入选全球系统重要性银行。在美国《财富》杂志全球 500 强排名中，农业银行列第 47 位；在英国《银行家》杂志全球银行 1000 强排名中，以一级资本排名计，农业银行列第 9 位。农业银行标准普尔发行人信用评级为 A/A - 1，穆迪银行存款评级为 A1/P - 1，惠誉长/短期发行人违约评级为 A/F1，以上评级前景展望均为稳定。

中国农业银行内蒙古自治区分行坚持"大行德广、伴您成长"的服务宗旨，牢固树立企业公民意识，积极履行社会责任。该行充分发挥横跨城乡两大市场的优势，坚持城市业务和"三农"业务并举，实现城乡业务联动发展。多年来，该行服务"三农"，惠民、富民，倾力支持资源转换，应对危机力保民生，全力扶助中小企业，倡导绿色低碳金融，服务范围涉足自治区社会经济多领域，为自治区经济社会的发展提供了强有力的支持。农行内蒙古自治区分行以服务"三农"为使命，积极总结和探索建立适宜内蒙古自治区经济金融特点的服务"三农"、商业运作业务模式，以推进农户贷款为核心，以农业产业化龙头企业为依托，以惠农卡为载体，以县域小企业为补充，不断提升了服务"三农"经济效益和社会效益。农行内蒙古自治区分行秉持"客户至上、始终如一"的服务理念，依托覆盖面最广的网点网络、领先的信息科技优势和完善的"五金"产品体系，向广大客户提供便利、高效、优质的金融服务，成为内蒙古自治区内服务客户总量最多、网络覆盖最广、业务功能全面、服务品质优良的现代化全能型金融机构。当前，在农业银行股份制改革新的起点上，农行内蒙古自治区分行坚持以"更新观念、严格管理、强化执行、加快发展"的指导思想统揽全行工作，加快推进业务经营转型，全面实施精细化管理，全力实施县域"蓝海战略"，巩固壮大城市业务，不断提升综合竞争实力，努力为实现农业银行"建设大型优秀上市银行"的目标做出积极贡献。

3. 农村信用社改革全面展开

2003 年 6 月，国务院下发《深化农村信用社改革试点方案》，按照"明晰产权关系、强化约束机制、增强服务功能、国家适当支持、地方政府负责"的总体要求，推进农村信用社管理体制和产权制度改革。这次改革以产权制度改革为主，将农村信用社的管理交由省级人民政府负责，银监会作为国家银行业监管机构承担对农村信用社的监管职能。2003 年下半年开始，全国 8 个省市开始进行试点工作。内蒙古自治区作为第二批改革试点之一，于 2004 年 12 月向国务院上报了《深化农村信用社改革试点方案》，于 2005 年 8 月 20 日组建内蒙古自治区农村信用社联合社。内蒙古自治区农村信用社联合社是由内蒙古自治区 88 家旗县级农村合作金融机构和 5 家单一法人信用社入股发起设立，实行自主经营、自负盈亏、自担风险、自我约束，主要为社员提供服务的地方性金融企业。承担对辖区农村信用社的管理、指导、协调、服务职能。内蒙古自治区农村信用社选择了农商行、农合行、县级联社统一法人不同的产权组织形式，截至 2010 年底，将原 1225 个乡镇级法人信用社整合改制为 1 家农村商业银行、8 家农村合作银行、82 家旗县统一法人社。改革按照行政区划进行机构设置，适应了现阶段政府按行政区划组织经济发展的格局。改革使法人机构实力增强，管理效率提高，具有了一定规模经济和范围经济，更容易达到盈亏平衡点，也更容易实现可持续发展。

内蒙古自治区农村信用社改革稳步推进，信贷支持力度进一步加大。2013年，共有 3 家农村信用社成功改制为农村商业银行。现有农村商业银行 14 家，农村合作银行 4 家，县（市）统一法人社 75 家。内蒙古自治区农村信用社资本充足率为 12.6%，实现利润 25.3 亿元。全年新增贷款 311.7 亿元，其中涉农贷款新增 211.9 亿元，同比增长 22.4%。

4. 邮政储蓄银行挂牌成立

2005 年 12 月，中共中央、国务院在《关于推进社会主义新农村建设的若干意见》中提出要"扩大邮政储蓄资金自助运用范围，引导邮政储蓄资金返回农村"，为建立邮政储蓄资金回流农村机制提供了政策支持。2006 年 6 月，银监会批准筹建中国邮政储蓄银行，同年 12 月正式批准由中国邮政集团以全资方式出资成立邮政储蓄银行。2007 年 3 月邮政储蓄银行总行正式挂牌成立。随后银监会批准邮政储蓄银行在全国筹建 36 家一级分行及其所属的 20405 家分支机构，全面放宽其业务范围，允许其经营《商业银行法》规定的各项业务。截至 2013 年末内蒙古自治区共有邮政储蓄银行分支机构 158 个，从业人数达到 2712 人，资产总额 619 亿元。邮政储蓄银行分支机构覆盖所有的市县（旗）和主要乡镇，且大部分设置在县（旗）及县（旗）以下地区，这对于完善农村金融服务体系有着重大而深远的影响。

5. 新型农村金融机构迅速发展

2003 年以来，各地区围绕新一轮农村金融改革的要求，积极探索各种类型的金融组织和机构创新。2006 年 12 月，银监会印发了《关于扩大调整放宽农村地区银行业金融机构准入政策，更好支持社会主义新农村建设的若干意见》，稳步推进农村金融机构试点工作。随后，村镇银行、贷款公司和农村资金互助社等一大批新型农村金融机构相继成立，农村金融市场结构发生了积极的变化（见图 13 - 1）。

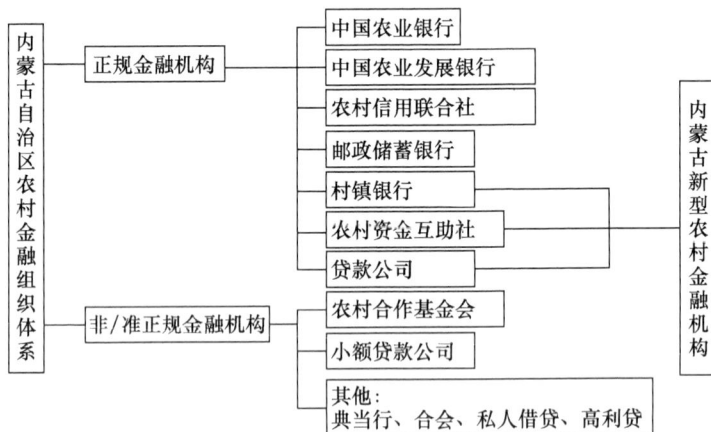

图 13 - 1　内蒙古自治区农村金融组织体系

2005 年底，中国人民银行主导的"只贷不存"小额贷款公司在内蒙古自治区、山西省、陕西省、四川省、贵州省五个地区开始局部试点。截至 2010 年末，全区经批准开业运营的小额贷款公司达到 422 家，注册资本总额 312.5 亿元，各项贷款余额 511 亿元。从 2006 年 10 月内蒙古自治区第一家小额贷款公司正式成立运营至 2010 年末，累计发放贷款 697.7 亿元。截至 2013 年末，内蒙古自治区新型农村金融机构共 91 家，法人机构 64 家，从业人员 2361 人，资产总额 300 亿元。

目前，新型农村金融机构正处于初建阶段，无论在业务开展还是经营管理上还很不成熟，在发展的同时面临着很大挑战，但毋庸置疑，其在解决农村金融问题上是一个重大突破。

二、内蒙古自治区农村金融发展现状

内蒙古自治区农村金融业呈现快速发展态势，体现在现代农村金融制度的确立、农村金融体系的完善及农村金融服务水平的提高等多个方面。

（一）农村金融制度建设框架基本确立

十七届三中全会通过的《中共中央关于推进农村改革发展若干重大问题的决定》中强调"建立现代农村金融制度"，明确提出"农村金融是现代农村经济的核心"，从组织体系、政策支持、机构能力、环境建设等方面确定了农村金融改革发展的基本方向。作为新时期农村金融工作的行动纲领，现代农村金融制度对我国今后一个时期内的农村金融改革发展做出了全面部署。加快建立商业性金融、合作性金融、政策性金融相结合，资本充足、功能健全、服务完善、运行安全的农村金融体系，是农村金融体制改革的总要求；推进农村金融体制创新，降低农村金融准入门槛，鼓励各类金融机构积极支持农村改革发展，是促进农村金融发展的基本措施；综合运用财税杠杆和货币政策工具，定向实行税收减免和费用补贴，是促进农村金融发展的政策保证；加快农村信用体系、担保机制、保险制度、期货市场的建设，是促进农村金融发展的环境基础。"现代农村金融制度"概念的提出，标志着我国农村金融体制改革思路实现了重大突破，其必将对今后一段时期内农村金融改革与发展产生重大而深远的意义。

（二）农村金融体系不断完善，有效提升服务覆盖面和渗透率

通过多年持续努力，我国正在形成银行业金融机构、非银行业金融机构和其他微型金融组织共同组成的多层次、广覆盖、适度竞争的农村金融服务体系，政策性金融、商业性金融和合作性金融功能互补、相互协作，推动农村金融服务的便利性、可得性持续增强。此外，近年随着互联网技术的深入普及，通过互联网渠道和电子化手段开展金融业务的互联网金融发展迅猛，众筹融资、网络销售金融产品、手机银行、移动支付等互联网金融业态也在快速涌现，部分互联网金融组织还在支持"三农"领域开展了有益探索。截至2014年末，内蒙古自治区金融机构涉农贷款余额5579亿元，同比增长14.3%，涉农贷款占各项贷款比重达到37%。

中国农业银行内蒙古自治区分行不断探索金融服务"三农三牧"的有效途径，努力做到服务自治区"三农三牧"全覆盖，大力助推内蒙古自治区经济社会发展。一是服务贫困县域"三农三牧"，将金融资金投放到需求迫切的贫困地

区。2013年以来,通过推进贫困县域"金融扶贫富民工程",为更多的农牧民早日脱贫致富创造了有利的外部环境。仅2014年上半年,全行累计投放"金融扶贫富民工程"贷款总量就达30.7亿元,覆盖了全区贫困县域的5.5万农牧户,贷款总额较年初增长近30亿元,贫困县域贷款投放速度达到了历史最高点。在上述贷款中,农牧业产业化龙头企业贷款5.1亿元,农户自然人贷款25.6亿元,占比达83.4%。二是服务普通县域"三农三牧",全面践行农业银行"面向三农"的使命。在大力推进贫困旗县"金融扶贫富民工程"的同时,对未纳入自治区级以上贫困旗县的县域地区,各级行的"三农三牧"金融服务工作也在如火如荼地进行。近年来,在22个未纳入自治区级以上贫困旗县的县域地区,内蒙古自治区分行累计投放农户贷款近30亿元,覆盖近7万农牧户,"三农三牧"贷款存量余额6亿余元。三是服务城市周边"三农三牧",坚持金融服务农牧业"普惠制"。自推进服务"三农三牧"工作以来,不仅仅局限于县域地区,对于城区周边农牧产业及农牧户也给予了大力支持。尤其是"金融扶贫富民工程"开展以来的半年间,城区支行服务"三农三牧"力度和速度都有了明显的提升,"三农"信贷业务投放速度也明显加快。根据全区农牧业资源及农牧民分布情况,结合各地农牧业产业和农牧民金融需求情况,重点支持了包头、锡林郭勒、赤峰、通辽等四个盟市的城域"三农三牧"业务,从开办业务的城区支行数量和贷款投放额度都给予了重点倾斜。据统计,近年来,农行内蒙古自治区分行投放农户贷款63.87亿元,通过直接信贷支持,帮助13万户农牧民实现脱贫致富。

内蒙古自治区农村信用社产权制度改革工作进展顺利,法人治理结构初步建立,资产质量明显提高,盈利能力显著增强,支农服务力度进一步加大。截至2013年末,全区农村信用社资产、存款、贷款总量分别为3401亿元、2641亿元和1815亿元,均居全区金融机构第一位,已成为内蒙古自治区资产规模最大、人员网点最多、服务范围最广的地方性金融机构。

农村信用社特色优势明显。一是机构网点覆盖城乡,从业人员众多。全区农村信用社共有旗县级法人机构93家,机构网点2357个,从业人员29714人,是内蒙古自治区资产规模最大、服务范围最广、从业人员最多的地方性金融机构,城乡金融服务覆盖面100%,拥有众多金融、财会、经济、法律和计算机等方面的专业技术人才,整体从业人员素质较高。作为立足县域经济、服务"三农三牧"、支持中小企业的地方性金融机构,农村信用社具有其他金融机构不可比拟的得天独厚的条件和网点、人员、地缘优势。二是系统网络发达,结算渠道畅通。综合业务系统是内蒙古自治区最大的金融网络服务系统,覆盖全区11个盟市93家旗县级机构及其所属网点。目前,建成银行卡、信贷管理、大小额支付等36个子系统,加入了农信银支付清算网络,全部网点实现全国通存通兑和异地结算，网点网络覆盖率达到100%。内蒙古自治区农村信用社联合社具有计算机软件自主开发权，为拓展业务合作提供有力保障。三是业务品种齐全，服务手段先进。农村信用社开办的业务种类齐全，在县域金融机构中业务量和业务规模最大。开发了7大类43种贷款产品，其中公司类贷款产品14种，个人类贷款产品29种。开办结算类、担保承诺类、咨询顾问类、存款证明书、保管箱等中间业务40余种。金牛卡、POS机、ATM、手机银行等电子银行业务覆盖城乡。截至2013年末，金牛卡发卡量达到1786万张，位居全区第一；ATM和POS机布设总量分别达到2047台和23357台，特约商户数量达到21797户，均居全区银行业金融机构前列。四是代理业务广泛，惠农平台完善。全区农村信用社代理业务达到18项，包括代收电费、代理财政非税收入收缴、代理城乡居民社会养老保险等业务。尤其是专门开办的"惠农一卡通"业务，代理发放财政补贴资金种类包括种粮农民直补、农资综合补贴、退耕还林补贴、农村社会救济、农业保险赔款、农村拆迁征地补偿、城镇最低生活保障补贴等几十种。

（三）农村金融产品和服务方式创新不断适应现代农牧业发展要求

随着我国农村经济的快速发展，农村金融需求呈现出领域拓宽、内容增加与结构升级等新变化、新趋向。近年来，各类农村银行业金融机构在继续做好传统业务的基础上，不断加大创新力度，陆续推出并推广联保贷款、订单农业质押贷款、自助循环贷款、简式快速贷款、农民工卡、惠农卡等适合"三农"客户特点的新产品，拓宽电话银行、自助银行、网上银行、流动客户服务小组、驻村业务员等方便快捷、简单易用和成本低廉的服务新渠道，较好地满足了"三农"客户多层次、多元化的金融需求。各家保险公司积极开发保障适度、保费低廉、保单通俗、理赔便捷的"三农"保险产品，构建适合农村地区应用的保险服务网络和销售渠道，不断提高农业保险服务水平。

推动农村金融产品和服务创新的政策方面，围绕农村金融服务满意度、便利度和可得性，人民银行等部门大力推动农村金融产品与服务创新。近期重要进展包括：一是贯彻落实十八届三中全会精神、引导各地金融机构不断创新服务机制，大力推广低成本、可复制、可持续、"量体裁衣"式的农村金融产品与服务创新。二是按照十八届三中全会、中央农村工作会议"赋予农民更多财产权利"改革部署贯彻落实工作，按照中央对农村集体土地所有权、承包权、经营权三权分置、经营权流转的要求，慎重稳妥地推进农村承包土地的经营权和农民住房财产权抵押贷款试点工作，探索实现农民对农村集体资产股份的抵押、担保权能，促进农业生产规模化、农业现代化、农民增收和城乡统筹发展。①积极指导试点地区做好粮食生产规模经营主体营销贷款业务，有效拓宽新型农业经营主体抵押担保物范围，确保现代农业加快发展。②切实做好家庭农场、专业大户、农民合作社、产业化龙头企业等新型农业经营主体金融服务，积极推动金融产品、利率、期限、额度、流程、风险控制等方面创新，合理调配信贷资源，加大对其金融支持。③进一步健全完善林权抵押登记系统，扩大林权抵押贷款规模。④推广以农业机械设备、运输工具、水域滩涂养殖权、承包土地收益权等为标的的新型抵押担保方式。⑤加强涉农信贷与涉农保险合作，将涉农保险投保情况作为授信要素，探索拓宽涉农保险保单质押范围。

（四）财税、货币政策和差异化监管结合的正向激励机制不断完善

货币、信贷政策方面，综合利用多种货币政策工具，不断拓宽农村金融机构资金来源。一是继续对农村金融机构执行较低的准备金率，增强农村金融机构资金实力。2014年的重大进展是实施"定向降准"相关措施，引导金融机构优化信贷结构。二是继续加大再贷款、再贴现支持力度，充分发挥支农、支小再贷款和再贴现的正向激励作用。三是进一步发挥宏观审慎政策的逆周期调节和结构引导作用，根据经济景气变化、金融机构稳健状况和信贷政策执行情况等对有关参数进行适度调整，引导金融机构更有针对性地支持实体经济发展，特别是加大对"三农"和小微企业等薄弱环节的信贷支持力度。四是继续完善涉农贷款统计制度，全面、及时、准确地反映农林牧渔业贷款、农户贷款、农村小微企业贷款以及农民合作社贷款情况，依据涉农贷款统计的多维口径制定金融政策和差别化监管措施，提高政策支持的针对性和有效性。继续推动和完善县域法人金融机构考核工作，执行低于同类金融机构正常标准1个百分点的准备金率，促进县域信贷资金投入，强化政策引导。

在财政政策方面，支持力度逐年稳步加大。按照"政府引导、市场运作"原则，综合运用奖励、补贴、税收优惠等政策工具，重点支持金融机构开展农户小额贷款、新型农业经营主体贷款、农业种植业养殖业贷款、大宗农产品保险，以及银行卡助农取款、汇款、转账等支农惠农政策性支付业务。按照"鼓励增量、兼顾存量"原则，完善涉农贷款财政奖励制度。优化农村金融税收政策，完善农户小额贷款税收优惠政策。落实对新型农村金融机构和基础金融服务薄弱地区的银行业金融机构（网点）的定向费用补贴政策。完善农村信贷损失补偿机制，探索建立地方财政出资的涉农信贷风险补偿基金。对涉农贷款占比高的县域银行业法人机构实行弹性存贷比，优先支持开展"三农"金融产品创新。

在差异化监管方面，适应农村金融发展需要，不断改进监管方法，丰富监管手段，提升监管有效性。一是加强监管引领。切实加强信贷投向监管，引导加大涉农信贷投放，对金融机构创新涉农业务产品以及在服务薄弱地区设立机构网

点，积极开辟准入绿色通道。修改存贷比口径计算方法，将支农再贷款和"三农"专项金融债所对应的贷款从存贷比计算公式的分子中扣除，对农村信用社、村镇银行等涉农金融机构实行弹性存贷比考核和差异化存款偏离度考核。降低农户贷款的风险权重。提高涉农不良贷款容忍度。二是加强监督考核。按季度对银行业涉农贷款投放情况进行通报，配合人民银行做好县域法人机构一定比例存款投放当地的监测考核。督促银行业金融机构提高对分支机构"三农"业务考核的分值权重，加强支农服务机制建设。三是加强风险防控。实施多层次的风险监测预警制度，切实防范涉农信贷风险。督促银行业金融机构强化涉农贷款风险管理，提高涉农贷款服务效率和质量，保证有效支持农村实体经济发展。

（五）农业保险覆盖面稳步扩大，风险保障能力日益提高

2012 年，国务院颁布了《农业保险条例》，为农业保险规范健康发展奠定了法律基础。近年来我国农牧业保险实现了跨越式发展，在防范化解农牧业生产风险、稳定农牧民收入、落实国家粮食安全战略和完善农村社会支持保护体系等方面发挥日益重要的作用。一是农业保险覆盖面稳步扩大。关系国计民生和国家粮食安全的农作物保险、主要畜产品保险、重要"菜篮子"品种保险和森林保险获得了重点发展，农房、农机具、设施农业、渔业、制种保险等业务逐步推广。从地理区域分布看，农业保险已由试点初期的 5 个省（自治区、直辖市）覆盖到全国。从风险保障能力看，我国农业保险在实现基本覆盖农林牧渔各主要农业产业的同时，在农业产业链前后都有了新的延伸，从生产领域的自然灾害、疫病风险等逐步向流通领域的市场风险、农产品质量风险等延伸。二是风险保障能力日益提高。2007～2014 年，农业保险提供风险保障从 1126 亿元增长到 1.66 万亿元，年均增速 57.09%，累计提供风险保障 5.72 万亿元，向 1.68 亿户次的受灾农户支付赔款 958.62 亿元，在抗灾救灾和灾后重建中发挥了积极的作用。三是农业保险产品不断创新。生猪价格保险试点从北京市扩大到四川省、重庆市和湖南省等地区，蔬菜价格保险试点从上海市扩大到江苏省、广东省、山东省、宁夏回族自治区等地区；结合新型农业经营主体的实际情况，开发了设施农业保险、农机保险等符合新型经营主体需求的保险产品；开展气象指数保险试点、水文指数保险试点；加强涉农保险和涉农信贷的合作，推动小额贷款保证保险业务的发展。四是政策支持力度连年加大。目前财政补贴型险种仍是我国农业保险的主要险种，有效减轻了农民的保费负担水平。目前，中央、省级、市县财政分别提供了 30%～50%、25%～30%、10%～15% 的保费补贴，各级财政合计保费补贴比例达到 75% 左右。地方特色优势农产品主要由地方给予保费补贴。五是服务水平和服务覆盖面不断提高。全国共建立农业保险乡（镇）级服务站 2.3 万个，村

级服务点 28 万个，覆盖了全国 48% 的行政村，协保员近 40 万人。推动开展小额人身保险试点，将保险服务的地域纵深不断向偏远地区延伸，使保险惠及传统商业保险难以提供服务的低收入群体。六是加快建立财政支持的农业保险大灾风险分散机制，组建中国农业再保险共同体和保险风险分散集成平台，通过机制创新，加强风险数据的积累与研究，确保大灾之后农业保险风险分散渠道的锁定，增强对重大自然灾害风险的抵御能力。

（六）农村基础设施建设稳步推进，农村金融生态环境有效改善

为加快建设支农、惠农、便农的"支付绿色通道"，人民银行制定实施了一系列政策措施，组织推动商业银行、支付机构和清算机构开展多方位、多层次的合作服务，扩大支付系统覆盖面，畅通农村地区支付结算渠道。拓展银行卡助农取款服务和农民工银行卡特色服务的广度和深度。组织开展助农取款服务点的综合服务试点，完善覆盖乡村的可持续发展的基础金融服务供给网络。鼓励在少数民族地区乡镇和行政村因地制宜设立惠民支付服务点。丰富农村支付服务产品体系，通过简化流程、业务优惠等措施，引导农村居民更多地使用非现金方式办理日常结算业务。

社会信用体系建设日益完善。2013 年，国家金融信用信息基础数据库共收录内蒙古自治区企业 18.9 万户，企业信用报告月均查询达 3 万次；收录自然人 1214.3 万户，内蒙古自治区一半以上人口已纳入数据库，个人信用报告月均查询达 24 万次。农村信用体系和中小企业信用体系建设取得新进展。2013 年，共为 245 万农户建立了信用档案，占内蒙古自治区农户总数的 68%；累计组织对中小企业培训与宣传 6592 次，为 4.1 万户中小企业建立信用档案。支付体系建设深入推进。2013 年，内蒙古自治区大、小额支付系统共处理支付业务 3600 多万笔，金额达 42 万亿元，是地区生产总值的 25 倍。农村牧区支付环境持续改善，银行卡助农服务点新增 1 万多个，取款额突破 1 亿元，现代化支付系统覆盖率达 91.9%。农村牧区金融机构补贴专项资金 1000 万元全部落实到位，乡镇及以下地区新增 ATM758 台、POS 机 6368 台、"流动银行" 16 个，布放数量比政策实施前同比分别增长 3.2 倍、1.7 倍和 16 倍。金融生态环境建设持续改善。反洗钱宣传力度不断扩大，社会公众反洗钱意识日益增强。金融消费合法权益保护工作稳步推进，内蒙古自治区金融消费权益保护中心共受理案件 113 件，答复率 100%，办结率达 99.1%。

三、内蒙古自治区农村金融发展存在的问题

改革开放 30 多年来，内蒙古自治区的农村金融走过了一条不平凡的发展道

路。在支持农村经济体制改革、农业生产发展、农村商品流通体系建设、乡镇企业发展以及信贷扶贫方面做出了重要贡献。但不可否认，内蒙古自治区农村金融仍存在诸多不足尚需完善。

（一）农村金融供给总量不足

虽然农村金融机构支农贷款覆盖面和总量在逐年扩大，但与"三农"的需求特别是新农村建设的巨大需求相比，还远远不够，其中不少有效需求仍没有得到满足。"三农"资金需求的扩大主要表现在两个方面：一是单个农户的贷款需求额度不断扩大。随着农业产业结构的调整，农业生产无论是从单位面积投入还是从扩大生产面积投入上都有大幅度的增加，使单户农户的贷款需求额度不断扩大。二是涉农领域不断扩大，涉农产品的商品率不断提高。

在内蒙古自治区农村金融市场中，国有商业银行、邮政储蓄等多家金融机构与农村信用社在存款份额上存在激烈的竞争，而国有商业银行贷款权限上收、资金上存，贷款需求基本上靠农村信用社独家提供。由于农村资金总量少且大量外流，取之于农而不能用之于农，加之农村信用社存款规模小、流动性不强等问题，导致农村信贷资金远远满足不了日益增长的信贷需求，资金供求矛盾更加突出。目前，内蒙古自治区农村信用社用14%的存款份额担负着90%以上的支农任务，资金缺口很大。从总体上看，内蒙古自治区农村金融发展存在着总量供给不足的问题。

（二）风险补偿和保障机制不健全

无论是从理论上还是从实践经验上都可以看到，农业属于弱势产业，农民是弱势群体，农村经济普遍欠发达，农村保险保障机制缺乏，抵御风险的能力很脆弱。特别是内蒙古自治区，这样一个以农牧业为第一产业主导的区域，农业和牧业都具有较强的脆弱性，一旦发生自然灾害，就会造成系统性风险。长期以来，农村信用社服务"三农"的市场定位，事实上承担了许多政策性支农任务，由于缺乏从贷款担保、农业保险、风险分散等方面建立金融支农的长效机制，使"三农"经济中产生的各种风险和损失大部分转嫁到农村信用社，直接影响农村信用社的稳健发展。

这些风险主要表现：一是抵押担保手段匮乏。农民的资产主要是房产和一些生产资料，农村牧区的房产属生活必需品，不能作为抵押物，而且变现难；农牧民的生产资料比较复杂、难定价，也不能作为抵押担保物。二是保障体系滞后。目前内蒙古自治区农业政策性保险业务刚刚起步，业务范围和领域狭窄，商业性的农村保险业务发展缓慢。同时由于畜牧业、农作物受自然灾害、市场供求的影响风险最大，商业保险根本不愿介入。三是农业产业的弱质性，决定了农村金融经营成本高、风险大、收益低，而且国家对农业贷款利率浮动幅度又有严格的限制（不上浮或少上浮），税收优惠政策少，抵债资产处置费用大，资金营运成本过高，农村信用社收益难以覆盖风险。由于尚未建立比较完善的保险或担保机制，对农村金融机构发放带有一定政策性色彩的支农贷款，缺乏相应的风险补偿机制，风险损失全部由农村金融机构自身承担，在一定程度上限制了农村金融机构支农的积极性。

（三）农村信用社的历史包袱较为沉重

农村信用社不良资产没有享受国有商业银行统一的剥离政策，不良贷款比重相对较高，历年亏损挂账多。截至 2010 年末，人民银行对辖内 93 家农村合作金融机构发行专项票据 16.28 亿元，其中，对 90 家已兑付了专项票据 15.90 亿元，分别占机构总数和票据发行额度的比例达 96.77% 和 97.67%。按照贷款五级分类口径统计，2010 年 12 月末，内蒙古自治区农村信用社不良贷款余额和不良贷款比例分别为 57.45 亿元、5.92%，比开始实行贷款五级分类的 2006 年下降 23 亿元和 20 个百分点，其中央行专项票据置换不良贷款 12.49 亿元，地方政府协助处置不良贷款 1.21 亿元，农村合作金融机构自身化解不良贷款 9.3 亿元。2010 年 12 月末，内蒙古自治区农村信用社资本充足率为 9.9%，贷款损失准备充足率 126.27%，贷款损失准备覆盖率 68.84%，分别比 2006 年提高了 11 个百分点、112 个百分点和 55 个百分点。

同时各级政府对农村信用社拓展业务的一些歧视和限制性政策尚未取消。《国务院办公厅关于进一步深化农村信用社改革试点的意见》（国办发〔2004〕66 号）明确要求：取消对农村信用社不合理的限制性政策和规定。从实际情况来看，落实效果并不理想，一些专项资金限制存入农村信用社的规定和做法仍然较多，既有全国性的，也有地方性的，主要涉及财政资金、公积金、社保基金和保险资金等。如《财政部关于加强与规范财政资金专户管理的通知》（财办〔2006〕12 号）要求：为确保财政资金运行的安全、高效，原则上各级财政国库部门应在当地国有、国有控股银行开立财政资金专户。又如内蒙古自治区呼伦贝尔市人民政府组织对扎兰屯市社保基金进行了审计，下发了《呼伦贝尔市人民政府关于对社会保险基金审计查出问题进行整改的通知》（呼政字〔2009〕1 号），明确要求扎兰屯市财政局在 2009 年 2 月底前撤销在农村信用社开设的财政专户。吸收大额对公存款、社保等专项基金存款的大门对农村信用社紧紧关闭。

（四）农村金融环境不宽松

多年来，由于受自然、经济条件和政策因素的制约，内蒙古自治区农村金融经营环境面临着种种困难和挑战。突出表现如下：

1. 农村金融基础设施建设薄弱

由于农村金融机构科技手段落后，基础设施建设薄弱，服务水平和服务能力有限。内蒙古自治区农村信用社综合业务系统上线以来，在基础设施建设方面投入了一定的资金，得到了一定程度的改善，但一些现代化的硬件设施如 ATM 自助设备、POS 机等机具在农村牧区是空白，已经不能完全适应新形势下农村牧区发展的需要和农牧民的金融需求。

2. 农村牧区经济条件制约

由于农村牧区经济发展水平的制约，真正符合贷款条件的企业较少，发展前景好的涉农项目稀缺，一些效益较好的农业产业化项目又难以落实承贷主体，部分农村金融机构资金找不到出路，出现了"好女愁嫁"的现象，无法培育自己的"吃饭项目"。另外，社会信用观念淡薄，逃废债现象时有发生，企业和个人互相攀比，还款积极性差，贷户"还款难"直接导致农村金融机构"贷款难"。

3. 政策法规方面

由于国家没有针对农村金融机构的专门立法，监管部门比照《商业银行法》对农村金融机构实施严格的监管和约束，制约了农村金融机构工作创新的积极性和主动性，导致监管部门"监管难"，农村金融机构"难监管"。

（五）民间金融缺乏规范和保护

民间金融的存在主要是由我国农村牧区金融机构失衡、金融二元性造成的。一直以来，我国农村地区民间金融一直受到严厉的打击和排挤。内蒙古自治区近几年来民间借贷活动越来越活跃，据不完全统计，民间吸收存款的利率普遍为18%，最高的个别可以达到25%，发放贷款的利率可以达到同期基准利率的3～4倍，一般在30%～35%，高的时候可达到35%～45%，个别可达到50%。以鄂尔多斯市为例，民间吸收存款高达107.4亿元，融资总额高达200亿元，民间融资公司已经达到632家，注册资金合计达到92.61亿元，农户通过民间借贷取得的贷款在其全部的贷款中占有相当大比重。虽然民间融资的产生与发展对农村经济的发展具有一定的积极作用，但也存在一定的负面影响：一是民间金融的存在会对国家金融宏观调控以及利率政策的执行产生抵减效应。由于民间借贷资金并未纳入金融机构统计管理系统，所以国家在对地区金融状况进行分析时，很难全面、真实、准确地进行反映，在一定程度上会对中央银行了解和掌握地区资金状况造成不利影响，从而对国家金融宏观调控政策的制定和实施产生负面影响，抵减了宏观调控的政策效果，同时也会影响国家利率政策的实施效果。我国正规金融机构所执行的利率是由国家统一确定的，所有正规金融机构都执行统一的利率，而民间借贷的利率是由资金的市场供求关系来决定的，利率水平往往会高出银行同期利率很多。多年来，内蒙古自治区农村牧区民间借贷的利率始终维持在一个较高的水平，国家的利率政策在农村的作用不是很明显，这种结果在某种程度上是由民间借贷造成的。二是民间借贷会在很大程度上增加农牧民的生产经营成本，使农牧民及其他经济主体借款利息加重，尤其会对广大农牧民家庭增收造成不利影响。三是由于缺乏相应的制度和法规，民间借贷目前还难以得到法律的保护。所以在明确的法律条款对非法借贷的定义和民间合法借贷的保护前提下，民间借贷融资的规范放开是当前在信用体系和信用缺失的前提下缓解内蒙古自治区农村地区农牧民家庭、中小企业、民营企业融资难的重要方式。

四、加快内蒙古自治区农村金融改革发展的对策建议

内蒙古自治区农村金融改革发展必须遵循金融发展的客观规律，应从内蒙古自治区的实际出发，构建政府指导下的商业性金融、合作性金融和政策性金融等多种组织形式相互竞争、协同发展的混合型的农村金融体系。

（一）内蒙古自治区农村金融改革发展的目标

农村金融发展的目标不应是一个单纯的主观设计问题，而是要正确认识农村经济发展的客观需要。从内蒙古自治区农村经济发展的实际情况出发，借鉴 Zeller 和 Meyer（2002）关于微型金融的经营理念，即微型金融应具有覆盖力、可持续、功能性等特征，构建内蒙古自治区农牧区商业性金融、合作性金融和政策性金融等多种组织形式相互竞争、协同发展的混合型的农村金融体系。

1. 覆盖力

农村金融发展的第一个目标便是覆盖力，即所服务的客户。覆盖力并非以单纯的人数来衡量（服务的人数常被称为覆盖的幅度），而是一个综合指标。首先，覆盖力是指被城市商业性金融排除在外的客户，而农村金融向他们提供服务，这部分客户通常是农村地区的低收入者，无法提供抵押和担保而被认为具有较高的风险。而且，他们的信贷需求具有额度小、频度高的特征，这使得贷款的交易成本很高。其次，在农村，妇女通常被认为更难获得贷款，故而农村金融结构所服务的妇女数量常被作为评判覆盖力的重要标准。最后，金融服务的种类也是一个标准，因为诸如储蓄、保险、汇款等服务都是影响农村居民金融需求和福利状况的重要因素。

2. 可持续性

金融机构的可持续性之所以重要，是因为在长期内能够获得金融服务将使农

村经济发展获益更大,一般而言,收益完全补偿各种成本和风险之后,能获得一定利润的机构,这种金融机构被认为是在金融上可持续的或制度上可持续的。这一目标是对农村金融机构经营提出的最基本要求。

3. 功能性

一般来讲,一个高效、稳定的农村金融体系应当具备以下几个功能:

(1)通过资金的筹集和分配,促进农村资源的优化配置。一个高效、稳定的农村金融体系的建立,必须为农业和农村经济的发展提供营运良好的资金供给,使农村经济主体获得更多的贷款和储蓄机会与途径,支持农业和农村经济的发展。此外,经济发展还取决于资源的优化配置,而安全有效的农村金融体系的组建将利于优化农村资源的配置。运作良好的金融体系不但能够使资金自由地在市场内寻求最高的回报,减少资金沉淀,而且能够有力地支持企业的创新与成长,同时也使政府灵活的宏观调控成为可能,保证经济整体的供求平衡。

(2)通过提供结算和支付手段促进贸易的发展。任何交易的发生都必须通过一定的支付方式来完成,而一种有效的支付方式可以降低交易的成本,使交易的效率大大提高。由农村金融机构提供的支票服务及各种结算工具和手段,能够使农民通过金融机构向其他地区交付货款,这样,农产品交易无须当面交付就可进行,从而可以促进贸易的发展。否则,如果支付系统不能很好运转,只能靠以物易物或现金方式进行交易,对贸易和经济发展的推动作用难免有限。

(3)提供储蓄存款服务,促进农村经济的自我维持和农业信贷的迅速增长。来自政府及外部的资金通常总是有限的,其对农业和农村经济的支持也只能是短期的、临时的,农村金融体系建设要认识到农村居民的储蓄能力和农村居民所需要的金融服务方式。从长远来看,农村经济的发展只能依赖大量来自农村居民的储蓄资源,这是农村信贷最可靠的资金来源。

(二)农村金融体系创新的国际经验

农村金融如何适应区域的实际经济状况,有选择、有重点地支持农村经济发展,是区域经济社会发展中一个重要的制度安排。下面对日本、美国、墨西哥、印度等有代表性的国家农村金融体系的支农模式进行介绍及比较,尽管国情不同,不能完全照搬国外模式,但无疑对我们有着重要的借鉴意义。

1. "2+1"合作依托型日本模式

在日本,农村金融服务体系既有政府办的政策性金融,又有强大的合作金融,但主要是以合作金融为依托的"2+1"模式,即政策性金融机构、合作金融系统和农业保险机构。该模式的主要特点如下:

(1)政策性金融机构依托合作金融办理支农贷款。日本支持农业发展的政策性金融机构是农林渔业金融公库。该公库虽属政策性金融，但本身一般不直接办理贷款，而是委托具有合作性质的农协组织代办，并付给一定的委托费。它建立的目的是在农林渔业者向农林中央金库和其他金融机构筹资发生困难时，给它们提供利率较低、偿还期较长的资金。

（2）受惠于政府的合作金融系统又将惠农政策反馈于农村经济领域。日本支持农业发展的合作金融主要是农协系统。政府对农协系统的支持政策是向农协组合增拨财政资金，农业预算支出曾占国民经济总投资的20%以上，政府的支持无疑使日本合作金融迅速达到了"强筋壮骨"的作用。同样，受惠于政府的合作金融系统又将惠农信贷政策反馈到农村经济领域，其信贷业务有三个明显的特点：以会员为主要对象，不以盈利为目的；不要担保；通过信贷杠杆贯彻国家的农业政策。

（3）政府对强制性与自愿性相结合的农业保险提供一定比例的保费补贴。日本现行的农业保险制度采用"三级"制村民共济制度，形成政府与农民共济组合相结合的自上而下的农业保险组织体系。同时，政府对农业保险提供一定比例的保费补贴。日本农业保险的特点是强制性与自愿性相结合，凡关系国计民生和对农民收入影响较大的农作物和饲养动物实行强制保险。

2. "4 + 1"需求功能型的美国模式

美国是世界上农业最发达的国家，农村金融组织是从需求的角度来构建的。该模式由"4 + 1"即商业银行、农村信用合作系统、政府农贷机构、政策性农村金融和保险机构等组成。其主要特点如下：

（1）按照农业需要的合理分工设计惠农金融服务体系。该体系主要由四大部分组成：①商业银行。美国联邦储备银行规定，凡农业贷款占贷款总额的25%以上的商业银行，可以在税收方面享受优惠。②农村信用合作系统。它主要包括联邦中期信贷银行、合作社银行、联邦土地银行，由农业信用管理局管理。③政府农贷机构，包括农民家计局、商业信贷公司、农村电气化管理局三个机构。需要说明的是，农民家计局主要是对不能从商业银行借到低利率的青年农民提供适合农业生产周期的借款，这是一种"无追索权贷款"。④政策性农村金融机构——小企业管理局，专门向不能从其他正常渠道获得充足资金的小企业提供融资帮助。

（2）政府为信用社提供持续的正向激励措施。美国以法律形式规定对信用社的优惠政策：免征各种税赋；建立信用社存款保险；信用社不缴存款准备金；信用社可以参照市场利率自主决定存贷款利率。

（3）多层次的保险提供了比较完备的农作物保险业务。美国农业保险运行主要分为三个层次：第一层次为联邦农作物保险公司（风险管理局），主要负责全国性险种条款的制定，风险的控制，向私营保险公司提供再保险支持等；第二层次为有经营农险资格的私营保险公司，它们与风险管理局签订协议，并承诺执行风险管理局的各项规定；第三层次为农作物保险的代理人和查勘核损人，美国农作物保险主要通过代理人销售，他们负责具体业务的实施。

3. "5+1" 分类对口型的墨西哥模式

墨西哥支持农村发展的金融机构比较齐全，包括国家农业银行、商业银行、保险公司、国家外贸银行、全国金融公司及农业保险机构（即 "5+1" 模式）。该模式的主要特点如下：

（1）将不同情况的农户进行分类并安排相应的机构提供对口的金融服务。墨西哥根据农户的不同情况，分别由不同的金融机构提供资金，如现代化大农场的资金由商业银行、保险公司、国家外贸银行等金融机构提供；具有一定生产潜力的中等农场或农户的资金主要靠国家农业银行提供优惠贷款；那些生产落后、不能获得正常银行贷款的贫困地区或贫困农户主要靠政府通过专门的基金会提供的低息或无息贷款来发展生产、保障生活。

（2）农业保险中政策保险与商业保险共存，国家提供一定的政策优惠。墨西哥农业保险公司的最初资本金由财政部提供。国家财政还提供该公司费用的25%以示支持，并对整个农业保险给予政策性免税。墨西哥还有其他4家商业保险公司经营部分农业保险业务，该农险业务向国有农业保险公司分保，并可经墨西哥农业保险公司从政府获得30%的保费补贴。农业保险的推广实行自愿原则。但是，对一些种植业、养殖业保险采取强制措施。

4. "6+1" 领头银行型的印度模式

印度农村金融体系最大的特点就是具有鲜明的多层次性，各金融机构之间既分工明确，又相互合作。这一金融体系构成了 "6+1" 领头银行型模式，即印度储备银行、印度商业银行、农业信贷协会、地区农村银行、土地发展银行、国家农业农村开发银行、存款保险和信贷保险公司。该模式的主要特点如下：

（1）用 "领头银行" 计划的制度安排确保金融对农村地区的支持。在农村金融发展中，印度推行 "领头银行" 计划，就是在一个地区，必须有一家领头银行负责该地区的发展开发工作，该银行必须向国家规定的优先发展的行业（如农业）提供金融支持。

（2）用法律的形式确保农村金融服务的覆盖面。印度政府在《印度储备银行法案》、《银行国有化法案》、《地区农村银行法案》等有关法律中，都对金融机构在农村地区设立机构网点提出了一定要求。如《银行国有化法案》明确规定，商业银行必须在农村设立一定数量的分支机构，将其放款的一定比例用于支持农业发展。印度储备银行规定，商业银行在城市开设1家分支机构，必须同时在边远地区开设 2～3 家分支机构。在今天的印度，平均每 2 万个农户就有 1 家农村金融机构为之服务。如此高的金融覆盖率在世界范围内都是罕见的。

（3）用中央银行的特殊职能确保农村地区的信贷投放。印度储备银行确定了"优先发展行业贷款"制度，要求商业银行必须将全部贷款的 40% 投向包括农业、中小企业、出口等国家优先发展行业，其中贷款的 18% 必须投向农业及农业相关产业。如果达不到规定比例，差额部分的资金以低于市场利率的资金价格存放到国家农业农村发展银行，由该银行对地区农村银行进行再融资，也可购买印度农业农村发展银行的债券。印度的农村金融体系建设解决了农民贷款难的问题。

（4）印度的农业保险充分发挥了保险在分散农业经营中风险的重要作用。印度的农业保险实行自愿保险与有条件的强制保险相结合的方式，即进行生产性贷款的那些农户必须参加相关农业保险，其他的保险如牲畜保险，实行自愿原则，由农户根据自己的条件选择是否参加。另外，印度最近开始开办经济作物保险，更多种类的农作物被纳入农作物保险计划。

（三）内蒙古自治区农村金融改革发展对策

无论从国内还是国外，从发达国家还是从发展中国家的农村金融市场发展情况来看，商业金融、合作金融和政策金融并存是农村金融发展的共同特征。这是由经济发展水平在不同阶段、不同人口群体、不同产业之间差异形成的金融需求不一致造成的。实际上，商业金融、合作金融和政策金融是金融市场发展需要的不同金融形式。因此，构建内蒙古自治区农村金融体系，必须遵循金融发展的客观规律，应从内蒙古自治区的实际出发，构建政府指导下的，商业性金融、合作性金融和政策性金融等多种组织形式相互竞争、协同发展的混合型的农村金融体系。实现这一目标应主要采取如下措施：

1. 打破农村金融市场的垄断局面，扩大金融服务供给

农村金融市场不是一个单一的金融市场，而是由多个局部金融市场组成。农村金融市场的发展本身是农村发展的重要手段之一。农村金融市场可以对农村发展做出应有的贡献。任何一家金融机构、任何一项金融工具均不能完全满足农村金融服务需求，组织多样性和工具多样化因其各自不同的功能而成为必需。通过引入组织多样性而在农村金融领域引入机构竞争是必要的。

竞争能够带来效率，扩大金融服务供给，促进金融机构按照服务产品接近或者等于成本定价。这也意味着与此相应，应该存在不同的金融工具以满足不同农村市场的金融服务需求。近年来，国家在推进农村金融改革和发展方面出台了一系列政策，包括深化农村信用社改革、推进农业银行整体改制、调整扩大农业发

展银行业务范围、设立邮政储蓄银行、探索村镇银行和农村小额信贷组织试点、发展农产品期货以及政策性农业保险等，内蒙古自治区目前已基本形成了以合作金融为基础、商业金融和政策性金融分工协作的农村金融体系。总体来看，内蒙古自治区各类金融机构往往只拥有类同的、最基本的贷款金融工具，缺乏金融创新。其涵盖面不足，难以满足各种农村市场的需求。

因此，多元化金融机构的存在有其必要性，特别是民营银行的进入有利于转化部分非正式金融成为机构竞争的补充，它不仅促进竞争，而且扭转了对非正规金融的难以监管的局面。目前，内蒙古自治区的民营银行运营尚处于初级阶段，应该给予政策上的扶持，使之成为农村金融市场上真正的竞争主体。

2. 商业金融应成为竞争性农村金融市场的主导

农村金融市场上是否要发展商业金融，仍然存在争论。一般认为，农民无力承受商业化金融的利息。但是，国内外研究表明，农民不仅能够承受商业化金融的利息，而且，其还款率甚至可以达到90%以上，大大超过农村的非农企业。还有一种观点认为，在面对千百万分散居住的小农时，商业化金融的服务成本比较高，而相比之下收入会减少，风险增加，因此不具有竞争优势。与其在农村金融市场上发展，不如从农村金融市场上采取战略性撤出，而且，从全国农村的发展情况看，国有金融机构已经采取了这样的收缩战略。

农村金融市场上大型国有商业银行的撤出，并不能说明农村金融市场不适合发展商业化金融。农村经济不仅仅由农业和农户组成，随着农村工业化的发展，工业和商业企业、经营规模的不断扩大，对资金的需求量也会成倍增长。随着资金需求规模的扩大，农村金融市场上原有的金融企业和民间金融组织，因自身实力的关系，很难提供充足的资金以满足需要。因此，大规模的金融需求，为商业化的金融组织进入农村市场创造了条件。更重要的是，从竞争、创新和金融市场的长期发展来说，商业化金融的地位和作用，商业银行的优势和活力，都是合作金融与政策性金融无法比拟也是无法取代的。因此，从长远来看，一个完善的农村金融市场，需要商业化金融的存在。

农村金融市场的主体应该是竞争性商业金融，国有商业银行、民营银行、农村信用社、合作金融、商业化小额信贷、非正规金融都可以成为竞争性商业金融市场的组成部分。在竞争环境下，合作金融对其成员而言是合作性的，但是对外仍然需要按照市场规则运作，因而也是竞争性商业金融市场的组成部分。商业化小额信贷的效果可能好于包括贴息贷款之类的一般政策性金融。商业化小额信贷目前已经成为小额信贷项目的主流发展方向，财务上的可持续性和资金自给成为其标准。外部援助和捐助应该面向促进现有和未来小额信贷项目的财务上的可持续性和自给。对于一些面向特定贫困者的、不能达到这些标准的小额信贷项目，如果社会收益远远大于社会成本，那么外部援助和捐助仍然可以考虑对之提供支持，但是应该促进项目向这些标准靠近。

3. 合理定位政策性金融业务范围，充分发挥其政策性金融职能

随着我国加入WTO，完善和发挥政策性金融，实施WTO允许的"绿箱和黄箱政策"，更好地支持农业和农村经济发展是迫切需要解决的课题。中国农业发展银行是我国唯一的农业政策性银行。在组建之初，其业务有农副产品收购贷款、粮棉油加工企业贷款、扶贫贷款、农业综合开发贷款、林业治沙贷款、节水灌溉贷款、农业技术改造贷款等。因诸多原因几经调整，目前农业发展银行只承担粮棉油等农副产品收购、储备、调销等纯政策性贷款。随着我国粮棉流通体制改革的深化，农业发展银行的业务范围还将呈不断萎缩之势，农业发展银行的机构和人力资源与现有的业务量相比明显存在资源浪费。

当前，农业发展银行要根据国家农业政策在做好收购资金封闭管理的同时，积极拓展现有业务范围：一是支持农田水利基本建设，技术改造，改善农业生产条件，提高农业综合生产能力。二是支持农村开发和基础设施建设，促进地区平衡发展，提高农民的生活质量，提高农村社会化、现代化建设水平。三是支持农业产业化和土地适度规模经营，抓住重点企业、项目进行支持，加快农业产业化进程。四是全力支持贫困地区人口尽快脱贫解困。紧紧围绕稳定地解决农村剩余劳动力就业问题、稳定地增加农民收入的目标，重点支持有助于直接解决温饱的种植业、养殖业和以农副产品为原料的加工业。贴息贷款容易被较富裕农户获得，而不是较贫困农户，从而产生逆向选择问题，贴息必须直接针对特定贫困者的投资项目。政策性金融除了上述领域之外，还可以在建立贷款担保体系、农业保险体系、农村金融组织结算体系、建立金融服务信息系统等方面发挥作用。比如，在粮棉购销市场放开情况下，可将中国农业发展银行改组成为专业性农村信贷担保银行，为政府推动的一些项目信贷计划提供贷款担保，而不是去执行补贴性信贷项目计划。

4. 因地制宜改造现有农村信用社，并重新培育真正的合作金融组织

农村信用社改革的重点是明确产权关系和管理责任，强化内部管理和自我约束机制，进一步增强为"三农"服务的功能，充分发挥农村信用社支持农业和农村经济发展的金融主力军和联系农民的金融纽带作用。要根据不同地区农村信用社发展的实际情况对其进行改革，对经济发达区域，商业化经营倾向比较严重的地区，改制为商业性金融。在经济欠发达地区，主要以当地农户为服务对象的农村信用社，可以按照合作原则改造成为规范的合作金融组织。同时，应该积极培育农民的合作意识及思想，引导农民组建真正的合作金融组织。

从西方合作金融的发展史看，合作金融的产生主要不是源于单纯的融资需

求，而是来自"在正规资金市场（如银行信贷、发行证券融资）上受到差别待遇的中小经济个体以利他（互助）换取利己（融资）"的现实可能性，其根源是交易意识和降低交易成本的动机。从交易成本角度看，信用社得以维持的关键是社员之间的"信用"，单个农民与商业银行的交易行为（如资信评估抵押担保等）的外部成本显然要高于农民与信用社之间的交易成本。农村牧区一直存在中小经济个体（农户和个体经济户）的融资需求，且同样在信贷市场上受到差别待遇，可以说存在融资层面互助合作的现实需求。

可见，合作金融能够较好地解决一个地方经济主体的资金互助，在金融服务方面奉行成员优先的原则。真正的合作金融体系是从下而上建立的，其中基层合作金融组织掌握经营决策权，上层机构一般为基层提供便利服务和开展基层合作金融组织共有的但又不能开展的某些业务。这也是合作金融体系的力量来源。内蒙古自治区的合作金融总体上出现了某种程度的异化，即某种程度的商业化。比如由于规模扩大，专业经营管理层事实上掌握许多控制权，吸收了一定的股份制做法，不再严格遵循一人一票原则。但是，我们可以参照台湾农会信用部的做法，发展真正意义上的信用合作社，合作社原则和风险是可控的。台湾农会信用部的具体做法：信用部只对本会会员授受信用业务，对非会员存款的吸收必须符合规定要求，不得发放非社员贷款，多以乡镇为主设立，规模小，具有很强区域性和业务经营上的季节性。这样做的好处是，社区储蓄将主要留在本社区，用于本社区的农村企业和农户借贷。

5. 允许非正规金融存在，发展地方民营中小银行

虽然非正规金融存在诸多问题，但目前非正规金融对农村发展提供了很大一部分的信贷支持，在某种程度上已成为农村金融市场重要组成部分。因此简单宣布非正规金融非法是不合理的，对之不能一味采取"关门政策"，而是应给予必要的法律保障。通过发掘其之所以存在的根源，寻找某种适时的、合法的替代形式，把地下金融合理地转到地上来，完善农村金融体系，以满足对农村金融服务的多元化需求。

高利贷这种民间金融形式虽然也有满足农村金融服务的现实功能，但是它往往代表着一种私人市场权力，而市场竞争的功能之一就是防止、抑制和消除私人市场权力，使得市场逼近完全竞争市场，从而改进金融服务供给，提高金融服务效率。就此意义上，应促进发展地方民营中小银行，挤出高利贷活动，从而防止放款人形成和滥用与此相关的个人市场权力。

发展民营中小银行等正规金融机构可以挤出部分非正规金融。比如可以通过改革现有金融机构甚至地下钱庄发展民营中小银行，还可以直接新建民营中小银行。新建民营银行最容易实行资产负债管理和根据资本充足率来监管。温州一带

地下私人钱庄和高利贷的存在均说明民营银行在农村金融市场中有其生存和盈利空间。中小型银行主要立足于所在区域，可以利用分散而丰富的地方知识、更充分的信息，更着眼于发放小额贷款，有利于农户、农村中小企业的融资。同时，需要注意的是，地方中小金融机构，并不是地方政府管理的金融机构，它是业务范围具有一定的区域性、在工商部门注册、独立从事金融活动、接受中央银行监管的金融企业，这一点应该特别强调，否则，地方中小金融机构又会成为地方政府控制金融资源的工具。

从国际经验看，小额信贷是农村金融市场的重要组成部分。德国、日本和美国的信用合作社，其贷款行为的重要特征就是数额小，属于商业信贷的重要组成部分。美国中小金融机构的发展历史也表明，银行规模越小，其小额贷款占贷款总额的比重越大，小额贷款占资产总额的比例越高。发展地方中小金融机构，以及增加对于私营企业的信贷，可以更好地促进私营经济的增长。世界银行的研究表明，如果银行对私营部门信贷与 GDP 的比率提高 1 倍，将导致长期平均经济增长率提高 2 个百分点；且私营部门的信贷占比越高（金融体系的深化程度越高），经济的波动性越低。可见，增加对私营部门信贷的重要性是相当突出的。

6. 重视并创造条件实现农村正规金融和非正规金融的功能互补

有效金融体系的功能是多方面的，如调动储蓄、配置资源、实施公司控制、便利风险管理以及便利商品、劳务和合同的交易等（Levine，1997）。如果正规金融不能有效地行使某方面或某几方面金融功能，非正规金融就会出现以弥补正规金融的缺陷。随着金融体系的发展，正规金融有替代非正规金融的趋势，也就是说，非正规金融的发展余地越来越小。然而，如果政府试图用扭曲的、单功能的方式使用正规金融，那么这一趋势有可能受到阻挠。正规金融和非正规金融并非在所有功能上都完全替代，这意味着正规金融和非正规金融的相对地位会对金融体系的总体绩效产生影响。

决定金融服务业发展的关键因素是信息以及建立在信息基础上的信用，因而，金融服务的供给者是否具有较为足够的信息优势，将直接决定着其提供农村信贷服务的能力。从目前农村牧区非正规金融活动的放款人来看，由于与借款人具有长期共同的生活空间，所谓"低头不见抬头见"，可以几乎无成本地取得关于借款人的各种信息，并对其进行实际监督，因而在与借款人的交易中可以较容易地克服信息不对称的问题。而对于正规金融来说，在交易中信息不对称问题便相对较突出，面临相当高的贷款管理成本和合约执行成本。

在这种信息资源分布状态下，目前重新构建和调整内蒙古自治区的农村金融体系，必须充分重视非正规金融机构的信息优势，并可以考虑充分利用其比较优势，通过正规金融和非正规金融的合作，利用正规金融资金优势弥补非正规金融资金不足的缺陷，提高农村金融交易水平。也就是不应总是关注两者之间的替代性，总是试图以正规金融取代非正规金融，而应充分重视其间的互补性。

7. 推进邮政储蓄体制的市场化改革

邮政储蓄的市场化改革，从全国情况来看，目前有两种方式可以选择：一是以退出方式结束邮政储蓄制度，将邮政储蓄业务按照适当的市场价格并入农村信用社或城市商业银行，也可以通过竞价投标方式转让给金融同业。二是以前进方式结束邮政储蓄制度，成立邮政储蓄银行，使其专门经营储蓄、汇兑、代理等业务，与邮政业务分开核算，并确保农村资金来源于农村，用之于农村。内蒙古自治区邮政储蓄市场化改革采取了后者，目前内蒙古自治区邮政储蓄银行已经进入营业阶段。无论是从资源的充分利用，为"三农"提供更为有利的投资环境和服务，还是防止农村信用社一家独断农村金融市场的局面，建立富有竞争活力的农村金融市场来考虑，规范发展邮政储蓄是正确的选择。

8. 以政策性农业保险为主导，商业保险为补充，确保农村牧区经济健康发展

农牧业的发展和农村牧区的稳定，是内蒙古自治区农村牧区经济发展的重要内容。内蒙古自治区作为国家农牧业发展的重要区域，多年来存在着"多年致富抵不过一次天灾"的现象。因此农业保险制度的完善，对内蒙古自治区农村经济的发展具有重大意义。从国际经验上看，农业保险制度是市场经济国家为了降低和分散农业风险而建立的一种特殊的经济补偿制度。无论是发达国家还是发展中国家，农业保险都离不开国家的宏观调控和政府资金支持。政府积极支持农业保险是国际惯例，发达国家普遍利用农业保险对农民和农业进行补贴。

农业保险的政策性决定了农业保险不宜进行商业化经营，而中国较低的生产力发展水平又决定了农业保险不宜完全由政府主导，应实行政策性和商业性相结合的农业保险发展模式。总体思路是：在全国统一的农业保险政策框架下，成立专门的农业保险管理机构，对全国农业保险发展进行协调统一的管理。各地区根据自身条件选择适当的农业保险组织，充分利用当前商业保险公司组织体系，通过政策支持引导商业保险公司发展农业保险业务。形成以政策性农业保险公司为主，商业保险公司为补充的农业保险体系。通过对农业保险的政策支持，逐步把农业保险建设成为农业自然灾害救助体系的重要组成部分。

9. 改善农村金融生态环境

针对内蒙古自治区农村牧区特殊的经济社会环境和农村金融基础建设薄弱的客观实际，一是要加大农村信用体系建设，大力推广信用户、信用村、信用乡镇制度，将农村信贷纳入国家信贷登记系统，增强贷款人的诚信意识。二是要加快建设农村金融支付清算系统，为各类农村金融机构的资金汇划、汇兑和清算提供服务。三是要改革金融监管体制，促进农村金融市场不断创新。目前过于集权的监管不利于自下而上的金融创新，不利于解决信息不对称和监管成本太高的现状，应加快改革创新步伐，实行分类监管、功能监管、分权监管、审慎和非审慎相结合监管，特别是对农村新型小额信贷机构要迅速确立监管目标和措施，纳入统一监管范围。四是要加快建立存款保险制度，完善农村金融机构市场的退出机制。五是要进一步加强农村金融基础设施建设。内蒙古自治区政府在农牧业建设项目资金中，应统筹考虑对农村金融基础设施建设的硬件投入，帮助农村金融机构布设 ATM 自助设备、POS 机具，建立内蒙古自治区农村金融自助业务服务系统，同时加快研发其他科技产品，让农牧民在金融服务方面享受到与城里人一样的待遇。六是要加强对借款农户和基层金融机构从业人员的农村金融知识教育，提高借款农户和基层金融机构从业人员的金融素质、投资能力、再生产能力和理财水平，使其尽早、最大限度地将知识和诚信转化为生产力和财富。七是要加快立法进程，对农村金融体系各类主体的法律地位、业务经营以及其他无形权利方面予以明确，确保依法管理。

五、内蒙古自治区农村金融发展的前景展望

农村金融改革方向已经明确，我们相信，只要不断健全内蒙古自治区农村金融机构体系，持续改进内蒙古自治区农村金融服务体系，坚持完善内蒙古自治区农村金融外部环境，内蒙古自治区农村金融发展必将实现更高层次的大发展、大跨越。

（一）内蒙古自治区农村金融需求将进一步丰富

随着内蒙古自治区农村牧区经济的快速发展、农牧业产业组织模式的不断创新、农民收入水平的持续提高，农村金融需求已呈现出领域拓宽、内容增加与结构升级等新趋向、新特点，这种新变化已经非常明显。随着农牧业产业化的深入推进，农村企业金融需求扩展到信贷、租赁、信托、期货、保险等多个金融服务领域。农户金融需求逐步拓展到存款、贷款、结算、代理、保险、理财等多门类的服务项目。

（二）内蒙古自治区农村金融机构支农力度将进一步加大

随着内蒙古自治区农牧区经济的进一步发展，农行内蒙古自治区分行将继续放眼现代农牧业建设、农业农村基础设施建设、农牧民生产消费、县（旗）

域中小企业等重点领域，扎实推进"三农"金融事业部改革，不断加大对"三农"的服务力度。农业发展银行的改革步伐将显著加快，其支农范围将拓展到农、林、牧、副、渔各个领域。国家开发银行商业化改革完成以后，其在农村路网、电网、饮水等基础设施建设，在农村教育、医疗卫生、农民工培训等农村社会事业发展方面的信贷投入规模也将进一步扩大。农村信用社的产权改革工作将继续稳步推进，现代法人治理机制的积极效果也将逐步显现，随着业务经营体制的逐步理顺，邮政储蓄银行的农村小额信贷业务也将进入一个新的发展阶段。保险公司将积极开发农业和农村小额保险业务，"三农"保险的覆盖范围将进一步扩大。

（三）新型农村金融机构试点范围将进一步扩大

培育村镇银行、贷款公司和农村资金互助社等新型农村金融机构，是支持社会主义新农村建设、完善我国农村金融服务体系的重大创举。实践证明，新型农村金融机构的诞生，提高了农村地区银行业机构的网点覆盖率，激活了农村金融市场，增加了农村金融供给，提升了农村金融服务满意度。未来几年，内蒙古自治区将进一步完善相关配套政策，扩大新型农村金融机构的试点范围，增强业务发展能力，强化金融监管，此举必将在促进内蒙古自治区农牧业增产、农牧民增收和农牧区经济发展方面发挥更大的作用。

（四）国家政策对农村金融发展的激励和引导作用将进一步加强

"三农"金融服务风险大、成本高、收益低，客观上与金融的商业化运作存在一定的矛盾。因此，农村金融发展离不开国家政策的有力支持。一方面，国家将对涉农贷款实行定向的税收优惠和费用补贴制度，扩大扶贫贴息贷款投放规模，增加农业保险的补贴支持额度；另一方面，国家将继续发挥存款准备金、支农再贷款、利率等货币政策在鼓励农村金融发展中的作用，为涉农贷款比例较高的农村金融机构制定更为优惠的存款准备金政策，实行更为灵活的利率政策，扩大支农再贷款规模。

在肯定既有成绩、憧憬未来发展的同时，也应清醒地看到，内蒙古自治区农村金融依然是整个金融体系中最薄弱的环节，部分地区依然存在金融服务盲区，农村经济发展融资难、农牧民贷款难的问题仍然比较突出，农业生产尚缺乏有效的风险补偿机制。因此，求解真正适应内蒙古自治区农业、农村和农民发展需求的现代农村金融体系，仍然任重而道远。

第十四章

内蒙古自治区农牧区微型金融发展战略研究报告

　　自 20 世纪 90 年代起，国际上掀起一股减贫热潮，越来越多的研究者和机构认识到，同富裕人群一样，贫困人口也需要全面的、多层次的金融服务。长期以来，由于农村金融需求的单一性和资金供给的局限性，早期的微型金融大多以小额信贷的形式存在并为人们所知晓。近年来，农村的生活方式和生产方式发生诸多变化，农村居民的金融需求不再仅仅局限于融资，而是呈现出包括保险、储蓄、汇兑等内容的多样性需求特征。例如，由于贫困人群对抗风险的脆弱性和农业生产先天的弱质性，落后的农业地区和贫困人口更需要小额保险业务来降低面对风险时的脆弱性；再如，在农村剩余劳动力跨地区乃至跨境流动日益频繁的背景下，收费合理的汇款业务也变得越来越重要。因此，面对农村居民多样化的资金需求，微型金融机构仅仅提供贷款是不够的。于是国际范围内的"小额信贷"逐步向低收入人群提供多元化金融服务的"微型金融"过渡。

一、微型金融相关概念的界定

(一) 微型金融的概念

1. 微型金融的定义

微型金融 (Microfinance) 作为一种在传统正规金融体系之外发展起来的创新金融方式，其宗旨是通过向低收入人群和微型企业提供小额度的贷款、储蓄、保险等金融服务，来帮助其摆脱贫困[①]。

概括文献中对微型金融概念的界定，主要有两种观点：

一种观点是从微型金融的核心业务出发，将其主体界定为小额贷款。比较典型的是微型金融高峰会议 (2009) 的定义：微型金融是面向微型企业和低收入家庭，为实现其创收、企业发展和社区公益活动提供的符合当地条件的小额贷款。在中国，小额贷款的实践开始较早，其发展相对成熟，学者多将微型金融直译为小额信贷，对其定义也多以小额贷款为落脚点。如杜晓山、刘文璞 (2001) 认为，微型金融是专门向低收入阶层 (包括贫困户) 提供小额度的持续的信贷服务活动。

另一种观点从微型金融的服务对象出发，认为微型金融针对的是正规金融服务范围之外的穷人群体，而对这类群体提供的所有金融服务都可以界定为微型金融，其定义主体包括与正规金融服务相对应的储蓄、融资、保险、汇兑等多方面的金融服务。如世界银行给出的定义：微型金融是指对低收入人群提供的小额金融服务，其核心是小额贷款 (Microcredit)，但不限于小额贷款，还包括存款、小额保险以及汇兑等金融服务。国内学者也有类似的观点。如焦瑾璞、杨骏 (2006) 指出，微型金融是一种特殊的金融服务抑或金融机构，以不同于正规金融机构的风险管理技术，为那些被排斥于正规金融体系之外的客户提供额度较小的金融服务，尤其是小额贷款服务[②]。刘雅祺等 (2008) 认为微型金融涵盖了为贫困人口或低收入人群提供的所有金融服务。

事实上，微型金融有狭义与广义之分。狭义的微型金融着眼于小额贷款，注重为贫困人群提供融资服务；而广义的微型金融是相对于"主流金融"而言的一个概念，是为传统金融体系下无法获得金融服务的群体提供的所有小额度金融服务。微型金融的核心是小额贷款，但并不仅限于小额贷款。随着农村居民金融意识和风险意识的提高，农村金融需求特征必将发生变化，小额保险、小额汇

---

① 何嗣江，严谷军等. 微型金融理论与实践 [M]. 杭州：浙江大学出版社，2013：1-18.
② 同上书，2013：6-20.

兑、小额投资等金融服务的重要性与日俱增，微型金融的研究应该涵盖这些内容。

在本书中对"微型金融"的定义，采用世界银行扶贫协商小组（Consultative Group to Assist the Poorest，CGAP）的观点：微型金融是指为贫困人口提供的，包括贷款、储蓄、保险以及转账等在内的一系列金融服务①。实践证明，微型金融是一种相对有效的向社会弱势群体提供帮助的方式。它的兴起代表了金融生态环境的改善，建立了贫困人口也是金融产品消费者的观念，创新出了一系列向贫困人口提供解决资助、增加对贫困人口"社会投资"，并具备一定流动性的金融工具。

2. 微型金融的特征

尽管微型金融涵盖了多种不同的服务类型，但都呈现出一些同样的特征，这些特征构成判断某种金融服务是否属于微型金融的基本要素。

（1）微型金融的服务对象是具有强烈劳动致富意愿的金融弱势群体。一方面，微型金融面向的是长期被正规金融体系排除在外的低收入群体，他们由于自身资金实力有限或者不具备正规的财务报表等而难以获得正规金融机构的融资性服务；另一方面，他们并不是最贫困的群体，而是具备了一定的技术特长和从业经验、具有将资源资本化的基本能力的群体。微型金融的客户拥有强烈的劳动致富愿望和良好的道德品质，对微型金融业务的开展显得尤为重要。

（2）微型金融服务必须是高效率、高质量的。微型金融的客户一般呈现分布广、单笔贷款额度小、需求急等特征，其创业过程中大多没有完善的管理，没有财务报表，没有有效抵押物和担保人，没有与银行打交道的经验，但微型金融的客户有强烈的劳动意愿和良好的信用。对此类客户，就需要微型金融机构在具有一定微型金融技术的前提下提供优质、高效服务将其潜在的资源资本化。

（3）微型金融需坚持可持续发展原则。微型金融有福利主义与制度主义之分。早期的微型金融偏向于福利主义，即注重扶贫功能，一般用源于捐赠等方式的资金为贫困群体提供低息甚至无偿的贷款或其他金融服务，这种方式下的微型金融机构难以长期发展。制度主义微型金融尽管承认其扶贫的社会功能，但更认为机构自身的长期存在才是其社会功能发挥的前提，微型金融机构需通过一定的市场化运作方式保证自身的财务可持续。向商业性转变是市场经济运行中微型金融机构实现盈利的必由之路，也是其现实选择。具体体现在微型金融机构资金来源中商业性资金比重的增加以及产品设计中定价的市场化。

（4）微型金融的服务劳动密集且具有较高的技术含量。微型金融对客户的

---

① 熊芳. 微型金融机构社会扶贫功能研究——基于少数民族地区的数据和经验［M］. 北京：科学出版社，2014：4-15.

评估不再像传统金融那样只看重财务报表等硬性指标，而更重视客户的道德信用和劳动能力等软信息，是一种"物退人进"的分析方式，评估的准确性取决于获取信息的真实有效和分析的谨慎全面，而这些在很大程度上依赖于工作人员所投入的时间和精力。同时，微型金融具有一套全面系统的技术手段，包括市场营销、产品设计、贷前调查和贷后检查等规范的业务流程等。

3. 微型金融与普惠金融

普惠金融是小额信贷及微型金融的延伸和发展，微型金融是普惠金融发展的一个阶段性产物，而普惠金融体系的建立，则是微型金融全面发展的一个结果。

4. 微型金融和农村微型金融

农村微型金融，是指为解决农村金融发展滞后、广大农村居民特别是贫困农户难以获得金融服务问题而兴起的金融形式[①]。其服务对象包括规模种植养殖户、个体工商户、小型加工运销户、各类微小企业、乡村经纪人和一般农户，主要侧重于为贫困户提供贷款和其他基本的金融服务。

农村微型金融是微型金融的一个子集，是微型金融服务于农村地区时的载体。其特点是：组织和资金规模不大，易于管理；扎根基层，服务于较小区域，服务对象是当地的小型企业和个体农户，主要满足当地经济发展的实际需要；方便快捷，工作人员多为本乡本土人员，贷款不需要太多信用调查，流程简单，后台处理成本低；借贷额度小，风险较低，资金运作有制度和农村社会道德的双重约束。从性质上看，农村微型金融可以分为公益性和商业性两种类型。

中国农村微型金融的主要类型有小额信贷、社区发展基金、贫困地区村级发展互助资金、农民资金互助社等。

（二）微型金融的理论基础

目前，在微型金融领域还没有形成成熟的系统化的理论体系，但与微型金融相关的基础理论包括金融深化理论、金融创新理论、金融中介理论等，这些理论为微型金融的发展提供了理论支撑。

（三）微型金融与反贫困

大部分学者认为，贫困的根本原因是市场失灵和金融市场的不完善阻止了贫困人群的借贷。因此微型金融的出现，可以改变贫困人群在金融市场中的不利地位，增加贫困人群获得金融服务的机会，从而有助于其增加生产性资产和提高劳动生产率。特别是，对于那些因为缺乏金融资源，或者由于外部冲击而暂时陷入

---

① 王国良等. 微型金融与农村扶贫开发［M］. 北京：中国财政经济出版社，2009：287.

困境的贫困人群而言，微型金融提供的服务不仅可以帮助其渡过难关，而且还能展开生产活动，从而可以平滑消费和增加收入。当贫困人群面对突如其来的紧急状况、经营风险，或者诸如自然灾害和疾病等一系列事件时，这些事件足以使一个家庭陷入贫困，微型金融也可以扮演"缓冲器"的角色。概括来讲，微型金融的服务主要在以下六个方面实现其稳定和增加贫困人群收入的正面效应。

1. 减少贫困人口的金融信贷约束

由于缺少必要的抵押品和担保，每笔业务需求的数额小，而且收入受外部冲击的影响大，如经济周期或自然灾害，贫困人群的金融需求往往被以追求利润为首要目标的正规金融排除在外。而微型金融机构通过小组联保贷款和动态激励两大机制的设置，能够很好解决贫困人群缺乏合规的抵押品和担保所带来的风险，从而能够增加贫困人口的贷款机会。

2. 促进贫困人口进行投资和生产

微型金融机构通过提供贷款可以帮助贫困人群积累起各种资产，如实物资产和生产资产（设备、车辆、住房和牲畜）、金融资产、人力资本（教育与医疗）以及社会资产等。不仅如此，当意外发生时，微型金融机构如果能为贫困人口发放贷款，就能帮助他们渡过难关而不用去贱卖家产，使他们可以重新添置在自然灾害中损失的生产性资产。因此，微型金融机构的贷款服务能够帮助贫困人群积累和保存资产，增加贫困人口的购买力，使其有能力克服当前经济状况的束缚，从而能够以更有效率的方式从事生产经营活动。

3. 提高贫困人口的生产能力

微型金融的这一效应表现在两个方面：一方面，通过微型金融机构提供的相关培训，不仅使贫困人群了解了一定的金融知识，同时通过微型金融机构提供的自我发展机会，贫困人群的自尊心、社会地位以及自我激励都可能会有所提升，从而增加他们参与社会活动和经济活动的信心；另一方面，很多微型金融机构在提供小额信贷、小额保险服务的过程中，还对低收入人群提供额外价值（服务），诸如疾病预防、教育培训或农作物耕作技术建议等，提高他们走出贫困、更好生活的各项能力。

4. 降低贫困人群对抗风险的脆弱性

由于贫困人群收入水平低，支付保费的能力有限，往往被主流的商业保险以及正规的社会保障计划排除在外，他们缺乏应有的社会保护，当面临自然灾害、意外伤害等风险时，表现出明显的脆弱性和应对能力的不足。微型金融中的小额保险主要服务于低收入群体，具有保费低、流程简单且针对某些特定风险的特点，对低收入人群来讲是一种容易接受、负担得起、相对有效的风险转移机制。从贫困的内涵分析，贫困不仅仅反映在收入水平上，也包括面临风险时的脆弱性。在贫困人群中开展小额保险服务，可以提升低收入人群的抗风险能力。

5. 改善收入分配

小额信贷在改善资源配置的同时，还可以改善收入分配。因为生产者之间收入的差异是由生产机会的差异和初始禀赋的差异引起的。微型金融中的小额信贷，作为可变投入的来源，可以使初始禀赋多样化并改善生产机会，从而减少收入差异。因此，微型金融的创新点之一是以现金流为基础，提供了改善收入分配的可能性。因为以借款人的预期经营结果为基础的小额信贷，使那些没有什么实物资产而有良好的道德品质和劳动能力的人得到信贷扶持，从而改变收入和财富的分配。

6. 改善教育

许多学者发现，全世界的贫困人口在使用微型金融获得资金流后，做的第一件事基本都是投资于子女的教育。研究表明，那些来自使用微型金融服务的家庭，其子女可能更有机会接受学校的教育并且学习时间更长，而且在微型金融的客户家庭中，孩子的辍学率也是相对较低的。通过教育帮助贫困人群获得社会资本，拥有自我发展能力，比直接增加贫困人口收入水平的效果更好。

二、普惠金融视角下的微型金融分析框架

微型金融源于人们长期以来对金融市场低端客户忽视的反思，是由小额信贷发展而来。小额信贷是传统经济学和银行业为了消除穷人进入正规金融市场壁垒而产生的借贷形式，其本质带有一定的扶贫性质。多年来的小额信贷实践表明，贫困人口有意愿且有能力消费金融产品以覆盖小额信贷可持续发展的运营成本。在此背景下，小额信贷逐步从传统"小额贷款"向为小微群体提供全面金融服务的"微型金融"过渡。在过去的30年里，微型金融以自身的蓬勃发展不仅证明小微企业、低收入者这些原本被传统金融机构边缘化的群体作为盈利性金融客户的可能，而且对于扶贫机构而言也是一种非常有效的扶贫手段。内蒙古自治区微型金融的发展尤其是小额信贷的实践证明，小额信贷产品贴近农户、贴近农牧区，小额信贷业务的开展不仅填补了农村金融的空白，更重要的是提高了扶贫工作的效率与精准程度。但分散的微型金融机构无论从深度还是广度都已无法满足小微群体日益增长的金融服务需求，微型金融亟待以一种包容的方式被纳入整体金融框架，这一包容的方式即为普惠金融。2013年，中共十三届三中全会正式提出发展普惠金融，标志着中国金融市场的核心价值观由"趋利"向"普惠"的重大转变。把微型金融纳入普惠金融发展的分析框架，使微型金融的发展拥有了更宽广的平台与空间，也说明微型金融的发展是众多客户尤其是小微群体，今

后有了更多平等获得金融资源的机会与可能。

（一）普惠金融的内涵

1. 普惠金融的基本含义

普惠金融也称包容性金融，是一种以扶贫为目的，为广大的中低收入群体提供储蓄、信贷、保险等金融产品和服务，在传统正规金融体系之外发展起来的一种金融方式①。普惠金融的核心是有效、全方位地为社会所有阶层和群体提供金融服务，尤其是那些被正规金融忽略或排斥在外的农村地区和贫困群体。

客观地讲，每个人都享有金融服务的权利，但在现实中，由于受种种条件的限制，金融市场的供给者与需求者之间出现了缺口，众多的贫困人群被排除在正规金融体系之外。随着经济的发展，金融服务对人类发展的重要性越来越受关注。特别是对于那些贫困或低收入人群而言，实践证明金融服务能够帮助他们脱贫。世界银行扶贫协商小组（Consultative Group to Assist the Poor）就认为，提供给贫困及低收入人群的金融服务，是扶贫的重要工具；对于穷人来说，获得储蓄、借贷、保险等金融服务有利于他们掌控日常开支②。

小额信贷和微型金融在发展中国家的成功，证明了贫困人口有能力消费金融产品，并可能成为金融机构具有吸引力的消费者。但是仅凭借单个微型金融机构的力量，已无法实现大规模、持续性地向更加贫困的人群和更加偏远的地区提供金融产品和服务。要真正实现所有人都有机会和权利享受到金融服务，就需要把针对贫困人群的金融有机地融入整个金融体系之中，使其成为一国金融体制的一部分。正是基于这样的认识，联合国在 2005 年国际小额信贷年的宣传中，提出了一个全新的概念——"普惠金融体系"。

"Inclusive Financial System" 是由联合国在推广 "2005 国际小额信贷年" 时提出的，这个概念传入中国被译为 "普惠金融体系"。其基本含义是一个能有效地、全方位地为社会所有阶层和群体——尤其是贫困、低收入人群——提供服务的金融体系③。

"Inclusive" 本意为包容，译作 "普惠" 体现了我国学者对其内涵的解释。"普" 意为普及，即要求金融体系及金融服务以扩大外延的方式将所有人，无论高低贵贱都纳入金融服务的体系之中，使每个人都可以享受到所需的金融服务。作为小额信贷的商业化延伸，普惠金融延续了小额信贷的本质，强调给予所有人平等获得金融产品的机会。"惠" 这个字是对 "Inclusive Financial System" 内涵

---

① 曹凤岐. 建立多层次农村普惠金融体系 ［J］. 农村金融研究，2010（8）：64.

② 唐婷婷. 促进我国小额保险发展的政策思路探索 ［D］. 西南财经大学硕士学位论文，2009（6）.

③ 焦瑾璞，陈瑾. 建设中国普惠金融体系 ［M］. 北京：中国金融出版社，2009.

的体现。金融具有反贫困的功效，在微观层面是帮助贫困及低收入人群脱贫的有效手段。将贫困或低收入人群纳入到金融体系之中，对于改善低收入者的经济状况及收入水平有着深远的意义。从这个层面上进一步分析，通过金融服务可以提高低收入人群的自我发展能力，所以金融服务能够改善贫困人群生活水平，"惠"在一定程度上体现了这方面的含义。但是，"惠"并不意味带有救济和施舍性质的"输血式"资金转移。这里所说的普惠，是让所有人都得到金融服务的实惠，是"造血式"的，强调商业的可持续性。

2. 普惠金融是小额信贷及微型金融的延伸和发展

从金融扶贫的发展过程来观察，小额信贷与微型金融机构在微观金融减贫工作方面发挥了积极作用，也取得了很好的效果。但从规模和当前的技术条件来看，单单依靠目前分散的微型金融的力量还无法把金融服务覆盖到所有的人群，正当此时普惠金融体系的概念出现了，它与小额信贷、微型金融服务贫困人群的局限性有关。普惠金融是把小额信贷及微型金融的服务对象、服务领域延伸下去，服务的人群比过去更大、更广。同时把过去各自为政、分散的微型金融机构和服务整合起来，让其成为一个有机、高效的金融系统，并争取上升到国家金融整体发展战略的高度。普惠金融对过去的理论有继承也有发扬，所谓继承是继承了小额信贷和微型金融理论的核心部分，发扬就是超越过去的不足和局限性，目标是建立一个完整的、服务于所有人群的金融体系，让过去具有扶贫性质的金融被边缘化的局面成为历史。

普惠金融体系继承和发扬了小额信贷和微型金融作为"最有效扶贫武器"的认知。金融作为反贫困的政策框架，宏观上就是以金融发展减少贫困；在微观层面，通过小额信贷等微型金融形式，发挥其对于缓解贫困的作用。事实证明，通过小额信贷组织提供的贷款，解决了贫困人群资金缺乏的问题，有了资金就意味着可以创造就业，能够增加收入，从而有助于贫困人群从困难和危机中解脱出来。

普惠金融体系超越了零散机构和金融服务的能力范畴，致力于建立一个系统性的微型金融服务体系。除了孟加拉国和玻利维亚等少数发展中国家外，微型金融在大多数国家都未能形成规模，当前的微型金融在很大程度上还游离于正规金融体系之外。在发展中国家，只有将服务于贫困人口的金融服务融入国家的整体金融体系之中，微型金融的大规模可持续发展才有可能实现①。这种融合将会使微型金融行业获得更多的资本、更好地保护贫困人口的储蓄以及提高行业的合法性与专业化程度，从而为更多的贫困人口和偏远地区的客户提供金融服务。

---

① 刘津. 构建我国可持续发展普惠金融体系研究［M］. 云南财经大学硕士学位论文，2011（5）：1 - 10.

3. 普惠金融的研究框架

2006 年，"中国小贷之父"杜晓山提出"普惠性金融体系框架是将包括穷人在内的金融服务有机地融入于微观层、中观层和宏观层三个层面的金融体系"[①]。其中微观层即包括商业银行、储蓄机构及非正规货币借贷者等在内的金融服务提供者；中观层为金融基础设施及相关服务；宏观层为立法、规范及监管等政府行为。随后，焦瑾璞将金融服务的需求方——客户层加入普惠金融体系之中[②]，进而形成了普惠金融的四层次分析框架。目前我国学者对普惠金融的研究大多围绕这一分析框架展开，并提出相应的对策与建议。

（二）普惠金融的内涵释义

1. 包容性

普惠金融是微型金融以一种包容的形式纳入整体金融框架的结果。因此，包容性是普惠金融的首要内涵，其包括两层要义。一是公平正义。公平即让所有人无论贫富、无论城乡、无论地区都拥有获得金融服务的权利；正义则即强调获得金融服务的机会平等，又兼顾对不同性质金融需求的尊重。实现公平正义要求在微观层应拥有多样化及可持续发展的金融服务提供者，降低包括民营银行、村镇银行以及其他新型农村金融组织在内的多形式金融提供者的准入门槛，以向客户提供更加广泛、便捷、易于参与的金融服务，满足金融客户多种类金融服务的需求。二是和谐共生。共生即不同金融主体各得其所的状态[③]。和谐则强调在金融共生状态下，每个人金融需求的满足是不以牺牲他人需求为代价的。和谐共生的内涵要求普惠金融体系拥有完善的"硬件"和"软件"，保证金融市场在一定的规则中安全、高效运转。反映在中观层面，首先，要求普惠金融体系具有均衡的金融网点覆盖以及与之配套的网络、科技等辅助性服务，以扩大和深化客户层获得这些金融服务的途径；其次，要求每个人都能在正确的金融观念下参与金融，在此基础上，每个人都拥有信用——这一参与金融的最关键资源。

2. 系统性

与传统金融体系相比，普惠金融更注重宏观与微观、整体与局部、当下与未来的关系，更强调整体布局、系统配置、资源整合之间的协调。这一系统性具有三重含义：一是整体性。普惠金融的发展不仅仅局限于金融主体向小微延伸，抑或是微型金融向更加偏远的地区拓展，而是在制度安排、立法规范、信用信息及

① 杜晓山. 小额信贷的发展与普惠金融体系框架 [J]. 中国农村经济，2006 (8)：70 – 73.
② 焦瑾璞. 建设中国普惠金融体系 [M]. 中国金融出版社，2009.
③ 民泰金融研究所. 商业银行小微企业金融服务经理人调查（2013）[M]. 北京：中国金融出版社，2013.

监管机制上融入国家的整体金融框架，真正成为宏观金融体系的一部分。二是可持续性。普惠金融体系的功能不是单纯以公平的形式把资金由供给方通过金融机构流向需求方的过程，还要进一步考虑这种供给能力是否可以在未来持续。普惠金融要实现持续发展，首先要求普惠金融体系应由坚持商业经营原则的金融机构组成；其次要求普惠金融产品的价格必须可以覆盖其运行成本。反映到宏观层，即要充分给予这些商业化运作的金融机构自主定价权。在此基础上，经营主体通过各种形式的创新提高效率、降低成本。三是整合性。纯粹市场经济下的完全竞争依据效率至上原则配置资源，将交易摩擦系数过大的贫困人口、小微企业挤出市场，忽视了这部分金融要素与其他要素之间的整合作用。普惠金融要实现健康稳定的推进，需充分尊重被纳入其中所有要素间的相互作用，在此前提下回归市场价值，激发作用活力。反映在宏观层，需要通过政府引导、市场规则和社会组织的合作，使微型金融市场中存在一部分金融机构在遵循社会目标的基础上实现充分竞争。

3. 层次性

普惠金融体系是为满足不同层次的金融需求而提供服务，因此需要遵循多元化、特色化的发展原则。一是强调差异互补的多元化发展，即对金融服务广度的拓展。目前，民众对金融的需求已逐步由单纯的储蓄—借贷延伸到投资、保险、支付等更加细化的领域，对此需要在微观层面创新金融产品，构建多层次的金融服务体系，满足多元化的金融需求。随着多层次、多样化金融组织、微型金融产品的丰富，又进一步要求中观层面具有更加细化、更具针对性的政策法规以及差异化、灵活化的监管模式。二是强调比较优势的特色化发展，即对金融服务深度的挖掘。普惠金融本身就是一种针对弱势群体的特色化经营模式。在构建普惠金融体系的过程中，随着金融服务向更加偏远的地区和更加广泛的领域开放，要求微观主体找准自身市场定位，深度挖掘特色内涵，开发个性化金融产品，充分发挥自身优势。

通过对普惠金融内涵的分析，可以释义出微型金融的发展框架，见表14-1。

表14-1 普惠金融内涵释义下的微型金融发展框架

普惠金融内涵	普惠金融内涵释义	微型金融发展的目标
包容性	公平正义	宏观层面：多样化微型金融机构的市场准入
		微观层面：负债与资产项目的双向放开
	和谐共生	中观层面：完善的金融基础设施与配套的金融服务
		客户层面：树立正确的金融意识，拥有获得信用的权利

普惠金融内涵	普惠金融内涵释义	微型金融发展的目标
系统性	整体性	宏观层面：融入整体金融制度框架
		中观层面：建立信用信息共享机制
	持续性	宏观层面：给予金融机构自主定价权
		微观层面：商业化运作、效率性创新
	整合性	微观层面：遵循社会目标
层次性	多元化发展	中观层面：差异化的监管模式
		微观层面：金融服务广覆盖
	特色化经营	微观层面：具有比较优势的个性化金融服务及产品创新

三、发展内蒙古自治区农牧区微型金融的目标与基本思路

（一）发展目标

内蒙古自治区发展农牧区微型金融就是要以乡村银行模式的小额信贷为核心，助推农牧民脱贫为宗旨，以实现普惠金融为目标，完善涉及微观、中观和宏观层面的农村金融新政策，把具有可持续发展潜力的小额信贷及其他微型金融组织纳入正规金融体系，把那些被排斥于传统金融服务和整体经济增长轨道之外的农牧区低收入人口纳入农村金融服务范围，最终使过去被排斥于传统金融服务之外的大规模的农村弱势客户群体与其他社会团体一样享受金融服务的权利与机会。

（二）内蒙古自治区农牧区微型金融的发展模式

从国内微型金融的发展实践考察，主要包括三种运行模式：一是非政府组织（NGO）开展的微型信贷项目；二是以国家财政资金和扶贫贴息贷款为资金来源，以政府机构和金融机构（农业银行、农村信用社）为运作载体的政策性扶贫项目；三是金融机构运行的微型金融，包括农业银行、农村信用社、邮政储蓄银行及新型农村金融机构（村镇银行、小额贷款公司、农村资金互助社）等。上述类型的微型金融业务大多肩负着金融扶贫的社会目标。从运行效果分析，由非政府组织运作的微型金融其扶贫社会效果最佳，但其可持续性和覆盖能力有限；由正规金融机构运作的微型金融，虽然能够实现机构运作的可持续性和扶贫对象的广覆盖，但存在商业化目标与社会目标冲突问题，从而导致扶贫目标的使命

漂移。

因此，本书认为内蒙古自治区农牧区微型金融的发展模式如下：以小额信贷业务为核心，正规性金融机构运作的微型金融为主体，非政府组织形式的公益性微型金融机构作为主要补充形式，最终建立分工合理、功能互补、层次多元、监管灵活的农村微型金融发展模式。

（三）内蒙古自治区农牧区发展微型金融的基本思路

根据普惠金融的分析框架，内蒙古自治区发展微型金融的基本思路如下：

1. 在客户层面以低收入人群为服务对象

微型金融本就是以扶贫为宗旨，为了保证微型金融机构发展目标不出现偏离，必须以低收入群体和小微企业作为目标客户。因此，在客户层面，贫困和低收入客户是这一金融体系的中心，他们对金融服务的需求决定着金融体系各个层面的行动。一切有金融需求的地区和社会群体，包括贫困者、中低收入者、富裕户和大中小企业都是这一金融体系的服务对象。其中，尤其值得关注的是贫困者和低收入者，他们的金融需求满足与否决定微型金融发展是否成功。

2. 积极扶持公益性的小额信贷机构

在内蒙古自治区广大农村牧区从事公益性小额信贷的机构主要有两家：一是中和农信，二是赤峰昭乌达妇女可持续发展协会。中和农信是一家中国扶贫基金会下属的社会企业，其主营业务就是面向农村中低收入人群提供方便、快捷的小额信贷服务。目前中和农信已经在内蒙古自治区的 35 个贫困旗县开展小额信贷业务。中和农信小额信贷专门针对农村牧区的金融需求设计产品，贴近农村，贴近农牧民，它既是一种非常有效的扶贫到户方式，也是一种以市场经济的方式减缓贫困的有效途径。今后政府部门应该继续加强与中和农信的合作力度，加大对其财政贴息的力度，增设中和农信在贫困旗县的服务机构，扩大其微型金融扶贫的范围和覆盖面。另外，政府要明确赤峰昭乌达妇女可持续发展协会的法律地位，解决公益性小额信贷机构面临的政府既不反对也不支持的尴尬局面问题，政府要帮助公益性小额信贷机构拓宽投资渠道，或者扶贫机构通过购买服务的方式支持公益小额信贷的发展，充分发挥其在金融扶贫方面的积极作用。

3. 发展多元化的微型金融服务主体

目前在内蒙古自治区农牧区存在的农村微型金融形式主要有公益性小额信贷、贫困地区村级发展互助资金，微型金融机构的主体形式还不够丰富，尚缺少农村资金互助社、社区发展基金等其他类型的微型金融。随着内蒙古自治区农牧区经济生活的变化和扶贫工作的不断深入，当前的农村信用社、村镇银行以及非政府组织的小额信贷机构等已远远不能满足农村经济发展和扶贫工作对微型金融服务和产品的需求，因此，本书认为内蒙古自治区应该发展多元化的微型金融服务机构或组织，扩大微型金融扶贫的广度和深度。

首先，选择信誉较好的担保公司允许其转型为小额信贷公司。信誉较好的担保公司，各方面发展较为成熟，在公司人员的素质、资金的筹集、公司信誉等方面都具有较强的优势，转型之后，有利于小额信贷公司的发展，不仅可以解决资金问题，而且可以优化农村微型金融结构。其次，积极开展农村资金互助社的试点工作。农村资金互助社是指经银行业监督管理机构批准，由乡（镇）、行政村农民和农村小企业自愿入股组成，为社员提供存款、贷款、结算等业务的社区性银行业金融机构。在内蒙古自治区的大多数农牧区，提供金融服务的机构主要还是农村信用合作社，金融服务和产品比较单一。通过开展农村资金互助社的试点，可以打破农村金融服务的垄断，提高为农牧区金融服务的效率，有利于农村微型金融的市场化建设。最后，允许和鼓励传统金融机构参股农村微型金融机构，这样可以有效解决农村微型金融机构资金来源单一的问题，实现国有商业银行和其他经济实力强大的股份制银行公司参与农村微型金融服务，大大提高农村微型金融机构的运作效率，促进农村微型金融服务和产品的多样化。

4. 与大型金融机构加强合作，创新微型金融产品和服务

与公益性小额信贷机构相比，诸如中国农业银行、中国邮政储蓄银行等大型金融机构，在从事小额信贷、农村小额保险等微型金融业务方面有着诸多优势，例如品牌值得信赖、资金实力雄厚、农村网点众多、金融基础设施完善等。只要这些金融机构转变观念，认识到低收入人群对产品和服务的供应者来说也存在着巨大的商机，通过创新微型金融产品与服务，也能够实现自身发展（获取利润）与社会进步（缓解或消除贫困）的双重目标。为此政府扶贫机构要加强与大型金融机构的合作力度，进一步通过补贴的方式鼓励其创新农村微型金融业务。在贷款模式上可推行农户小额信用贷款和联保贷款，积极探索符合农牧民需求的贷款品种，尝试土地承包经营权抵押、农村房产使用权抵押、大牲畜活体抵押、林权抵押、林木抵押、"企业＋农户"、"合作社＋联保小组"等多种贷款模式，加大对农牧民的支持力度，降低微型金融的发展风险。创新农村微型金融的还款机制，对按期积极还款的农户或者农村微小企业可以进行奖励，创新还款激励机制，可以使信用较好的农户或者微小企业获得更多的贷款机会，并适当提高贷款额度。此外，也可以通过建立定期或者不定期的还款机制，准许农牧民进行分期、多次还款，有效保障低收入群体的微型金融需求。另外，大型金融机构在开展微型金融业务过程中要坚持"金融服务本土化"原则，力争通过降低金融交易成本来实现微型金融服务的全面覆盖。

5. 积极发展农村小额保险业务

小额保险是按照保险业共同遵守的经营原理来经营的，由各种不同的经营机

构或保险公司为低收入人群应对某些特定风险而提供的保险。农村小额保险是农村小额金融的重要组成部分，也是一种有效的金融扶贫手段。近年来，对农村低收入人群贫困的原因逐渐形成了一个清楚的共识，人们开始普遍认识到，农村贫困的原因有：一是农村低收入群体严重缺失其发展必需的金融支持，二是风险管理手段的单一导致农村低收入群体风险抵抗能力更加脆弱，这两个方面是导致农村低收入群体陷入贫困的根本。对此，给农村低收入人群提供必要的风险管理工具，提高其风险应对能力，改善其脆弱性，也是帮助农村脱贫的一项重要方法。中国保监会自 2008 年开始试点农村小额保险，试点省份曾经一度达到 24 个省份。农村小额保险业务的开展，在一定程度上满足了农村低收入人群应对某种特定风险的需要，弥补了农村社会保障体系的不足。因此在内蒙古自治区农牧区除了发展传统的小额信贷业务以外，政府部门要鼓励或扶持小额信贷组织、社会发展机构等非政府组织（NGO）开展小额健康保险、小额意外伤害保险等小额保险业务。虽然大型保险公司在资金实力、产品开发、营销网点、风险管理能力等方面拥有一定的优势，但就目前商业保险的逐利目标与营销模式而言，很难保证农村小额保险的公益性和可持续发展。而中国农村的一些小额信贷组织、社会发展机构本身就属于社会公益性组织，不以盈利为主要目的，让这样的公益性组织经营农村小额保险，一方面能充分体现小额保险的公益性，另一方面由于这些组织（如妇联组织）与农村低收入人群联系密切，社会基础好，让他们参与小额保险的经营更有利于小额保险的稳定健康发展。

6. 创造有利于农村微型金融发展的外部环境

农村微型金融的健康发展离不开良好的服务环境、政策环境与信用环境。按照普惠金融的分析框架，在中观层面建立高效率的金融基础设施并完善相关服务是发展普惠金融的必要条件。农村微型金融的发展同样依赖于完善的金融基础设施以及相关服务网络。具体包括与微型金融相关的支付结算体系、信用管理服务、提供培训和技术服务的机构以及行业协会等。中观层面范围很广，在普惠金融领域中是相对较新的概念，现在对如何建立有效的中观层面还知之甚少。但社会整体金融服务环境的改善、完善的支付网络、足够的技术服务提供者和教育培训机构，在农村微型金融发展中的作用将越来越重要。同时微型金融的发展也需要连贯明晰的政策支持体系。如今，普惠金融被正式写入中共十八届三中全会决议，为我国微型金融的纵深发展奠定了良好的政策基础。下一步，内蒙古自治区应结合自身发展实际，建立有利于农村微型金融发展的推进政策，如税收政策与货币政策，并将政策落点逐一列入"十三五"规划，以确保政策实施的可操作性和可持续性；与此同时，在已出台微型金融支持政策的基础上，应针对不同金融机构的发展特点与诉求出台个性化实施细则，对不符合区域金融发展特征的政策进行调整与修补，以增强已有政策的延续性。另外要加强对农牧区居民信用意识的教育与培养，逐步建立个人与微型企业的信用记录档案，构建有利于农村微型金融发展的信用环境。

第十五章

鄂尔多斯市民间金融利率影响因素及运行机制分析

自 2011 年以来，鄂尔多斯市的"苏叶女案"、"王福金案"及"白昊案"等民间金融案件相继曝光，加之国家对房地产价格及煤炭价格的宏观调控，鄂尔多斯市民间金融进入了全面危机。目前，相对于繁荣时期的市场规模而言，鄂尔多斯市民间金融俨然已是明日黄花。

民间金融利率水平主要取决于当地民间资金的供求关系，它对当地民间金融市场健康发展起着至关重要的作用。回顾鄂尔多斯市民间金融发展历程可以发现，由于当地经济跨越式的飞速发展以及房地产价格和煤炭价格的日渐走高，资金需求出现大规模缺口，民间金融应运而生，与之相伴的是繁荣时期高达月息 2% ~ 3% 的民间金融利率。高企的民间金融利率是如何定价的？面对如此高的民间金融利率水平，民间金融组织到底是通过何种机制运行的？本书拟从民间金融利率定价及运行机制等方面剖析鄂尔多斯市民间金融的发展，最后提出规范和引导民间金融健康发展的措施。

一、鄂尔多斯市民间金融发展阶段

根据鄂尔多斯民间金融的发展历程，可以划分为四个阶段：第一阶段：萌芽期（1990～1998年），民间金融规模小，无具体的组织形式。第二阶段：成长期（1999～2002年），民间资金量有所放大，出现零散的组织。第三阶段：繁荣期（2003～2010年），民间金融机构数量逐渐增多，资金规模巨大（据估计，截至2010年底，民间金融规模已达2200亿元以上），涉及相关产业较多，是当地中小企业融资的主要渠道之一。第四阶段：衰退期（2011年至今），民间资金量骤减，规模大幅萎缩，典当行、投资公司等众多的民间金融机构纷纷倒闭。

1. 第一阶段：萌芽期（1990～1998年）

这一时期的鄂尔多斯经济处于发展起步转型期。1990～1998年，鄂尔多斯市GDP总量由14.9亿元增加到100.3亿元，年均增长率为17%。经济总量居内蒙古自治区第七位，初步实现了经济结构的转型，即由农牧业为主的经济结构向工业为主的经济结构转变。在此期间，鄂尔多斯市固定资产投资累计完成投资额274.5亿元，年均完成投资额30.5亿元。城镇居民人均可支配收入由1032元增加到4630元，增长了3.5倍，年均增加450元，年均增长率为20.6%。农牧民人均纯收入由600元增加到2292元，增长了2.8倍，年均增加211元，年均增长率为18.2%。从整体来看，鄂尔多斯市经济已实现了历史性转轨，民间融资开始出现，但主要集中在农牧业地区，用途仅限于消费性融资和简单的小农经济再生产融资；借贷金额较小；以友情和互助性质为主；利率较低；高利率的民间融资主要集中在羊绒行业。鄂尔多斯市羊绒产业开始形成于20世纪80年代末，羊绒生产企业增多，羊绒供不应求，企业利润率较高。为了解决资金供给不足的问题，当地一些生产和加工羊绒的个人和企业开始吸收社会的闲散资金，但是规模较小，没有外溢到其他行业，也没有出现公开的、有组织的民间金融机构。

2. 第二阶段：成长期（1999～2002年）

这一时期的鄂尔多斯市经济发展处于总量扩张期。1999～2002年，鄂尔多斯市GDP总量由118.1亿元增加到204.8亿元，年均增长率为17.6%，投资拉动经济的作用逐步显现。城镇居民人均可支配收入由5069元增加到6244元，年均增加392元，年均增长率为5.4%。农牧民人均纯收入由2371元增加到2470元，年均增加33元，年均增长率为1.4%。这一时期的民间金融规模放大，利率也开始提高，出现零散的民间金融机构，如典当行等。当地国有企业改革开始进行，这一改革打破了计划经济垄断的格局，私营经济开始出现。通过个人借贷或者集资入股等形式，私营经济解决了部分启动资金。民间金融开始渗透到煤炭行业，但是由于煤炭价格的持续走低，民间金融的规模并不是很大。此外，这一时期的借贷用途也开始由消费型借贷转变为生产型借贷。

3. 第三阶段：繁荣期（2003～2010 年）

这一时期的鄂尔多斯市经济处于快速发展时期。2005 年，鄂尔多斯市 GDP 总量为 550 亿元；2006 年，GDP 总量已经超过 800 亿元，人均 GDP 从 2005 年的 4600 美元增加到 2006 年的 6645 美元，增幅接近 45%。2006 年鄂尔多斯市的财政总收入为 145.8 亿元，比 2005 年增加 52.4 亿元，增长 56.1%，一跃成为全内蒙古自治区之首。2008 年经济总量在全区的排位跃居第一位，三次产业协调发展的格局初步形成，经济实力明显增强，经济效应开始显现。财政收入步入快速增长期，经济已具备了城市支持农村、工业反哺农业的能力。这一时期，民间金融机构多，业务发展迅速，投融资量巨大。民间金融利率水平逐步升高，体现出一定市场化趋势。民间金融参与主体多元，借贷用途多样。民间金融引起和获得了地方政府的重视，并在默许支持下得到了飞跃式的发展。在鄂尔多斯民间融资中，"典当行"和"投资公司"扮演着重要的角色。2008 年，全市典当行由 2000 年的 1 家发展到 15 家及 627 家分支机构，注册资金 1.79 亿元。此外，专事民间融资活动的类似融资机构还有很多，经鄂尔多斯市工商部门注册的投资公司 414 家，注册资金 82.47 亿元，担保公司 159 家，注册资金 7.8 亿元，委托寄卖商行 46 家，注册资金 499.46 亿元，小额贷款公司 1 家，注册资金 1 亿元。鄂尔多斯市民间融资公司总计 630 家，注册资金 92.61 亿元。据调查，2008 年，鄂尔多斯地区依托典当行、投资公司、担保公司及小额贷款公司进行的民间融资总额占到了总规模的近 40%。据鄂尔多斯市工商局统计，截至 2010 年 3 月末注册的投资公司有 512 户，注册资本 665.3 亿元；担保公司 261 户，注册资本 52.6 亿元；委托寄卖商行 198 户，注册资本 0.7 亿元；典当企业 37 家，注册资本 3.8 亿元。上述机构总计 1008 家，注册资金 722.4 亿元。据调查，这些机构都不同程度地参与民间金融活动。除此以外，实际上从事民间金融活动的，还有大量没有正式办理工商注册手续的地下中介组织、机构、中介人，其准确数量无法统计，据鄂尔多斯市商务局估算，专门从事民间金融的中介人约 1600 户。对于民间金融规模的测算，是从资金借入方来测算和评估，并通过资金供给方融资加以验证的。通过对企业和家庭的问卷调查和测算，截至 2010 年 4 月末，企业和家庭借入的民间金融规模约为 390 亿元，其中 110 亿元来自小额贷款公司，230 亿元来自融资中介机构，另外 50 亿元来自一般的社会主体（个人和企业）。在上述的 390 亿元民间金融余额之外，还有一块民间金融没有纳入，即融资中介机构作为债务人向社会借入的部分，而这部分资金并不在少数。根据典型调查，各类中介机构普遍是高负债经营，通过各种渠道从社会上融入资金用于放债，平均负债率约为 70%。据此估计，以融资中介为债务方的民间金融余额为 150 亿元。

4. 第四阶段：衰退期（2011 年至今）

2011 年 9 月 24 日，鄂尔多斯市中富房地产开发责任有限公司（以下简称"中富"）法定代表人王××自缢。这成为鄂尔多斯民间金融危机爆发的标志性事件。据悉，中富资金链的断裂，与其急于出售住宅但又套现未果有关。据初步统计，中富集资借贷中的 2.1 亿元多用于房地产，相当比例用于提前垫付购房人 70% 的购房贷款。然而，在紧缩的信贷政策下，"出钱卖房"的中富未拿到银行按揭贷款，资金缺口到了无法归还民间金融本息的地步，导致公司正常运营受阻。据测算，2.63 亿元借款，每月仅支付利息一项就需要 789 万元。

2011 年下半年，鄂尔多斯市一些企业陆续爆发信贷危机，一些地产老总自杀、巨额非法集资等恶性案件屡屡出现。9 月，鄂尔多斯政府曾对 17 个民间金融在 10 亿元以上规模的民间房地产开发企业法人限制出境，并实施监控。于 9 月 26 日进入鄂尔多斯市公安局东胜区分局正式立案侦查阶段的苏××一案，登记造册的出借人已经有 300 多户，涉及三四千人，金额从 10 万元到 1600 万元不等，总涉案融资金额超 10 亿元。这刷新了此前 2009 年的石××案 7.4 亿元的纪录，成为鄂尔多斯市涉案金额最大的非法吸收公众存款案件。

此外，类似案件还有众博商贸有限责任公司老板梅××案、金亿泰汽贸担保公司总经理祁××案等。尽管公众对鄂尔多斯市民间金融危机的关注程度远不及温州，但其影响也较严重。如同温州一样，鄂尔多斯也是民间富裕程度较高、民间资本较为集聚、民间金融较为活跃的地区。据不完全统计，鄂尔多斯市资产过亿元的富豪在 6000 人以上，资产上千万元的富人则至少有几万人。这些民间资本大量参与民间金融，鄂尔多斯民间资本规模超过 2000 亿元。

鄂尔多斯民间信贷危机的影响直接显现在房地产市场。2011 年，在鄂尔多斯房产市场除了两个在建高端项目，几乎所有项目停售、停工。一些以民间金融为主要来源的在售房企资金"断流"。为防止民间金融系统崩盘及债权人追债，很多项目仍勉强开工。但由于长期拖欠建筑工程款项，且民间金融危机已然爆发，项目大量烂尾的可能性陡增。鄂尔多斯市房产市场上大部分成交量以当地品牌开发商为主，如伊泰地产；各项目施工现场多处于停工状态，仅有一些实力开发商继续建设，如星河湾、伊泰地产、万正投资等；市场上也出现了现房滞销的状况，如天誉国宝、文澜雅筑。据了解，仅 2010 年，鄂尔多斯房地产开发实际施工面积达 2696 万平方米，全市商品房销售面积达 1009.4 万平方米，而鄂尔多斯的城区人口仅 65 万，这意味着城区人均购买了约 15 平方米的住房。支撑房地产市场运行的资金来源正是杠杆率较高的民间金融。随着银行信贷紧缩以及限购政策的出台，房地产市场销售低迷，这就使得原本依靠按揭贷款支持的高杠杆率房产市场难以为继,导致民间金融危机爆发。近几年,鄂尔多斯市房产市场成交量暴跌。数据显示,2011年9月份以来,鄂尔多斯房地产市场销售惨淡,比2010年同期下滑了80%左右。尽管房价下降明显,但房地产市场依旧惨淡,无人问津。

2011年在第三届鄂尔多斯住交会上,一些参展企业降价幅度高达10%~15%,但成交依旧不理想。2011年,鄂尔多斯楼市销售业绩最突出的某项目,之前均价在每平方米7600余元,国庆期间价格调至每平方米4999元。此外,该项目开发商还给出了"赊销"政策:购房者支付50%首付,公司垫付50%,购房人按月以银行利息偿还公司资金,5年还清。而另外两个此前购销两旺的楼盘,也大量出现首付款已交却办不下来贷款的情况,这些购房人也在寻求转手。尾盘销售则基本处于半停滞状态。最典型的是,某大型高端房地产标杆项目,原计划销售20亿元以上,但开盘后售价一路下行,每平方米售价从26000元一路跌至20000元,甚至一些户型跌至每平方米15000元。

在维持了近10年的高速发展以及近5年房地产市场的爆发式发展之后,鄂尔多斯市房地产市场在此轮调控中终于迎来了一次"大洗牌"和结构性调整。民间金融危机直接影响的是单一依靠高利贷回报、不得不"借新还旧"来维持运转的担保公司,或以高利贷来维系房地产开发的中小型房企。

二、鄂尔多斯市民间金融发展特点

(一) 民间金融组织形式

鄂尔多斯的典当行、投资公司、担保公司、委托寄卖行等林林总总,是当地民间金融的主要组织形式,它们分别归商务局、工商局、金融办、公安局管理(按照规定,典当行注册资本必须达到1000万元,寄卖行必须达到300万元)。在繁荣时期,投资公司注册数量多达500多家,担保公司和典当行合计将近200家,还有一些没有注册的,数量也不下1000家。不仅民间金融组织数量繁多,而且这些组织的资金运作规模也不可小觑,很多公司的投资总量可以达到注册资金的3~5倍,投资资金的周转率可以达到每年4~7次。据中国人民银行鄂尔多斯市支行调查显示,一家注册资金为300万元的担保公司,其投资总量可以高达2500万元。在如此大规模的资金运转中,通过民间金融筹集的资金占其全部资金来源的60%左右。民间金融的资金来源主要是当地中小型煤炭企业的盈利积累,还有一些是利用当地银行对行政事业单位发放的信用贷款,个人资金主要来自亲戚、朋友、同事、熟人之间的个人结余。

还有些民间金融没有组织形式,只是通过电话进行个人借贷业务,这类业务的资金规模也较大。面对高额的利润回报率,许多人将存在银行和股市的资金也投入民间金融市场进行放贷。自2005年以来,房地产行业就成为民间金融资金的主要投资方向,据有关统计数据显示,民间金融资金中有60%~80%投向了房地产,由此形成了"能源—资金—房地产"的一个相互推高的资金循环圈。随着民间金融贷款利率的不断提高以及煤炭价格、房地产价格的大幅回落,加之政府对非法民间金融机构整治力度的加大,民间金融投资方向发生了转变,长久形成的"能源—资金—房地产"资金链也出现了断裂。

(二)民间金融利率水平

民间金融在繁荣时期,利率水平较高,年利率一般为20%~40%。民间金融利率在城镇较高,乡村较低。在繁荣时期,城镇借贷年利率一般为15%~40%,乡村借贷年利率为10%~20%(见表15-1)。

表15-1　鄂尔多斯民间金融利率水平

借贷方式	较低利率(10%以下)	中等利率(10%~15%)	较高利率(20%以上)
个人向个人借贷	普遍存在	存在	基本不存在
企业向典当行借贷	基本不存在	较少存在	普遍存在
企业向企业借贷	较少存在	普遍存在	存在

资料来源:人民银行鄂尔多斯中心支行。

(三)民间金融资金运行方式

相对于正规金融而言,鄂尔多斯市民间金融手续简便、快捷,借款人能否获得贷款主要凭靠自己的信誉。调查显示,民间融资期限最短的仅仅为5~10天,最长的也不会超过一年。期限在1~6个月的贷款约占34%,期限6~12个月的贷款约占54%。民间贷款的主要发放形式:借贷双方是亲朋好友,仅仅进行口头承诺就可以获得贷款,而且借贷利息往往较低,归还时间还可以进一步商量;通过中介机构借贷双方订立口头契约或借据,约定贷款金额、贷款利率和贷款归还时间;一些中小企业将房屋、厂房等资产进行财产抵押,贷款额一般占抵押物的50%~70%;借贷双方通过第三方进行担保,并且签订简单的借贷书面协定。

(四)鄂尔多斯市民间金融组织的风险管理

以当地典当行为例。典当行的放贷资金规模都较大,主要通过第三方担保或者抵押来防范贷款风险，资金主要投向房地产、煤炭等高利润行业。房地产商一般以开发的房屋作为抵押，抵押率是当前房价的50%，煤炭行业通常以煤炭开采权作为抵押。这些行业一般都拥有相当规模的自有资金，较高的民间贷款利率对于他们来说还是能够承受的，贷款期限也较短。相对于正规金融机构，典当行的借贷更加灵活，如果借款人出现经营不善而不能及时归还贷款的情况，典当行可以减付利息、本金或者延长贷款期限。此外，为了减小放贷风险，典当行的放贷对象仅限于本地，一般不做异地贷款。据调查显示，在民间金融繁荣时期，发生在民间金融市场的不良贷款率明显低于正规金融机构。

三、鄂尔多斯市民间金融发展的影响

鄂尔多斯民间金融的发展，既给当地经济、金融带来了积极影响，也带来了消极影响。

（一）鄂尔多斯民间金融的积极影响

1. 促进了鄂尔多斯经济的快速发展

《2007年中国城市竞争力蓝皮书》中，鄂尔多斯市增长竞争力在全国200个城市中排名第一。近年来，鄂尔多斯市经济年均增长率超过20%，民间金融机构业务发展迅速，投融资量呈现几何式的增长。鄂尔多斯民间金融加快了该地区居民储蓄向投资转化的速度，成为地方非公有制经济发展的重要支柱，是一种有效的融资方式。2010年上半年，鄂尔多斯市民间投资完成489.1亿元，同比增长35.6%，占固定资产投资比重61.9%，比2009年同期提高6.9个百分点。民间投资的重点也由煤炭为主的"一业独大"向多行业并举发展，民间投资逐渐转向制造业、电力燃气、交通运输业等行业。民营投资活跃、发展快，是鄂尔多斯地区经济发展的一大动力。

2. 促进了鄂尔多斯地区中小企业的发展

鄂尔多斯市的中小企业分布在各个行业和领域。截至2008年末，鄂尔多斯市共有中小企业7197户，占企业总数的99.6%，同比提高0.55个百分点；全市中小企业从业人员29.8万人，占全部企业从业人员的84.8%，职工人均工资和福利3.82万元；创造增加值1057亿元，同比增加367.91亿元，增长35.74%（按可比价格计算），占GDP的65.91%，同比提高6.02个百分点；实现利润总额677亿元，上缴税金215亿元，同比增加79亿元，增长58.09%。从中小企业的行业分布来看，批发零售和制造业的企业占比较大；从企业的地区分布看，东胜、准旗、达旗经济较发达地区中小企业占比大；从企业的规模来看，呈现"两头多"的分布格局，即 500 万元以下和 5000 万元以上的企业占比较多。中小企业的快速发展，不仅繁荣了市场，提高了国民经济整体效益，减轻了资源、环境的压力，而且促进了大量剩余劳动力从第一产业向第二产业、第三产业转移，解决了一大批城乡居民的就业问题。目前，民间金融是中小企业最重要的融资渠道。民间金融促进了鄂尔多斯地区中小企业的发展，很大程度上弥补了正规金融发展不足存在的融资缺口。

3. 活跃了鄂尔多斯地区的金融市场

由于国有银行缺乏有关中小企业财务状况的足够信息，因此不能对其做出适宜的风险评价。此外，中小企业与大企业在经营透明度和抵押条件上的差别以及银行追求规模效应等原因，大型金融机构通常更愿意为大型企业提供融资服务，而不愿为资金需求规模小的中小企业提供融资服务。民间金融由于手续简便、高效快捷，因而成为许多中小企业融资的主要渠道。近年来，民间金融处于较活跃状态，民间金融规模快速增长并逐渐向地方特色产业聚集。民间金融组织的出现和发展打破了金融垄断的局面，促进了正规金融机构加快金融创新，不断加强自身服务水平和质量，从而在一定程度改变了以往服务差、工作效率慢的行业作风。民间金融的出现也促使鄂尔多斯地区政府组建了鄂尔多斯城市商业银行和农村商业银行，这些商业银行在利率水平和贷款方式上比国有商业银行更具有灵活性。这两家地方商业银行在建立的初年就取得存款增长 50%、贷款增长 20%、利润增加 30% 的业绩。此外，民间金融的繁荣催生了当地众多的合法小额贷款公司出现，部分解决了当地中小企业融资难的问题。因此，可以说，民间金融的出现改变了鄂尔多斯地区固有的金融格局，为当地金融发展增加了动力和活力，提升了银行业的经营能力。

4. 增加了鄂尔多斯地区居民的财富

民间金融的兴起和发展，一定程度上改变了鄂尔多斯地区居民长期以来投资渠道单一、过度依赖银行储蓄的局面，使居民投资出现了多元化的趋势，直接带动了城镇居民投资理念的变化。居民将投资转向鄂尔多斯地区的典当行、投资公司和担保公司，获得了可观的收益。中小企业一直是鄂尔多斯地区扩大社会就业的主渠道和城乡居民收入增长的主要来源。中小企业又是靠民间金融获得资金，中小企业的发展提高了居民的工资收入，提高了居民的消费水平，促进了当地经济的发展。

（二）鄂尔多斯民间金融的消极影响

1. 削弱了货币政策执行效果

2005 年，人民银行针对国内部分地区和城市房价高企的态势，对房地产行业开始实行从紧的信贷政策。鄂尔多斯各家国有商业银行也开始停止发放土地储备金贷款，提高发放房地产开发贷款的门槛，把中小房地产开发企业自有资金比例从 20% 提高到 35%，但这两项措施并没有能够及时控制对当地房地产的投资热情。受到民间金融高利率的吸引，大量个人和企业的存款资金加速流出银行体系，流入民间金融机构或个人，并最终流向了房地产行业，从而形成了"能源—资金—房地产"资金循环链。在民间金融推动下，鄂尔多斯市东胜地区房地产价格从 2005 年均价 1200 元上升达到 2010 年的 7000 元，房价与居民收入之比接近10 倍左右，超过风险警戒线。可以说，民间金融在一定程度上推高了鄂尔多斯地区的房价，加大了房地产行业的风险，削弱了货币政策的调控效果。

2. 削弱了国家产业政策效力

在鄂尔多斯市的民间资金中，除少部分资金为中小企业及个体户借作周转资金外，大部分流向了高利润行业，尤其是房地产行业和煤矿业。一些高耗能、高污染的中小企业，虽然国家出台了一系列严格的限制措施，但由于民间金融的"输血"作用，这些产业仍然可以继续生存。例如，鄂尔多斯地区 2007 年共有小煤矿 572 座，电石、铁合金等高耗能重污染企业 237 家，尽管中央三令五申要求整顿关停，但每次都能死灰复燃。究其原因，除了这些企业与当地政府有着千丝万缕的联系以外，更重要的是这些企业巨大的发展资金主要依靠民间金融来解决。由于这些行业利润回报率高，资金周转速度快，虽然民间金融的利率水平较高，但是这些企业仍然有利可图，从而严重影响了国家产业政策的效果。

3. 扰乱了鄂尔多斯市正常的金融秩序

民间金融高企的利率水平，大大吸引了鄂尔多斯市及周边地区闲散资金的涌入。一般来说，民间金融机构的利率水平是正规金融机构的 2 倍。2006 年，鄂尔多斯市储蓄存款余额 199.2 亿元，增长 21.9%，比同期下降 13.7%。2007 年，全市储蓄存款余额为 226 亿元，增长 14.12%，同比下降 7.8%，成为 2003 年以来储蓄存款增速水平最低的年份。2008 年鄂尔多斯民间融资规模约 300 亿元，占全市金融机构存贷款余额的 21.1%。2010 年与 2008 年相比，民间融资量呈大幅上升，平均上升幅度约为 80%。储蓄存款额的大幅下降，严重影响了金融机构信贷资金的积累，也给正常的支付清算构成了潜在的威胁。一般城市银行的信贷总额为当地上一年 GDP 的 130%。但在鄂尔多斯市，2010 年末全市金融机构各项贷款余额（不含个人消费贷款）仅为 1332.9 亿元，而同期鄂尔多斯市的 GDP 达 2643 亿元。这说明支撑鄂尔多斯市煤炭、房地产行业的资金来源主要是民间金融。此外，正规金融巨额的存款流失，容易使正规商业银行贷款投向高风险行业。民间金融和正规金融之间存在的巨大利差，又会易诱使银行工作人员违规放贷，使资金流向民间金融机构。

4. 加剧了鄂尔多斯市的贫富差距

据鄂尔多斯地区人民银行的初步估计，2007 年，鄂尔多斯地区参与民间金融的人数达到 20 万，占该地区人口的 70% 以上，几乎覆盖了各个主要行业。参加的人中，有私营企业主、公务员、个体户、退休职工等，投资额在 5 万元以上的占到投资人数的 90% 以上。虽然民间金融从总量上增加了全市居民的财产性收入，但在结构分配上还是不均的。该市民间金融机构的法人代表基本都来自当地矿产和能源行业。在鄂尔多斯经济快速发展的同时，这些民间金融经营者和投资人获得了丰厚的回报，而大部分居民只是获得其中的一小部分。据说，在人口不到 200 万的鄂尔多斯市，就有 5000 个亿万富翁。此外，大量的民间资金流向了房地产市场，这无疑会推高当地房地产价格。房地产价格的暴涨，给当地许多依靠工资收入的普通老百姓带来了巨大的压力。大量民间金融机构都采取地方式进行运作，相关监督管理机构对其收入水平无从下手，从而也限制了采用税收等手段调节贫富差距的作用。

5. 扰乱了正常的社会秩序

随着煤价 2003 年后的"井喷式"上涨，鄂尔多斯这个煤炭储量占全国 1/6 的地级市，也由内蒙古自治区的贫困地区变为中国内地"最富的城市"。居民的原始财富主要来自拆迁，而政府高额的拆迁补偿则主要来自煤炭行业，煤矿产生的财富支持政府进行城市改造，通过拆迁分配给更多的人，再通过民间金融聚集资金，贷给房地产和新的煤矿，令更多的人分享到高收益。随着"煤炭—资金—房地产"资金循环链的断裂，许多通过民间非法融资的借款人出现了跑路、自杀等事件，严重扰乱了当地正常的社会、生活秩序。

此外，鄂尔多斯市几乎所有的煤炭企业都涉足房地产业。2010 年底，鄂尔多斯市房地产企业多达 442 家，房价也从早年的 1500 元/平方米一路飙升至 9000 元/平方米，直逼一线城市。截至 2012 年 9 月，房价又回落至 3000 元/平方米。房价的大起大落，严重地影响了当地经济的平稳发展和老百姓的正常生活。出现这样的现状，除了房地产调控政策挤出"泡沫"外，煤炭市场的低迷也成为最主要的原因。

四、鄂尔多斯市民间金融利率影响因素

利率是资金的使用价格，民间金融利率水平的高低主要取决于资金供求关系。从供给成本来看，民间金融利率由资金的管理成本、机会成本、风险溢价与垄断利润等构成。从需求来看，民间金融市场中借款人的还贷意愿和还贷能力会影响利率水平的高低。贷款人凭借对借款人以往还贷意愿和当前还贷能力的判

断，实行不同的贷款利率。

管理成本——在民间金融市场上，交易双方都具有信息优势，拥有银行等金融机构所不拥有的私人信息。这种私人信息随着交易双方的亲疏而变化，关系越密切拥有对方的私人信息就越多。如果关系较为疏远，双方拥有对方的私人信息就会较少。为了确保贷款顺利收回，贷款人需要花费一定的时间、精力及费用，主要包括信息搜集成本和监督成本。当日常交往中所获得的私人信息不足以作为发放贷款的判断依据时，贷款方就必须主动地搜集借款者的信息。关系越亲密，信息搜集成本和监督管理成本就会越小，借贷利率也就越低；反之，借贷利率就会提高。此外，当单笔贷款成本固定时，随着贷款数量增加及期限延长，借款人违约的风险也会增加，贷款人可能也就需要花费更多的时间及精力对借款人进行监督，这也会导致管理成本增加。

机会成本——资金的机会成本不是真实发生的成本，它是指资金用于贷款以外的用途所能够获得的最大收益，如贷款人将资金用于投资可以获得投资收益，将资金存在银行等金融机构能够获得利息收入等。一般来说，借贷资金的机会成本都是以银行存款利率计算，是与正规金融市场的回报率成正比，同期的银行等金融机构的贷款利率越高，民间贷款利率也越高。机会成本与经济繁荣程度也成正比，一个地区经济越繁荣，企业或个人在该地区投资中获得的回报率可能越高，民间金融市场的资金机会成本就越大，因而要求的回报也就越高，利率水平也就越高。

风险溢价——民间金融行为大都是"地下"进行，是不受法律保护的。一经被发现或查处，贷款者放出去的资金不但得不到法律保障，而且还可能受到法律的严厉制裁。因此，面对制度风险，民间金融市场中的贷款者往往要求相应的高回报作为补偿。政府治理整顿力度越大，措施越严厉，制度风险就越大，贷款者要求的风险溢价也就越高。一个地区的经济形势变化也会影响该地区的民间金融利率。地区经济越繁荣，企业和个人的现金流量就会越充足，归还贷款的意愿和能力就越强，市场系统风险就越小，贷款利率也就越低。此外，民间金融市场还存在借款企业或者个人特有的风险，这种风险很大程度上依赖于交易双方的关系。关系越亲密，双方拥有彼此的私人信息越多，借款者受人情关系和其他关系往来的约束就越强，主动和被动的违约风险就越小，因而贷款者要求的风险溢价也就越小。

垄断利润——民间金融市场上借款人信息的私密性及市场分割，使得贷款者的垄断地位得到加强，从而导致贷款者可以轻而易举地获取超额利润。私人信息和市场分割的存在，一方面可能导致并强化贷款者的垄断地位，借款人只能够在亲戚、朋友或者熟人圈子里获得贷款，在陌生人的圈子内获得贷款较为困难，因而有助于贷款人提高贷款利率水平；另一方面，由于借贷双方都是"抬头不见低头见"的熟人，双方可以通过谈判和沟通来降低贷款利率水平。

鄂尔多斯市民间金融利率水平主要受以下因素影响：

（一）资金供求的不平衡

利率是资金的使用价格，当资金需求大于资金供给时，利率水平就会提高，如图 15-1 所示，纵轴代表利率水平，横轴代表资金规模，D 代表资金需求曲线，S 代表资金供给曲线。在金融市场上，资金需求量为 OD_1，由于种种原因，银行等正规金融机构出现"惜贷"现象，造成供给量 OS_1 小于需求量 OD_1，贷款利率水平为 r_1，低于市场出清水平 r_0。

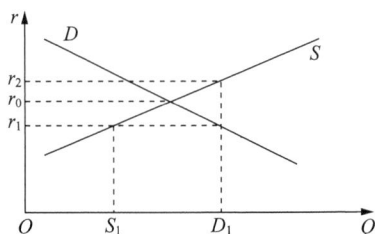

图 15-1　供求不平衡下的利率水平

根据 Stiglitz 和 Weiss 的信贷配给理论，当市场存在信息不对称时，就会出现逆向选择和道德风险，一些愿意支付高利率的资金需求者通常会将资金投向风险较高的项目。此时，金融机构如果提高利率（假设达到市场出清水平 r_0），那些未来收益较低且风险相对较小的资金需求者将会被市场挤出，而那些未来收益较高且风险较大的资金需求者将会留在市场。为了降低风险，银行等正规金融机构就会将利率锁定在较低水平 r_1，这样一些资金需求者就会被拒之门外。对于那些预期未来会有高收益的刚性资金需求者来说，只能通过民间金融市场来满足 S_1D_1 的融资缺口，但是需要付出较高的成本。民间金融利率水平为 r_2，明显高于银行等金融机构利率水平 r_1，也高于市场出清水平 r_0。

在城镇地区，民间金融资金投向相对集中，其中大部分投向煤炭、房地产、加工业等利润较高的行业，其中房地产行业占到 60% 以上。据调查，城镇地区的房地产业、煤炭企业、运输业以及加工业从投资公司、担保公司、典当行等民间金融机构获得的融资规模较大，均在 100 万元以上，主要用于企业流动资金周转。汽车、服装、百货、电脑、餐饮等行业的融资规模相对较小，均在 100 万元以下。以上两类贷款利率都较高，月平均利率为 2%～3%。在农村牧区，农牧民的融资规模仅限定为 1 万 ~ 5 万元，主要用于种植、养殖、子女上学、盖房等用途，利率较低甚至是零利率。

（二）银行等正规金融机构利率的管制

在图 15 – 1 中，银行等金融机构的贷款利率水平为 r_1，它不是正规金融市场供给曲线 S 和需求曲线 D 的均衡点，而是由中央银行确定的。正规金融市场上利率水平的确定并不遵循市场原则，而是按照国家信贷配给来确定。这就会出现图 15 – 2 中的"金融抑制"现象。在图 15 – 2 中，民间金融市场的资金供给曲线用 S′表示，资金需求曲线用 D′表示，由此决定的利率水平为 r′。由于存在"金融抑制"，金融市场的需求被人为地控制在较小规模，超出银行等金融机构的市场需求只能通过民间金融市场来满足，表现在图 15 – 2 中，民间金融市场需求曲线 D′位于正规金融市场需求曲线 D 的右边。由于民间金融市场较高的利率回报吸引，公众会将部分闲散资金转移到民间金融市场，因而导致民间金融市场的供给曲线 S′位于正规金融市场供给曲线 S 的右边。加之国家对民间金融交易的管制和交易风险的存在，最终导致民间金融市场的贷款利率 r′高于正规金融市场利率 r。

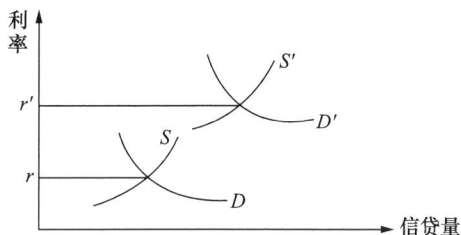

图 15 – 2　利率管制下的民间金融利率水平

在我国现行的金融体系结构中，缺少专门为中小企业以及个体工商户提供融资服务的制度安排。目前，鄂尔多斯市除了股份制银行、城市商业银行以及农村信用社之外，没有其他正规金融机构提供对民营经济的服务。由于大多数中小企业缺乏贷款所必需的抵押品和信用担保，而且资金需求规模小、时间紧，正规金融机构出于对其信贷风险和信贷成本的考虑，一般很难贷款给中小企业。此外，正规金融机构在旗县地区的信贷供给逐渐萎缩，而且银行贷款手续繁杂，审批时间又长，所以中小企业只能求助民间金融，在民营经济发展越快、越好的地方，民间金融规模也就越大。据样本调查显示，在鄂尔多斯市，民间金融总量的68%集中在东胜、准格尔旗和伊金霍洛旗，民间金融在推动私营经济发展、满足中小企业资金需求及解决房地产业、煤炭业的巨大投资需求等方面做出了重要贡献。

（三）民间金融市场的分割

通过借鉴厂商均衡理论，下面对垄断因素导致的较高的民间金融利率水平进行分析。在图 15－3 中，横轴 S 表示资金供给规模，纵轴 r 表示贷款利率，MC 表示边际成本曲线，MR 表示垄断市场边际收益曲线，AR 表示垄断市场平均收益曲线。AR′、MR′分别表示完全竞争市场的平均收益曲线、边际收益曲线。按照厂商均衡理论，资金供给者会遵循"边际收益＝边际成本"原则来决定资金供给量。在垄断市场上 MC 与 MR 相交时，资金供给量为 S_1，利率水平为 r_1。在完全竞争市场上，MC 与 MR′相交时，资金供给量为 S_2，利率水平为 r_2。因此，民间金融市场的分割性，导致在一定的空间和时间存在垄断性，垄断性的存在就会导致较高的利率水平。

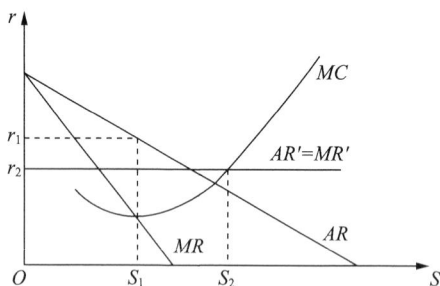

图 15－3　市场分割下的民间金融利率水平

鄂尔多斯市民间金融活动通常是以亲戚、朋友、熟人等亲缘、地缘和乡缘关系为依托，通过对借款人经济状况、还贷能力、道德品质的了解，只是局限在较小的区域和人员圈子中。民间金融虽然有效地避免了信息不对称下的逆向选择和道德风险问题，但是由于仅仅局限在较小的区域和人员圈子中，因而市场被分割为若干缺少联系的、独立的垄断性市场，圈子之外的人一般很难进入。在经济相对落后的旗县区域以及经济水平中等的传统农牧区，民间金融依然保持着传统民间集资和自由借贷的形式，贷款利率水平较低；在经济相对较发达的地区，由于煤炭以及房地产业的快速发展和高利润回报，资金需求非常旺盛而且规模较大，其资金缺口更趋向于向组织化、规模化的各类民间金融组织进行融资，贷款利率水平也较高。

民间金融一般发生在亲戚、朋友及熟人之间，因为对彼此的信息掌握都比较全面，贷款人可以根据借款人以往的还贷记录，大致判断借款人是否愿意主动、及时地归还贷款。此外，借款人是否具有还贷能力，还可以根据借款人拥有的人力资本存量、物质资本禀赋、可采用的生产技术以及实际投资风险等进行判断。贷款人凭借对借款人以往还贷意愿和当前还贷能力的判断，实行不同的贷款利率。

（四）民间金融市场的风险补偿

在民间金融市场上，由于存在着多种不确定性因素，因而风险较大。从2003年起，鄂尔多斯市经济进入快速发展通道，2008年经济总量在内蒙古自治区跃居第一位，民间金融机构也迅速增多，业务规模快速扩张，投融资量急剧上升，民间金融利率水平骤然间升高，最高时可达36%（月利率）。从2011年开始，随着煤炭价格和房地产价格的下降，鄂尔多斯市的经济增长速度逐渐降温，民间金融规模开始锐减，其利率水平也随之下降。此外，民间金融手续简便，主要靠信誉进行。在鄂尔多斯市，民间金融双方仅仅凭借订立口头契约或简单的借据就可达成交易，只有部分大额交易才需要采用担保或者财产抵押，一般10万元以下的小额贷款基本是信用贷款，发放贷款主要凭借借款人的信誉和熟悉程度。一旦发生违约，贷款人的利益无法得到法律的有效保护。正是这种特有的关系型契约和无法享受法律保护的"次国民待遇"，民间金融市场面临的风险远远高于正规金融市场，因此，作为对高风险的补偿，贷款者往往会提高利率作为风险补偿。

五、鄂尔多斯市民间金融运行机制

回顾鄂尔多斯民间金融发展的历程可以发现，民间金融从20世纪90年代产生至2011年出现危机之前，民间金融的不良贷款率一直低于商业银行。民间金融是游离于我国金融监管范围之外的金融交易，一旦违约行为发生，缺乏正规法律渠道对债权人的保护，因此，国家的法律法规在民间金融契约中的治理作用是极其有限的。在国家制度失灵的情况下，民间金融的非正式制度就应运而生。道德约束、社会规范、传统习俗、相互信任、信誉流传及集体惩罚等机制，在民间金融的运行中起着决定性的作用。

（一）信任机制

信任是经济交换的基础，信任机制对于保证交易的持续进行具有重要作用，它是执行契约的最有效机制。信任作为一种独特的治理机制，不但可以使"圈子里的人"进行信息分享，而且能够使民间金融交易成本最小化。

民间金融的信任主要来源于两种关系，一是依赖于家庭血缘关系产生的特殊信任，即血缘关系—特殊信任—人情借贷。费孝通先生（1998）曾在《乡村社会》中描述："我国农村社会是一个熟悉的社会，没有陌生人的社会，社会结构和人际关系具有以自己为中心由近及远外推的差序格局特征。在这种格局的社会中，基于家庭和宗族血缘关系存在着一种特殊的信任感和安全感。"[①] 这种特殊信任就促成了民间金融的人情借贷，借贷双方不需要签订任何借贷合同或契约，甚至可以无息贷款，而这种特殊的信任感和安全感确保了人情借贷的有借有还。二是同住乡镇社区的熟人、朋友或者有交往的人群间形成的信任，即地缘关系—人际信任—非正式合约借贷。鄂尔多斯市相对闭塞且人口流动少，人和人之间都很熟悉，这种特殊的人际信任就为民间金融的产生提供了良好的前提条件。这种人与人之间的信任关系极大地约束着借款人的信用行为，一旦借款人到期不还贷款，这种违约信息就会被邻里邻居口口相传，借款人就会被贴上"不讲信用的人"的标签。人们的流言蜚语威力巨大，不仅借款人自己名誉受损、人际信任消失殆尽，还会累及自己的子孙后代。因此，借款人对自己及家族名声的追求和对延续的人际信任的渴望，就保障了借款人对契约的有效执行。

（二）信誉机制

信誉可以增加借贷双方承诺的力度，为双方提供一种隐性激励，保证契约的有效执行。在一定的地域、圈子范围内，信誉作为一种无形的约束，甚至可以替代显性合约。从长期借贷关系来看，如果借款人不履行诺言，他（她）不仅会受到终止今后再次合作的制裁，而且一旦违约信息扩散开来，其他潜在的合作者也会拒绝与之合作，这样，违约者失去的就不仅仅是一次合作机会，而是未来所有的获利机会。因此，为了追求长远利益，参与者都会克服"短视"行为，自觉遵守合约。

如果信誉机制发挥作用，就必须满足以下条件：其一，市场可以及时观察到双方的不诚实行为；其二，一旦一方不诚实行为发生，另一方立即可以并且能够对其进行相应的严厉惩罚措施；其三，双方的博弈必须是重复的，只有重复的博弈才能使得签约双方自觉遵守约定，并且建立长远的预期。民间金融符合上述条件，图15 -4是借贷双方在长期重复博弈环境下的行为选择。

---

① 费孝通. 乡土中国 [M]. 上海：上海人民出版社，2007.

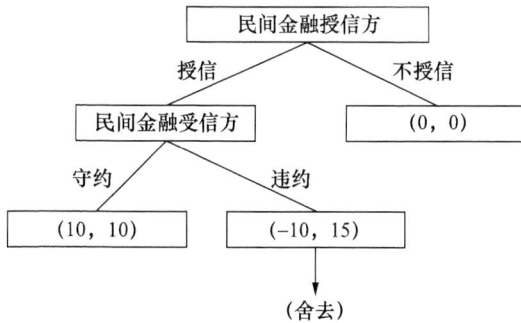

图 15 – 4　重复博弈下信誉机制的作用机理

在民间金融市场上，借款人获得的第一笔贷款额一般都较小，只有第一笔贷款及时足额还清之后，借款人才有可能继续得到更多的贷款。贷款人会根据借款人的初始信誉决定是否继续放贷。如果借款人信誉较差，没有足额还清贷款，贷款人就不会继续放贷，双方失去第二次合作的机会，双方的收益就会变为（0，0）。如果借款人初始信誉好，贷款人就会第二次放贷，借款人第二次得到贷款后可能选择守约，也可能选择违约。如果借款人守约，双方的收益就为（10，10），贷款人就会第三次、第四次……一直放贷；如果借款人违约，贷款人的损失就会最大，净收益为 – 10；相反，借款人的收益会最大，净收益变成15。如果借贷合作到此为止，那么借款人的违约就是合理的。在鄂尔多斯市民间金融市场上，借贷行为是基于血缘、乡缘和业缘关系进行的，个人交情较为深厚，彼此较为熟悉，借贷双方有着长期互动与合作的动机和预期。一旦借款人违约，违约信息就会在乡村邻里迅速传播，违约者将会受到被"圈子里的人"驱逐出去的严重惩罚。正是这种非法律途径制裁的巨大的威慑力，借款人会非常害怕被亲戚朋友视为"坏人"，要付出巨大的社会成本与经济成本，这种担忧就会激励借款人遵守契约。"好借好还，再借不难"的信条和对长期合作收益的追求，激励着借款人非常珍视自己的社会信誉，因而也就限制了机会主义行为而最终选择合作与守约。

（三）抵押担保机制

民间金融的担保可以分为有形担保和无形担保。在鄂尔多斯地区，特别是落后的乡村牧区，许多家庭的房产、土地、农场、农机具、牲畜等在银行等金融机构是不能作为抵押品的，但在民间金融市场上却均可以作为有形的担保抵押品。此外，在民间金融市场中，还存在一种无形的担保抵押品，主要包括社会关系、关联交易、社会地位、各种头衔、远近名声等，这类抵押品的约束作用甚至远远超过有形的抵押品。

从表面来看，签订民间金融契约时一般都没有抵押品的要求，但是实质上，社会关系即社会资本在民间金融中替代了实物抵押，起到了抵押品的作用。一旦社会关系和借款人的还款行为挂钩，就会成为一种无形的抵押机制，促进契约交易的实施。如果借款人还款及时、足额，那么借款人就会有好的声誉，社会关系就能够继续得到很好的维持，就会获得大家的尊重和认同。一旦借款人违约，所有的社会关系都将遭到破坏，借款人今后将会面临无人理睬、无人信任的结局，社会关系随之断裂。

此外，关联交易在鄂尔多斯也可以作为一种有效的无形抵押品。由于借贷双方彼此的生活空间、交易行为大部分都有交集，因此彼此之间的社会关系、商业行为等的联系非常紧密，这就使得借贷合约能够与其他交易合约捆绑起来。除了借贷交易外，彼此之间还存在商品购销、劳务合作、技术服务等广泛而复杂的合作。借款人一旦违约，恶名就会马上流传开来，不但下次借不到资金，有可能连家里的婚丧嫁娶都无人参加，更别提其他的交易合作，违约成本非常高昂。因此可以说，关联交易作为无形担保，能够不断抑制和排斥非诚信行为的发生，加强民间金融双方相互之间的联系，保证信用关系的稳定性和长期性，减少信用违约风险，促进民间金融契约的有效执行。

（四）惩罚机制

在鄂尔多斯民间金融发展中，也曾出现过一些黑社会性质的追债行为，诸如黑帮追杀讨债、直接毁坏借款人住宅甚至威胁家人安全等暴力行为。从博弈角度来看，如果没有事后严厉的惩戒措施，借款人就有动力去违约，贷款人面对违约行为也将束手无策。正是因为借款人对违约之后严重的惩罚机制的害怕和恐惧，才使得民间金融违约率的发生概率非常小。除非万不得已，但凡是有还款能力，借款人大都会尽力归还贷款。民间金融市场是通过以下惩罚机制对借款人行为进行有力约束的：

第一，社会谴责。顺畅的信息传导为贷款人对贷款对象的筛选与甄别提供了方便，也为契约的有效执行提供了可能。在相对闭塞的鄂尔多斯地区，如果借款人借债不还，违约信息就像一阵飓风迅速而广泛地在当地传播开来，邻居们指指点点的议论、嘲笑甚至辱骂，不仅使借款人名誉受损还会使其子孙后代背负骂名，这种连带式的惩罚效果具有巨大的威慑力。因此，为了维护自己以及家人的声望与尊严，免受周围人群的谴责，借款人不会轻易欠债不还。

第二，群体惩罚。群体惩罚意味着借款人一旦违约，所有的贷款人就会自动联合起来，不再与该借款人进行来往或者从事任何交易。群体惩罚会产生强烈的

"排挤效应"，它会使违约者失去与周围人交易交往的机会，甚至面临在其居住地难以生存的困境，借款人的违约无异于自绝于社会，自断生路。群体惩罚的做法在一定程度上也强化了契约的有效性。

第三，实施暴力。由于民间金融属于"地下活动"，不受法律保护，因此，面对借款人的违约行为，鄂尔多斯也出现了借助暴力手段直接对违约者实施惩罚的个别现象。一旦违约行为发生，借款人值钱的财物会被抢走，房屋会被拆除，人身会受到伤害，甚至生命会受到威胁。毋庸置疑，通过暴力强取他人财产用以抵债的行为是对私人财产的侵犯，是一种违法行为，但是在鄂尔多斯市的很多居民却认为，"欠债还钱，没钱还命"这样追讨债务的行为无可厚非。

六、规范和引导鄂尔多斯市民间金融发展的具体措施

规范和引导鄂尔多斯民间金融发展的主要措施主要如下：

（一）加强民间金融风险的监测

1. 进一步建立健全防范化解金融风险工作领导体制

建议内蒙古自治区、盟市、旗县三级同步成立防范化解金融风险工作领导小组（以下简称领导小组）。内蒙古自治区由党委专职副书记任组长，政府常务副主席和分管公安、金融、工商的副主席分别担任副组长，高级人民法院、内蒙古自治区人民检察院、党委政法委、党委宣传部、公安厅、发改委、经信委、财政厅、住房和城乡建设厅、人力资源和社会保障厅、国税局、地税局、审计厅、商务厅、工商局、法制办、金融办、人民银行呼和浩特中心支行、内蒙古自治区银监局、证监局、保监局等部门为领导小组成员单位，防范化解金融风险工作领导小组办公室（以下简称领导小组办公室）设在金融办。建议各级党委各级政府要把防范化解金融风险作为一项重要的日常工作，落实机构、人员、经费、制度等保障措施，发挥好组织协调、指挥调度、跟踪研判、督促指导、专项检查的职能，形成指挥统一、各司其职、互相合作、协同规范民间金融、打击非法集资的合力，做到监测、预警、防范和处置环环相扣，构建统一领导、部门联动、群防群治、疏堵并举的规范民间金融和防范处置非法集资工作机制，切实维护金融稳定。

2. 建立和完善民间融资风险监测预警机制

建立健全民间融资风险监测预警的部门联动机制，进一步明确各有关部门和金融管理部门、金融机构在监测预警工作中的职责。

（1）由人民银行呼和浩特中心支行牵头，会同银监局组织银行业金融机构，

依托支付结算系统、账户管理系统、反洗钱监测系统等，加强对企业及居民个人和小额贷款公司、融资性担保机构、典当行等从事融资业务的企业资金账户的监测，督促各家银行加强监测分析，实行资金异常变动（没有真实交易的资金往来等）向领导小组办公室按季度定期报告制度和重大事项立即报告制度。

（2）银监部门要利用其对银行的非现场监管系统和现场检查手段，严密监测银行业金融机构的运行风险，重点监督银行贷款资金有无被挪用进入民间金融领域，及时发现非法集资线索，提出防范和处置措施，并向领导小组办公室报告。

（3）公安部门要完善对民间金融的监测和侦察手段，搜集与民间金融活动有关的苗头性、趋向性经济犯罪情报。公安机关在接到金融等部门提供的信息后要及时介入，实施有效监控，密切跟踪，并向领导小组办公室报告情况。对涉嫌非法集资活动开展立案侦查，依法冻结涉嫌单位及个人资产和资金，对犯罪嫌疑人采取强制措施。要严厉打击暴力催收导致人身伤害等违法犯罪行为，严格防范非法集资者潜逃，稳妥处置因民间金融和非法集资引发的群体性事件。

（4）工商局对从事非融资性担保、投资、咨询、寄卖等经营项目的市场主体，严把市场准入关，在经营范围中严禁核定与金融活动相关的项目。加强对非融资性担保、投资、咨询、寄卖等经营项目的市场主体进行全面监督、检查，发现从事融资经营行为，依照有关法规处理和纠正，及时通报内蒙古自治区金融办。

（5）商务部门要加强对典当行的管理，重点监管其违反《典当管理办法》规定的限额和放款范围，会同人民银行加强对典当企业股东、高管人员、员工个人账户资金的监控，发现可疑问题及时向领导小组办公室报告。

（6）金融办要认真落实国家和内蒙古自治区关于小额贷款公司、融资性担保机构的有关监管规定，建立对小额贷款公司、融资性担保机构的现场和非现场监管网络系统。会同人民银行加强对小额贷款公司和融资性担保机构股东、高管人员、员工个人账户资金的监控，确认有非法集资嫌疑后及时向领导小组办公室报告。

（7）商业银行（包括农村信用社）要建立健全对开户企业结算账户和个人储蓄账户及银行卡的资金变动分析制度，指定主管部室和工作人员，进行账户和资金监测，每月向人民银行呼和浩特中心支行和领导小组办公室报告，如有大额可疑资金变动及时上报。

（8）中国银联内蒙古自治区分公司要牵头组织各发卡行和收单机构建立健全对银行卡资金异常流动的监测和分析，每月向人民银行报告一次，如有大额可疑资金变动及时向人民银行报告。如有发现信用卡套现行为，按相关程序停止清算该商户相关资金，并由发卡行和收单机构查清该商户前期资金去向；如发现涉及向有关企业非法融资，及时向人民银行呼和浩特中心支行和领导小组办公室报告，同时报告公安部门开展调查。

（9）住房和城乡建设厅对全区房地产开发企业资金投入、工程进度、市场销售进行调查统计，会同银行及金融监管部门对企业的民间金融和银行贷款情况进行风险监测。如发现异常融资情况，及时向领导小组办公室报告。

（二）拓宽中小微企业融资渠道

首先，各级政府和有关部门要认真贯彻落实国务院出台的支持中小微企业的财税金融政策，协调各家银行进一步改善小企业金融服务，将信贷资金向中小微企业倾斜。其次，以贯彻国务院促进内蒙古自治区发展的若干意见为契机，各家银行积极争取总行追加贷款规模，加大内蒙古自治区信贷资金的投入力度。最后，积极争取人民银行增加内蒙古自治区地方法人银行的信贷规模、再贷款和再贴现规模。

（三）加大对非法集资的危害性的宣传力度

宣传部门要组织各家媒体，通过公益广告、专题栏目、政策读解、领导访谈等多种形式，进行相关法规政策、金融理财知识和非法集资案例等宣传，使公众提高对非法集资危害性的认识，提高金融意识和风险意识，增强社会公众对非法集资的鉴别能力，促进合法理性投资，提高抵制非法集资活动的自觉性。

（四）做好民间金融诉讼案件审理和非法集资善后处置等维稳工作

一是按照民间金融调解优先、调判结合的原则稳妥处理民间金融纠纷。二是加强对负债较多的债务人的监控，防止其转移资金、资产、外逃，监督其拿出还款及债务清偿方案。三是按照保护合法、打击非法的原则，依法优先保护非法集资案件和民间金融纠纷中金融机构的合法权益。建议将抵押给银行的资产尽快拍卖，将拍卖所得在支付银行贷款本息后，剩余部分用于清偿其他集资者和民间金融参与者的债务。四是高度关注并稳妥解决房地产领域拖欠农民工工资问题。由于房地产销售停滞，不少房地产开发商无力全额支付农民工工资。建议当地政府设立应急周转资金，必要时以相关房地产的楼盘为抵押，政府安排资金垫付开发商所拖欠的农民工工资。

（五）多方疏导民间资金进入合规融资渠道

第一，推动现有城市商业银行、农村商业（合作）银行、农村信用社、村镇银行等中小型金融机构在增资扩股和股份制改造中吸收民间资本，形成合理的股权结构和法人治理结构。

第二，组织区内外金融机构为内蒙古自治区企业发行信托产品和理财产品，重点在区内营销，吸收民间游资。

第三，扶持发展产业投资基金、创业投资基金、私募股权投资基金等直接融资方式，为处于创业阶段和成长阶段的中小企业提供天使投资和股权融资，使其成为内蒙古自治区中小企业体制创新和技术创新的重要推进器。

第四，试点设立民间金融登记服务中心。民间金融登记服务中心是经旗县区政府核准、报盟市金融办备案的，在本行政区内为民间金融双方提供中介和登记等服务的有限责任公司和股份有限公司。民间金融服务中心为民间金融双方提供场地、信息汇总、借贷登记等综合服务，并通过相应的进驻机构为个人、机构和企业提供资金供需撮合以及资信第三方鉴证、融资担保、公证、结算等专项服务。民间金融登记服务中心实行政府监管，独立运作，自主经营，自负盈亏，且不承担借贷主体的坏账连带责任。民间金融登记服务中心在鄂尔多斯市东胜区进行试点。建议地方政府在试点期间对资金出借方给予免征税费的优惠政策，司法部门对于进场借贷、合同规范的权益依法保护，鼓励民间金融进场交易，使民间金融在政府引导下，重新建立良好的信用环境和交易秩序。

（六）建立健全地方金融监督管理体系

加强各级金融办力量建设，设立地方金融监管服务中心，负责股权投资公司、民间资本管理公司、寄售行和其他各类投资公司的监督和管理；负责小额贷款公司、融资性担保机构、典当行等各类新兴金融行业的专项检查；配合相关金融监管等部门开展对地方金融机构的专项管理；聘请第三方组织对相关民间金融组织的业务活动及其风险状况进行现场检查；统计、分析地方性金融机构、准金融机构、融资机构、民间金融服务机构等组织的相关数据和借贷信息，并受金融机构、准金融机构、企业和个人委托对相关借贷信息进行查询。